魏兆锋◎著

新亚书院研究

（1949—1965）

九州出版社
JIUZHOUPRESS

图书在版编目（CIP）数据

新亚书院研究：1949—1965 / 魏兆锋著. —北京：
九州出版社，2019.2
ISBN 978-7-5108-7923-4

Ⅰ.①新… Ⅱ.①魏… Ⅲ.①书院—研究—香港—
1949-1965 Ⅳ.①G649.299.658

中国版本图书馆CIP数据核字（2019）第037855号

新亚书院研究：1949—1965

作　　者	魏兆锋　著
出版发行	九州出版社
地　　址	北京市西城区阜外大街甲35号（100037）
发行电话	（010）68992190/3/5/6
网　　址	www.jiuzhoupress.com
电子信箱	jiuzhou@jiuzhoupress.com
印　　刷	河北盛世彩捷印刷有限公司
开　　本	710毫米×1000毫米　16开
印　　张	14.5
字　　数	200千字
版　　次	2019年3月第1版
印　　次	2019年3月第1次印刷
书　　号	ISBN 978-7-5108-7923-4
定　　价	59.00元

弁　言

从总体上说，民族院校的研究自然应以民族方面的研究为主。笔者虽厕身于民族院校，但与自己绝大多数同事不同的是，笔者这些年主要的时间与精力基本上都放在了非民族研究上，放在了对钱穆及其创办的新亚书院的研究上。

学术研究上的这一非主流选择，一方面致使笔者在研究过程中基本上都处于"独学而无友"①的状态，另一方面则导致笔者即便处于信息技术十分发达的当今社会，在相关研究资料的收集上也感觉到颇为不便。

言念及此，有两个人笔者不能不在这里特别提出来，以向其表达我的诚挚谢意：

一位是钱穆哲嗣钱行老师。不仅钱老师回忆乃父生平、阐释乃父思想的两本著作给予我诸多启发，而且在我研究新亚书院遇到问题，不揣冒昧打扰时，钱老师更是不吝赐教与鼓励。

另一位是张学雷先生。先生系与钱穆一起创办新亚书院的张丕介的族孙，当先生得知笔者计划从事新亚书院研究时，虽与我素昧平生，仍然在百忙当中抽空将其珍藏的相关资料亲自复印并寄赠于我。

没有两位先生的慷慨相助，本书的撰写不可能像现在这样顺利，这是毋庸赘言的。但愿此书没有太过辜负两位先生的厚意与信赖！

---

① 学记[M].

　　尽管这几年在自己选定的研究方向上陆陆续续有了一些撰述，但是，笔者在学术研究上的这一非主流选择仍然让自己有一种莫名的不安。也许，笔者在这方面有点多虑了。为什么这样说呢？

　　第一，民族院校固然需要民族方面的研究，但它同时也需要非民族方面的研究。否则，笔者这几年以钱穆及新亚书院为题所申报的两项课题是不可能顺利获批的。

　　第二，王国维在作于 1911 年 2 月的《〈国学丛刊〉序》中曾经这样说过："学无新旧也，无中西也"①。如果说学术不应该分新旧、中西的话，那么，学术同样也不应该分所谓的主流与非主流。

　　如此一想，笔者的内心才渐渐有所释然，甚至感觉以前的意有未安在某种程度上简直有庸人自扰之嫌。

　　既然学术不应该分主流与非主流，那么，在学术研究当中，我们到底应该关注什么呢？关于这一问题，王国维在他那篇著名的序文中实际上也给出了他的答案，即学术当"有裨于人类之生存福祉"。此一含义，如果换用我们更为熟知、也更为流行的表达的话，那就是：学术者，天下之公器也！②

　　可见，任何学术，只要有助于人类进步事业，只要有助于人类文明的发展，都是值得提倡的，都是有用的学术。此处所谓的"有用"有两种：一种是直接有用，如针对现实问题的应用研究，工程技术类与社会科学类的研究基本上都属于此类；另一种是间接有用，也可以说即无用之用，纯科学等方面的基础研究及人文学科方面的研究即属此类。

---

　　① 王国维.《国学丛刊》序[M]//姚淦铭，王燕. 王国维文集：第四卷. 北京：中国文史出版社，1997：365—368. 为避繁琐，后文凡引用该序的地方，一律不再另标出处.

　　② "戊申"年（1908年）"三月"，黄节在其为明朝李贽的《焚书》所写之跋言中曾经这样说道："夫学术者天下之公器，王者徇一己之好恶，乃欲以权力遏之，天下固不怵也。"参见黄节. 李氏焚书跋[M]//李贽. 焚书·续焚书. 蔡尚思，前言. 夏剑钦，校点. 长沙：岳麓书社，1990：280.

　　两者相比较，王国维认为，看上去似乎没有什么用的基础研究实际上属"学"，似乎很有用的应用研究则属"术"。"术"来自于"学"，不"学"则无"术"。[①] 在此方面，我们切不可急功近利，鼠目寸光，变成王国维早在《〈国学丛刊〉序》中就指斥过的"知有用之用，而不知无用之用"的"世之君子"。也正因此，王国维才指出，"学"不仅"无新旧"也，"无中西"也，同时也"无有用无用"也。

　　学术乃天下之公器，这是从学术的外在功能角度给学术下的一个定义。有助于人类文明发展的学术有很多，但是，作为个人来说，因为天资有偏颇，岁月有涯涘，我们到底应该从事哪一方面的研究，此处显然不能不有一个选择的问题。既如此，则我们应该依据什么来作出自己的选择呢？

　　窃以为，就个人来说，选择的依据不应是所谓的热点与时髦，也不应是项目申请或论文发表的便利，而应是自己的兴趣、爱好、潜能、天赋、特长等。此一依据，如果换用钱穆的话来说，那就是"一己才性之所近"[②]。

　　基于内在自我选择自己的学术研究方向，这不是"自私"（selfishness），而是"自爱"（self-love）[③]。这样的学术，因其植根于个人的生命，故而可称之为"生命的学术"。与此同时，个人这样的生命，因其能够不断获得学术的滋养，故而可称之为"学术的生命"。

　　只有"生命的学术"方才可以激发个人生命的热情与激情，甚而至于

　　① 不仅王国维认为完整的"学术"系由"学"与"术"构成，蔡元培实际上也有类似见解。1921年5月12日，蔡元培在爱丁堡中国学生会及学术研究会欢迎会上发表演说，指出："学与术可分为两个名词，学为学理，术为应用。"故此，"学必借术以应用，术必以学为基本，两者并进始可"。而针对国人轻"学"而重"术"的功利学风，先生告诫大家"不可忽视学理"。参见蔡元培. 在爱丁堡中国学生会及学术研究会欢迎会演说词[M]//高平叔. 蔡元培全集：第四卷. 北京：中华书局，1984：42.
　　② 钱穆. 择术与辨志[M]//中国学术通义. 钱宾四先生全集：第25册. 台北：联经出版事业公司，1998：370.
　　③ [美]弗洛姆（Fromm, E.）. 自我的追寻[M]. 孙石，译. 上海：上海译文出版社，2012：5.

激发个人以其全生命来拥抱学术，也只有这样的学术才是有本有源的学术。反之，"学术的生命"，因其能够持续受到学术的润泽，故而必将越来越有活力，越来越丰厚。生命之丰厚虽不可一蹴而就，但并不妨碍我们心向往之。

可见，如果学术与生命能够贯通一气，两者必将交灌互注，从而形成一种良性的循环关系。相反，如果学术与个人生命迥然无涉，试问：这样的学术如何激发个人的研究热情？即使有，其热情又如何能够维持长久？

易言之，如果学术研究是对个体生命的一种尊重与肯定，这样的学术研究必将能够促进生命的健康发展，而健康发展的生命必将反过来以更加饱满的精神投入到自己择定的学术研究当中。相反，如果学术研究是对个体生命的违逆、疏离与否定，在此情况下，个体生命不是日渐萎缩，便是日趋异化。

试想：如果学术研究不仅促进了人类正义事业的发展，它同时也满足了个人的兴趣与爱好，且帮助个人认识了自己的天性，并最终成就了自己的天性——如此一举两得的事情，岂不甚好？

如此，则学术不仅是天下之公器，它实际上也成了个人之私器。此处所谓"个人之私器"，并非将学术当成了猎取个人名利的工具，而是认为学术乃个人认识自我与实现自我的工具，是"创造性地使用我们人类的各种力量"[1]的工具。可见，学术不仅具有外在功能，它对个体来说同时也具有内在功能。内外兼备，这才是我们对待学术功能应有的全面认识。

综上可知，首先，学术不仅是天下之公器，它同时也应是个人之私器；其次，学术不仅不应该分新旧、中西、有用无用，它也不应该分主流与非主流——此处所谓的不分，不是事实上的不分，而是价值上的不分。换言之，即使学术在事实上存在新旧、中西、有用无用、主流非主流之分，我

---

① [美]埃里希·弗洛姆. 占有还是存在[M]. 李穆，等，译. 北京：世界图书出版公司北京公司，2015：75.

们也不能仅仅基于这种事实上的区分而对其价值之高低展开判断。这是笔者在撰写该书时产生的一些想法，实际上也可以反过来说，没有上述想法，即不可能有本书之产生。故值本书出版之际，特将与本书关系密切之上述想法拉杂陈述于此，非敢责人，但以警己。

魏兆锋

2019 年 1 月 31 日于陕西咸阳

目 录
CONTENTS

绪　论

一、研究价值

1949—1965 年之新亚书院，亦即"一代儒宗"钱穆（1895—1990）任院长时期之新亚书院。钱穆卸任后，作为香港中文大学三大创校基本书院之一的新亚书院逐渐开启了另外一段历史。本书截取并入香港中文大学之前的新亚书院作为研究对象，其研究价值可略述如下：

第一，为建设具有自己民族特色的中国大学教育提供一个鲜活的参考个案。中国大学教育的历史虽然源远流长，但与此同时，却又存在另外一个无可置疑的历史事实，即中国现代大学制度几乎完全是移植西方的结果。对此现象，加拿大学者许美德（Ruth Hayhoe）将其概括为"欧洲大学的凯旋"①。而中国学者陈平原也大致认同此一概括："20 世纪中国思想文化潮流中，'西化'最为彻底的，当推教育——尤其是高等教育。今日中国之大学，其价值趋向与基本路径，乃舶来品的 University，而非古已有之的太学。"②而曾任新亚书院院长及香港中文大学校长的金耀基同样指出，中

---

① [加]许美德（Ruth Hayhoe）. 中国大学1895—1995：一个文化冲突的世纪[M]. 许洁英，译. 北京：教育科学出版社，1999：32.

② 陈平原. 大学之道——传统书院与20世纪中国高等教育[M]//大学何为. 北京：北京大学出版社，2008：3.

国的现代大学乃"随西潮之东来，自欧洲移植于中土者"[①]。换言之，"中国的现代大学是'横向的移植'，而非'纵向的继承'。"[②] 中国现代大学之创建，只"旁采泰西"，不仅没有"上法三代"，同时也没有"近取书院"，这导致中国传统教育精神被弃置一旁无人问津，无法介入到中国 20 世纪初极富激情与想象的教育改革当中。人类教育发展史上恐怕再也没有比此更令人惋惜的事情了！在多元文化交流日益频繁的今天，中国大学教育问题之解决固然不应该拒绝异域的智慧，但毋庸讳言的是，我们还应该从自己的历史和文化当中努力寻求资源。唯有如此，中国大学教育在与世界教育潮流同步共进的同时才能保持自己的民族特色，而不至于沦落到"有之不为多，无之不为少"这样一种尴尬的境地。新亚书院的办学是一次非常可贵的"上溯宋明书院讲学精神，旁采西欧大学导师制度"的尝试，因此，总结新亚书院办学的成败得失，可以为 21 世纪中国大学教育的健康发展提供一个鲜活的参考个案。

第二，为中国大学传承与创新中华文化提供思想上的参考与实践上的借鉴。中国社会正在经历并还将继续经历现代化转型，与此相伴而生的一个现象是，中国社会逐渐走上了物质化、功利化、商业化、市场化之路。在这样一个似乎一切都待价而沽的社会当中，假如连号称"象牙塔"的大学都不再肩负传承与创新民族传统文化的重任，还会有什么样的社会机构会接替大学出面承担此一职能？显而易见，与传统社会相比，大学在现代社会当中传承与创新民族传统文化的职能不仅没有减轻，而是愈加沉重与紧迫。[③] 十九大报告旗帜鲜明地指出，要"坚定文化自信"，要"坚守中华文化立场"，而中国的大学无疑将是坚定国人文化自信、"坚守中华文化立场"

① 金耀基. 简体字增订版前言[M]//大学之理念. 2版（增订版）. 北京：生活·读书·新知三联书店，2008：1.

② 金耀基. 牛津版序[M]//大学之理念. 2版（增订版）. 北京：生活·读书·新知三联书店，2008：3.

③ 万俊人. 重说学统与知识谱系[J]. 读书，2012（7）：42—54.

的主阵地。新亚书院"特以发扬中国文化为教育之最高宗旨"①，因此，对新亚书院的研究，必将能为中国大学传承与创新中华文化提供思想上的参考与实践上的借鉴。

第三，丰富中国教育史研究。学校是教育发展史的重要载体，教育发展史是通过一个又一个的学校发展史来呈现的。新亚书院可谓是香港教育发展史上的一个奇迹，因此，对新亚书院的研究必将能够丰富对香港教育史的研究。而中国这一概念，从地域上说，不仅包括大陆，同时也包括台湾、香港与澳门等地区。因此，中国教育史不等于中国大陆地区的教育史，它还应该将台湾、香港与澳门等地区的教育纳入自己的视野。以此为根据，对新亚书院的研究，必将能够弥补中国教育史研究领域对香港教育史研究的不足，从而促进真正意义上的中国教育史的建设。

第四，深化对新亚书院的研究。伴随着国人对民族复兴与文化复兴的追求，新亚书院逐渐进入了学界的视野。本课题将在前人研究的基础上，一方面对新亚书院的发展历程、办学旨趣、经费筹措、课程设置、教学方法、人才聘请、制度建设、校园文化等方面进行综合考察；另一方面，在上述考察的基础上，再力争对新亚书院的办学从整体上进行总结与评价。

第五，深化对钱穆的研究。钱穆不仅是史学大师和国学宗师，他同时也是一名教育家。而对作为教育家的钱穆来说，大学教育思想乃其教育思想之核心，因此，对钱穆任院长时期的新亚书院的研究，必将能够进一步深化学界对于钱穆的研究。

二、研究现状

针对 1949—1965 年之新亚书院的研究，我们可以将其分成以下两种情况来讨论：

---

① 钱穆. 新亚书院五年发展计划草案节录[M]//新亚遗铎. 钱宾四先生全集：第50册. 台北：联经出版事业公司，1998：63.

　　第一，因研究人而涉及新亚书院的研究。钱穆与唐君毅是与新亚书院关系比较密切的两个人。因此，在研究此两人教育思想的过程中，必然会涉及新亚书院。此一方面的期刊论文主要有杨永明的《钱穆论新亚教育》①与《唐君毅论新亚教育》②、陆玉芹的《钱穆论新亚教育》③与《钱穆论高等教育——以新亚书院为中心的考察》④、罗智国的《钱穆的教育理念与新亚精神》⑤、欧阳仕文的《钱穆教育思想新论——以〈新亚遗铎〉为中心的考察》⑥、严红的《钱穆与中国文化传承问题研究——新亚书院与新亚精神》⑦、陆锋磊的《从〈新亚学规〉看书院教育的"人物中心"传统》⑧、刘建平的《为往圣继绝学：唐君毅与吴宓教育思想比观》⑨、庞溟的《新亚书院：一种关于复兴的理想》⑩等。硕博学位论文主要有何方昱的《钱穆教育思想初探》⑪、戴晴的《钱穆与新亚书院研究——兼论国学精神在香港的传承》⑫、洪

① 杨永明. 钱穆论新亚教育[J]. 西南民族大学学报（人文社科版），2004（7）：338—341.

② 杨永明，李玉芳. 唐君毅论新亚教育[J]. 西南民族大学学报（人文社科版），2005（6）：19—23.

③ 陆玉芹. 钱穆论新亚教育[J]. 盐城师范学院学报（人文社会科学版），2008（5）：70—73.

④ 陆玉芹. 钱穆论高等教育——以新亚书院为中心的考察[J]. 晋阳学刊，2009（6）：125—126.

⑤ 罗智国. 钱穆的教育理念与新亚精神[J]. 齐鲁学刊，2009（3）：54—57.

⑥ 欧阳仕文. 钱穆教育思想新论——以《新亚遗铎》为中心的考察[J]. 教育评论，2010（2）：156—159.

⑦ 严红. 钱穆与中国文化传承问题研究——新亚书院与新亚精神[J]. 沈阳教育学院学报，2011，13（4）：68—71.

⑧ 陆锋磊. 从《新亚学规》看书院教育的"人物中心"传统[J]. 中小学管理，2014（7）：49—51.

⑨ 刘建平. 为往圣继绝学：唐君毅与吴宓教育思想比观[J]. 孔子研究，2015（6）：71—81.

⑩ 庞溟. 新亚书院：一种关于复兴的理想[J]. 书城，2015（7）：11—19.

⑪ 何方昱. 钱穆教育思想初探[D]. 新疆大学，2003.

⑫ 戴晴. 钱穆与新亚书院研究[D]. 江西师范大学，2009.

明的《现代新儒学教育流派研究》①、樊晶晶的《钱穆大学教育思想研究》②、魏兆锋的《"不要忘了自己是一中国人"——钱穆教育思想研究》③、塞敏的《钱穆与新亚书院人文主义教育研究》④、郭小涛的《论立足于传统文化之上的钱穆教育思想》⑤、陈保洋的《钱穆教育思想探析》⑥等。

显然，因钱穆系创院院长，上述研究主要与钱穆有关。但是，上述研究至少存在以下三个方面的问题：其一，作为创办人的张丕介以及曾任新亚书院副院长、有"中国杜威"之称的教育家吴俊升，此两人在新亚书院的发展历程当中所起的作用，学界尚未注意及此，至少注意很不够。其二，一所学校办学之成功，不仅会表现在办学者先进的办学理念与办学方式方面，同时也一定会通过该校学生对其在校生活的亲切体验表现出来。但迄今相关研究主要集中在对前一方面的阐述与申论，鲜有包容学生立场与视角的研究。其三，此前的研究主要集中于对与新亚书院相关的人物的研究，但是，对人的研究毕竟不同于对学校的研究，因此，对新亚书院的研究当寻觅另外的研究思路。

第二，对新亚书院办学成功原因的探析。20 世纪中国大学之变革，"成功地移植了西洋的教育制度，却谈不上很好地继承了中国人古老的'大学之道'"⑦。但是，在此大背景之下，新亚书院的成功却显得有一点与众不同，即新亚书院能够将中国传统教育精神与西方的大学教育制度成功地融合在一起，顺利跨越了中西教育之间所存在的巨大鸿沟。陈平原、王颖、

---

① 洪明. 钱穆人文主义教育思想及其对理想大学的追求[M]//现代新儒学教育流派研究. 广州：广东教育出版社，2009：211—268.

② 樊晶晶. 钱穆大学教育思想研究[D]. 中南大学，2010.

③ 魏兆锋. "不要忘了自己是一中国人"——钱穆教育思想研究[D]. 华东师范大学，2012.

④ 塞敏. 钱穆与新亚书院人文主义教育研究[D]. 河北师范大学，2013.

⑤ 郭小涛. 论立足于传统文化之上的钱穆教育思想[D]. 苏州大学，2013.

⑥ 陈保洋. 钱穆教育思想探析[D]. 中国政法大学，2014.

⑦ 陈平原. 大学之道——传统书院与20世纪中国高等教育[M]//大学何为. 北京：北京大学出版社，2008：3.

高静等人都持此一观点。除了上述原因之外，还有哪些原因促进了新亚书院办学之成功，对此，学界尚需拓宽研究视野。因为任何一所学校的成功，都不是单一原因能够造就的，它必然是一个"综合的改革方案"[①]，是属于系统性、整体性的"转型性变革"[②]。中小学如此，大学也不例外。

综上可知，国内外学术界对于 1949—1965 年之新亚书院尚缺乏全面、翔实、深入的研究。

三、研究思路

本课题将采取"总—分—总"的研究思路，即首先对与新亚书院有关的历史文献展开通读，目的在于整体把握新亚书院的办学思路；其次，在新亚书院整体办学思路的统摄之下，对新亚书院之办学宗旨、经费筹措、师资聘任、制度建设、课程设置、教学方法、校园文化等方面进行窄而深的专题研究；最后，对新亚书院办学之得失成败进行总结。

对学校办学之得失成败的总结可以有两种方法：一种是以某种特定的思想或理论为视角，看该学校哪些方面达到标准，哪些方面尚未达到，原因何在，并进一步指出今后努力的方向。另一种则是在对学校办学历史梳理的基础上，总结出其中的经验与教训，此即陈寅恪先生经常提及的"在史中求史识"[③]；因为每所学校的"史"都不同，"在史中求史识"的人也都不同，故而求出来的"史识"可能也都不一样。前者为外在的、客观的、普遍性的总结，后者则为内生的、主观的、个体性的总结。本书将采用后一种方法对新亚书院的办学进行总结。

---

① [美]古得莱得. 一个称作学校的地方[M]. 苏智欣，等，译. 上海：华东师范大学出版社，2007：36.

② 叶澜. "新基础教育"论——关于当代中国学校变革的探究与认识[M]. 北京：教育科学出版社，2006：127—145.

③ 俞大维. 怀念陈寅恪先生[M]//陈流求，陈小彭，陈美延. 也同欢乐也同愁：忆父亲陈寅恪母亲唐筼. 北京：生活·读书·新知三联书店，2010：278.

四、研究方法

作为历史研究，本书除了运用文献法、移情法外，还将重点采用叙事研究法及劳思光先生所提倡的基源问题研究法①。

第一，叙事研究法。因为教育是发生在时间长河里的一种个体性很强的实践活动，由超越时间的概念严格按照逻辑规律编织而成的普遍性理论话语将永远无法穷尽教育的真实内涵。新亚书院之创办，不仅存在于有关新亚书院的历史文献当中，同样也存在于新亚师生对自己新亚生涯的亲切叙述和生动回忆当中。本书在某些方面将力争通过叙事的方式呈现新亚书院创办过程当中"固有的鲜活内容"，并力争挖掘出隐藏其中但易被忽略的"生命颤动"。

第二，基源问题研究法。一所学校之成功，根本上必是成功应答了时代问题的挑战，此一问题即为基源问题。而从基源问题又可以衍生出许多次级问题，对它们的答复即形成其办学思路的一部分。因此，在对新亚书院的研究当中，本书将首先着力寻找新亚书院创办过程中的基源问题与次级问题，然后再考察新亚书院创办人对上述问题的回答，以此来把握新亚书院整体创办思路的内在结构。

———————————

① 劳思光. 论中国哲学史之方法[G]//韦政通. 中国思想史方法论文选集. 上海：上海人民出版社，2009：135—153.

第一章 发展历程

关于新亚书院的发展历程，目前通行的做法是将其划分为以下三个时期：桂林街时期（1949—1956）、农圃道时期（1956—1973）、沙田时期（1973 至今）。由于钱穆作为书院创院院长，其任期一直持续至 1965 年 6 月，因此，以上述分期为依据，则钱穆任院长时期的新亚书院，其发展历程自然可划分为以下两个时期：桂林街时期（1949—1956）、农圃道时期（1956—1965）。

上述分期是根据新亚书院办学所在地的不同而进行的分期，简洁明了，方便易记，故而流传甚广。但是，这样的分期却存在一个微小的疏漏，即在时间上虽然涵盖了新亚书院的前身亚洲文商学院，但是，在地点上却又将其租用九龙佐敦道伟晴街华南中学三间教室在夜间上课的亚洲文商学院剔除在外。鉴于此一情况，本书将弃用这一迄今一直被广泛采用的分期方式。

早期的新亚书院作为一所私立学校，其经费来源对学校的发展影响巨大。新亚书院虽然经费来源众多，但纵观新亚书院发展历程，影响最大的经费来源主要有两个：第一个是 1954 年获得雅礼协会的资助，第二个是 1959 年接受香港政府补助使学校成为专上学院之一。因此，以新亚书院发展历程中的上述两个重大事件为依据，我们就可以将钱穆所长之新亚书院的发展历程划分为以下三个时期：1949—1954 年的草创期、1954—1959 年的奠基期、1959—1965 年的转进期。

第一节　草创期：1949—1954

一、亚洲文商学院

1949 年 4 月 7 日[①]，因受广州私立华侨大学之聘请，钱穆与江南大学同事唐君毅两人结伴从上海乘金刚轮同赴广州。华侨大学原先创校于香港，后来迁至广州。

在广州期间，钱穆一天在街头偶遇老友张晓峰。张晓峰告知钱穆，他打算前往香港创办一所学校。除了钱穆认识的谢幼伟和崔书琴之外，他还另外约请了钱穆以前并不认识的吴文晖参加[②]。张晓峰力邀钱穆参加，钱穆鉴于此次来广州并无预先安排好的计划，因而当即答应了张晓峰的邀请。此后不久，张晓峰却被蒋介石电召去了台北，创办学校的事就此搁置了下来。

钱穆在华侨大学的时候结识了同事赵冰，两人一见如故。华侨大学秋天迁回香港的时候，钱穆和赵冰夫妇同行，也随校到了香港。

嗣后因为被教育部邀请于孔子诞辰日赶赴广州做公开演讲时，钱穆才听说谢幼伟与崔书琴两人在钱穆留驻香港期间早已抵达香港，正在着手筹划创办学校事宜，学校取名"亚洲文商学院"，由谢幼伟邀请他在香港的朋友刘尚义为监督，由钱穆出任院长。钱穆得知此事后当即去信声明，决定信守去港共事的诺言，只是院长一职自己万万不愿担任。钱穆返回香港，与谢幼伟和崔书琴两人见面之后，才知道院长职务已正式立案。钱穆看到事已至此，只好勉强应允了下来。

不久之后，谢幼伟前往印尼出任一家报馆的总主笔。而亲赴广州催促

---

① 唐君毅. 唐君毅日记：上[M]. 唐君毅全集：第三十二卷. 北京：九州出版社，2016：20.

② 张丕介. 新亚书院诞生之前后[G]//宋叙五. 张丕介先生纪念集：张丕介先生·人师的楷模. 香港：和记印刷有限公司，2008：64.

钱穆返港的吴文晖，后来也留在了广州。因此，亚洲文商学院的开学，实际上只有钱穆和崔书琴两人进行筹划。在亚洲文商学院当中，钱穆任院长，崔书琴任教务长。谢幼伟遗留下来的哲学方面的课务则由钱穆请来唐君毅兼任。钱穆之前在广州时认识的张丕介，此时正在香港主编《民主评论》，钱穆将其邀来兼任经济方面的课务。学校当时并无固定校址，只租到了九龙伟晴街华南中学的三间教室临时使用。因为是在夜间上课，故学校暂时定名为"亚洲文商夜校"。与此同时，学校又在附近炮台街租到了一座空房子，作为学生宿舍、教职员宿舍和院长室使用。

1949 年 10 月 10 日，亚洲文商夜校正式开学。没有仪式隆重的宣传，更没有名流要人的剪彩，师生全体二三十人用课桌在教室内围了个圆圈，举行了一个简单得不能再简单的庆祝会。在该庆祝会上，钱穆谆谆告诫各位学生："读书的目的必须放得远大。要替文化负责任，便要先把自己培养成完人。要具备中国文化的知识，同时也要了解世界各种文化。要发扬中国文化，也要沟通中西不同的文化。"①

事实上，在这次开学典礼当中，除了钱穆的演讲之外，还有唐君毅谈到了中国文化及其遭受的危机，张丕介则谈到了武训行乞兴学的意义。听完之后，大家感觉到挽救中国文化与世界前途的责任俨然已经落在了亚洲文商学院师生的肩上，心情因此变得格外沉重。②

开学后不久，学校又增加了两位新同事：一位是张丕介的旧同事罗梦册，另外一位是唐君毅的老朋友程兆熊。程兆熊在学校任教时间不长就去了台湾，在台北替学校招到了二十名左右新生。加上原先在香港招到的学生，学校学生至此共有六十名左右。

能有学生愿意前来就读，这对学校来说固然是好事，但是，对于新生

---

① 钱穆. 亚洲文商学院开学典礼讲词摘要[M]//新亚遗铎. 钱宾四先生全集：第50册. 台北：联经出版事业公司，1998：1—2.

② 唐端正. 新亚书院的历史精神[G]//多情六十年——新亚书院的过去、现在与未来. 香港：香港中文大学新亚书院，2009：12.

的亚洲文商学院来说，他们的住宿却成了问题。因为学院炮台街的宿舍原本就很小，根本就安排不下从台北招来的这批学生入住。钱穆在香港时期结识了上海商人王岳峰，此人十分欣赏钱穆艰苦办学的精神，故而表示愿意鼎力相助。正是有赖王岳峰的慷慨资助，学校在香港北角英皇道海角公寓租了几间房间作为教室和宿舍，用以安插那些来自台北的新同学。[①]

二、迁校与更名

1950 年 2 月 28 日[②]，学校迁往桂林街 61、63、65 号这三楹新楼的三四两层。此处校舍乃由王岳峰先生斥资顶下[③]。钱穆此前曾和学校监督刘尚义商量，打算将学校改为日校。而刘尚义却告知钱穆，亚洲文商夜校乃由他所创，他不打算将其改作日校，也不愿意将校名相让。无奈之下，钱穆只好听从刘尚义的建议，向香港教育司申请另外创办一所学校，而崔书琴此时也被邀请去了台北，新学校遂由钱穆一人主持。

学校迁往桂林街新校舍之后，正式更名为"新亚书院"。学校更名之后，同事也比以前大为增加。吴俊升、任泰、梁寒操、杨汝梅、刘百闵、

---

① 唐端正. 六年沧桑话新亚[G]//多情六十年——新亚书院的过去、现在与未来. 香港：香港中文大学新亚书院，2009：176—177.

② 唐君毅. 唐君毅日记：上[M]. 唐君毅全集：第三十二卷. 北京：九州出版社，2016：36.

③ 何谓"顶"？钱穆本人曾经多次提及此一概念，如："得一万则另租一校舍，一万五则顶一校舍，两万则谋买一校舍。"〔钱穆. 新亚书院创办简史[M]//新亚遗铎. 钱宾四先生全集：第50册. 台北：联经出版事业公司，1998：676〕钱穆此处将"顶"与"租"及"买"放在一起使用，可见，"顶"既非"租"，也非"买"。那么，"顶"到底是什么意思？2018年6月4日，笔者曾经就"顶"的含义通过手机微信向钱穆哲嗣钱行老师请教。钱老师告知笔者，民国期间和以后港澳等地有这种"顶"。不是分期付，而是一次付。因未买断，故而只取得一定期限的使用权。另外，新亚书院首届毕业生余英时先生关于新亚书院迁校一事曾经有过这样的记述："次年春，创校院长钱穆先生获旅港沪商王岳峰先生之助，始长期租下桂林街校舍，易校名为新亚，新亚师友作息于是楼者先后七阅寒暑。"可见，余英时先生将"顶"解释成"长期租下"，其租期长至"七年"。〔余英时. 新亚书院纪念碑铭[G]//多情六十年——新亚书院的过去、现在与未来. 香港：香港中文大学新亚书院，2009：299〕

罗香林、张维翰、卫挺生、陈伯庄等人，皆于此一时期陆续加入新亚书院。

按照香港当时惯例，在学校任教的老师，必须详细列出其学历、资历上报教育司。香港教育司当时正好有一位从内地去的学者做秘书，他见新亚书院聘请的教授，均系之前国内学政两界知名且负时望之人。作为当时香港唯一的一所大学的香港大学，其中文系的教师阵容也远不能与其相比。新亚书院因此特受香港教育司重视。

新亚书院又另外组织了董事会，请钱穆在华侨大学的同事赵冰出任董事长。赵冰同时也在学校上课。

1950年3月，新亚书院向外发布了钱穆撰写的《招生简章》①。《招生简章》将新亚书院之旨趣概括为"上溯宋明书院讲学精神，旁采西欧大学导师制度，以人文主义之教育宗旨，沟通世界中西文化，为人类和平社会幸福谋前途"；在课程方面，"主在先重通识，再求专长"；而教学则"侧重训练学生以自学之精神与方法"。

新亚书院"招生简章"发布之后，最终招来的学生大部分系来自内地的青年，尤以调景岭难民营中来的人占绝大多数。这些学生因为经济困难连学费都交不起，更有甚者只能露宿在学校的天台上，或者蜷卧在三四楼之间的楼梯上。学校考虑到学生的这一实际情况，将学校当中的扫地、擦窗等杂务全部交给学生去做，以便学生通过此一途径获得少许津贴。学校里面除了王岳峰从家中请来的一位厨师之外，并无其他工友。有很多学生，一旦其家在台湾定居下来，他们就中途离校而去。而那些家在香港的学生，因见学校规模简陋，应考录取之后，大多也改读其他学校了，留下来的大多也随例请求免费，至少请求免去一部分。全校学生当时总计不到一百人，学费收入仅占学校日常开销的百分之二十而已。

---

① 钱穆. 招生简章节录[M]//新亚遗铎. 钱宾四先生全集：第50册. 台北：联经出版事业公司，1998：3—4.

三、赴台求援

就在人人相信新亚书院将有一番光明的前途的时候，王岳峰因为在冲绳岛投资建筑机场的失误，损失惨重以致破产。[①] 王先生在为新亚书院"顶"来一所新校舍，又维持了书院前一两个月的日常开销之后，就再也无法继续供给下去了。此时的新亚书院已经到了山穷水尽的绝境，所有关心新亚书院发展的人都希望钱穆能够赶赴台北，寻求当局支援。

为了救新亚书院于水火之中，1950 年 12 月 1 日[②]，在新亚全校同人的力促下，钱穆乘飞机抵达台北。第二天早晨，钱穆在张晓峰的陪同下赶赴士林官邸，出席蒋介石的午餐宴请。钱穆注意到当时的米饭居然是用十分粗糙的配给米做成的，因此，当蒋介石问起有关新亚书院的情况时，钱穆并没有将学校的困难直率相告。但是，后来在居正的协助下，钱穆此行最终还是筹得了"总统府"款项。

钱穆达成筹款目的之后，受新朋旧友的邀请前往各地做演讲。根据当时的演讲词整理出的著作有《人生十论》《文化学大义》《中国历史精神》。演讲的对象虽然不同，但同样浸润着钱穆一贯的精神意气与深切期盼："余对国家民族前途素抱坚定之乐观，只望国人能一回顾，则四千年来历史文化传统朗在目前，苟有认识，迷途知返，自有生机。"[③] 在台期间，钱穆还从"中央研究院"借出两本遍寻不获的近代著作，并在日夜展读的基础上最终完成了《庄子纂笺》的写作。

钱穆此次前往台湾寻求援助时受张晓峰编纂《现代国民基本知识》丛书的约请，答应了《中国思想史》和《宋明理学概述》两书的撰写。回到香港之后，钱穆挑灯夜战，于 1951 年 8 月先行完成了《中国思想史》一书

① 苏庆彬. 飞鸿踏雪泥——从香港沦陷到新亚书院的岁月[M]. 香港：中华书局，2018：203.

② 唐君毅. 唐君毅日记：上[M]. 唐君毅全集：第三十二卷. 北京：九州出版社，2016：49.

③ 钱穆. 八十忆双亲师友杂忆合刊[M]. 钱宾四先生全集：第51册. 台北：联经出版事业公司，1998：302.

的撰述，并于第二年 11 月在台北出版。《宋明理学概述》则于 1952 年 10 月属稿，越年而成，并于 1953 年 6 月出版。

四、赴台筹划分校

因首次去台湾的时候，钱穆在台中结识了几位朋友，他们希望钱穆能在台湾开办新亚书院分校。选定校址之后，他们将此一情况写信告知了钱穆。钱穆的香港同人认为，新亚书院此时仍在困顿中艰难发展，倘能在台湾开办分校，或许能为学校赢得新的发展生机。在香港同事的催促下，钱穆于 1951 年 12 月 20 日再赴台北 [①]。

钱穆抵达台湾之后，立即前往台中考察朋友们为开办分校所择定的校址。那块地皮虽在郊外，但离城不远，背后临山，草坪如茵，溪流纵横，旷无人烟。钱穆认为，此地将来应很有发展前途。刘安棋当时正驻军台中，他希望钱穆能够尽快将这件事定下来，并向钱穆承诺，学校建筑事宜可由军队来承担。因此，如果学校开办分校，在地价之外，他们又可省下建筑工资。

钱穆返回台北之后，立即向台湾"行政院院长"陈诚禀告了这件事。陈诚告知钱穆："政府决策不再增设大学。"钱穆说："多增大学，毕业生无安插，固滋不安。但为长久计，大学毕业高级知识分子恐终嫌不够。"接下来，钱穆又反问陈诚："闻明年美国教会将来台设立一新大学，不知政府何以应之？"当时台湾称作大学的学校只有台湾大学一所，而美国教会打算来台创办的大学，就是 1952 年成立的东海大学。陈诚回答道："此事容再思之。"

钱穆因为没有得到台湾方面的明确应允，滞留数月之后即打算返回香港。此时，何应钦作为"总统府战略顾问委员会主任委员"，来邀钱穆前去演讲。钱穆择定"中国历代政治得失"一题，分汉、唐、宋、明、清五代，

---

① 唐君毅. 唐君毅日记：上[M]. 唐君毅全集：第三十二卷. 北京：九州出版社，2016：70.

略述各项制度，一共讲了五次，这是钱穆第三次在台北做系统演讲，此次演讲词随后也以同题成书出版。《中国历代政治得失》和《中国历史精神》两书，后来被香港大学定为投考中文系的必读书籍。

《中国历代政治得失》演讲方毕，朱家骅又来邀请钱穆为"联合国中国同志会"做一次演讲。1952 年 4 月 16 日[①]，钱穆径自雇车前往临时借作讲堂的淡江文理学院新落成的惊声堂，而这一天实际上也是惊声堂的启用日。因车夫不认识路，钱穆上讲堂时已经迟到，但此时的惊声堂早已听者云集，连楼上的座位也坐满了人。当时有一位叫作柴春霖的"立法委员"，和钱穆素昧平生，那天约请了几位朋友同游士林花圃。游完花圃之后，各位朋友乘原车赶赴阳明山，柴春霖则一人雇车来到了惊声堂，坐在楼上。

钱穆演讲完毕，等待听众发问的时候，前排有人先行离去，朱家骅看到柴春霖在楼上，便招手将其邀请到楼下就座。正当钱穆回答听众提问的时候，突然有一大块水泥从屋顶上坠落下来。当时钱穆和朱家骅并肩站在讲台上，钱穆的手表放在他们两人之间的桌子上。水泥大块掉下来的时候正好击中了钱穆的头部，钱穆应声倒下，而朱家骅和桌上的手表却都安然无恙。一堂听众见此情景，立即惊慌四散，忽然有人想到钱穆倒在了台上，便返回来将不省人事的钱穆从水泥块中扶了起来。有人见钱穆头部血流不止，便用手拿着笔记本掩住其伤口，出门叫住一辆车，直接将钱穆送往附近的中心诊所。柴春霖坐在前排，不幸被水泥块击中胸部。他本有心脏病，送到医院即已气绝身亡。

钱穆前往惊声堂演讲时，成都华西协和大学女学生郭志琴守候在门口，并陪同钱穆进入了讲堂。钱穆被水泥大块击倒之后，除郭志琴外，另有苏州中学学生杨恺龄及其夫人邹馨埭等数人护送钱穆至中心诊所。大家急急忙忙地挤上车，尚未坐稳，车子忽然发动，邹馨埭掉下了车，所幸只是受了一点轻伤。钱穆住院期间，前来问候的人络绎不绝，而这些人则早晚前

---

① 唐君毅. 唐君毅日记：上[M]. 唐君毅全集：第三十二卷. 北京：九州出版社，2016：77.

来伺候。等到钱穆出院赶赴台中养病时，又由郭志琴陪同前往。病中能够得到自己学生的悉心照顾，作为老师的钱穆十分感动："旧日师生一段因缘，不谓至是仍有如此深厚之影响之存在，是亦人生大值欣慰之事也。"①

钱穆出院之后前往台中存德巷养病，住在位于那里的台北广播公司的一所空宅当中，《中国历代政治得失》的演讲词就是在那里改定的。与此同时，钱穆又时常向台中省立师范学校图书馆借书，所读都是南宋以下的文学小品。钱穆后来在这次读书的基础上，曾写成《读明初开国诸臣诗文集》论文一篇。

钱穆在存德巷养病期间，其新亚学生胡美琦当时正服务于台中师范学校图书馆，每天下班之后即来相陪。钱穆此次来台前前后后大约持续了四个月之久，最后才转台北返回香港。钱穆回去后仍然常觉头部有病，大约一年之后才彻底痊愈。

五、"以营利为目的"还是"为教育而教育"

1952 年上半年，香港政府颁布商业登记条例，要求所有港九私立学校都要到工商署办理登记，自认为营利企业，并缴纳登记费两百元。此一消息传来，在新亚书院内部立即激起了巨大的义愤。因为依照中国传统教育观念，学校并非营利团体，乃为教育而教育之纯正事业。尽管当时新亚书院穷到了随时可能关门的地步，但全校师生依然咬牙坚持的动力也就在此。

钱穆当时正在台北养病，作为总务长的张丕介写信将此事告知了钱穆。钱穆的回信斩钉截铁、义正词严：学校宁可关门大吉，也绝不可自承"以营利为目的"！

一贫如洗的新亚书院自然不甘被目为"学店"，为此，学校当然也不能坐以待毙。张丕介接下来又为此事前往拜访学校董事长赵冰，详商对策。

---

① 钱穆. 八十忆双亲师友杂忆合刊[M]. 钱宾四先生全集：第51册. 台北：联经出版事业公司，1998：309.

精通香港法律的赵冰指出，新亚书院此次必须办理登记，但登记地点不应是工商署，而应是高等法院。新亚书院以"为教育而教育"为原则，此事在社会上虽然人所公认，但要获得法律的认可，却又绝非易事。为此，新亚书院必须要聘请律师，起草学校组织大纲与条例，一一送呈法院，然后等待批准。在此过程中，学校自然要奔走于法院与律师楼之间，往返磋商，旷废时日。

为了挽救学校的声誉与命运，重病在身的赵冰挺身而出，以一己之力承担了这一大堆烦琐的工作。经过一年的艰苦努力，1953 年 7 月 7 日，新亚书院经由香港政府公司注册官依照公司条例第三十二章颁发登记执照。与此同时，香港总督依照公司条例第三十二章第二十一条之规定，授权公司注册官，在等级执照内取消"有限公司"字样。此事正如赵冰大律师所解释的，"英国法律规定，纯正的教育事业，必须依公司法登记。经过这层登记，再经当地最高当局特免'有限公司'字样，即成为'法人'，以示其与'商人'有别。反之，如系'以营利为目的'之学校，即不必办此手续，但须到工商署登记，并缴纳营业税，那就是为社会所非笑的'学店'了"①。

新亚书院最终被香港政府认定为香港当时独有的一所私立但不牟利的学校，这一结果对新亚书院来说可谓是一件十分荣耀的事情。这一结果的取得与全体新亚师生的努力是分不开的，而赵冰在此事当中可谓厥功甚伟。张丕介自始至终一直参与此事，他对涉及此事的各方有一个全面的总结评价："钱先生及各同人，尤其赵先生，热心维护中国文化传统，这种精神是我们终生难忘的。而香港政府对于我们这个流亡学校，也算仁至义尽了。"②

---

① 校闻一束·本院完成登记手续[M]//新亚遗铎. 钱宾四先生全集：第50册. 台北：联经出版事业公司，1998：32.

② 张丕介. 新亚书院诞生之前后[G]//宋叙五. 张丕介先生纪念集：张丕介先生·人师的楷模. 香港：和记印刷有限公司，2008：68.

六、雅礼协会与新亚书院的初次接洽

1953 年 7 月 4 日，美国耶鲁大学历史系主任卢定教授（Prof. Harry R. Rudin）来到香港。他此行是受雅礼协会（原名为 Yale-in-China Association，后改名为 Yale-China Association）董事会（New Haven Trustees）委托，特意前来寻访香港和台湾两处地方①，打算以学校与医院作为选择对象进行补助，以便继续雅礼协会曾在中国长沙所开办的医院和学校这两项未竟之业。但在约见钱穆商谈之后，他最终选定了新亚书院作为雅礼的合作对象，且他也已按年拟定了美金一万、一万五、两万三种预算，将带回美国由董事会斟酌决定。

钱穆告知卢定，如果新亚书院每年能有补助一万美金则打算另外租一所校舍，一万五则打算顶一所校舍，两万则打算买一所校舍。卢定看到钱穆的计划大表诧异："闻君校诸教授受薪微薄，生活艰窘，今得协款何不措意及此？君亦与学校同人商之否？"钱穆告知卢定："余等办此学校，惟盼学校得有发展，倘为私人生活打算，可不在此苦守。如学校无一适当校舍，断无前途可望。请君先往新亚一查看。"

随后，卢定曾私自前往新亚书院，在教室外遇到了两名学生，和他们闲谈了一阵后就悄然离去了。另外，新亚书院当时正好举行第二届毕业典礼，在校外借了一个地方举行，因而邀请卢定前往观礼。典礼结束之后，新亚书院又将卢定留下来和大家一起用餐。卢定在和新亚师生的接触过程中，发现学校师生对钱穆敬意有加，故而深信新亚书院将来必有前途。

---

① 关于雅礼协会拟补助地，钱穆在自己的《师友杂忆》当中说是香港、台北、菲律宾三处地方（钱穆. 八十忆双亲师友杂忆合刊[M]. 钱宾四先生全集：第51册. 台北：联经出版事业公司，1998：310），而张丕介则说是中国台湾、菲律宾、新加坡、中国香港四处地方，比钱穆的说法多出了新加坡这一处地方（张丕介. 新亚书院诞生之前后[G]//宋叙五. 张丕介先生纪念集：张丕介先生·人师的楷模. 香港：和记印刷有限公司，2008：74）。而卢定在自己的文章当中则只提及香港与台湾两处地方（卢鼎. 一九五三年东西之会[G]//诚明古道照颜色——新亚书院55周年纪念文集. 香港：香港中文大学新亚书院出版社，2006：46）。此处从卢定。

卢定临别之前告知钱穆，他回到美国之后，雅礼董事会对新亚书院一定会有所协助。他希望钱穆能将雅礼的协款用作学校日常开支，至于校舍一事，他们将另外再作筹措，希望钱穆不要过多挂念此事。

卢定返美后不久即来信告知，每年的补助费已提高至两万五千美元，比原先最高定额还要多。而新亚书院收到雅礼协款之后，随即具函辞谢了台北的赠款，时为 1954 年 5 月。

七、新亚研究所之初立

卢定离开香港之后，亚洲协会的艾维（James Taylor Ivy，1919—2006）前来拜访钱穆："新亚既得雅礼协款，亚洲协会亦愿随份出力，当从何途，以尽绵薄？"钱穆告知艾维："余意不仅在办一学校，实欲提倡新学术，培养新人才。故今学校虽仅具雏形，余心极欲再办一研究所。此非好高骛远，实感迫切所需。倘亚洲协会肯对此相助，规模尽不妨简陋，培养得一人才，他日即得一人才之用，不当专重外面一般条例言。"艾维对钱穆的这一想法十分赞同，于是便在 1953 年秋天租下九龙太子道一层楼，供新亚书院及校外大学毕业后有志继续深造的人使用，新亚书院各位教授则随宜指导，此为新亚研究所筹办之先声。

新亚研究所成立之后，余英时即成为其中的一名研究生，由钱穆任导师。余英时当时的兴趣是研究汉魏南北朝的社会经济史，钱穆针对此一情况一再叮咛，希望余英时不要过分注意断代而忽略了贯通，更不可把社会经济史弄得太狭隘，以致与中国文化各方面的发展配合不起来。这里涉及的是"通"与"专"的问题，钱穆告诫余英时应该"以通驭专"。另外，由于钱穆一直躬行"人不知而不愠"的古训，因此，在他平时的谈话当中，他总是强调"学者不能太急于自售，致为时代风气卷去，变成了吸尘器中的灰尘"。[①]

① 余英时. 犹记风吹水上鳞——敬悼钱宾四师[M]//钱穆与现代中国学术. 桂林：广西师范大学出版社，2006：12—13.

关于新亚研究所的办学旨趣，余英时在一篇题为《〈钱穆先生八十岁纪念论文集〉弁言》的文章当中曾经有过这样的总结："新亚研究所，一如新亚书院，仍以文化之创新与人格之完成为第一事、第一义，而视纯学术之研究为第二事、第二义。然先生之意，固同于陈东塾先生，谓'第一事必在乎第二事，第一义必在乎第二义，除此，第二事、第二义更无捷径'，斯又新亚研究所与近世其他文史研究机构之专一专门绝业为标榜者，截然异趣之所在也。"①余英时作为新亚研究所的一名研究生和钱穆的学生，他对钱穆创办新亚研究所旨趣的总结是比较符合客观实际的。

第二节　奠基期：1954—1959

一、第一期新校舍落成

1954 年 3 月 31 日②，雅礼协会派驻香港代表郎家恒（Charles Long）牧师来到香港。钱穆告知郎家恒："学校事，已先与雅礼约定，一切由学校自主。"郎家恒连连称是。

1954 年秋天，新亚书院收到雅礼协会的协款之后，当即在嘉林边道租了一处新校舍（第二院），此处比桂林街旧校舍（第一院）大，学生也分别在嘉林边道和桂林街两处地点上课。

有一天，艾维前来告知钱穆，卢定返美之后信守自己的诺言，为新亚新校舍的事情多方接洽，不久前终于喜得福特基金会应允捐款。而有了福特基金会的援助之后，钱穆最终决定在九龙农圃道，由香港政府拨地建筑新校舍，建筑事宜则由沈燕谋一人主持。港督葛量洪由于不久之后就要

① 余英时.《钱穆先生八十岁纪念论文集》弁言[M]//钱穆与现代中国学术. 桂林：广西师范大学出版社，2006：195—196.

② 唐君毅. 唐君毅日记：上[M]. 唐君毅全集：第三十二卷. 北京：九州出版社，2016：115.

退休，他希望在其离港之前能够亲自参加新亚新校舍的奠基典礼。新亚新校舍奠基典礼因此提前到 1956 年 1 月 17 日举行，而校舍则于同年暑假后建成。

新校舍启用之后，福特基金会派人前来巡视。巡视结束后，钱穆问来人意见，其人告知钱穆："全校建筑惟图书馆占地最大，此最值称赏者一。课室次之。各办公室占地最少，而校长办公室更小，此值称赏者二。又闻香港房租贵，今学校只有学生宿舍，无教授宿舍，此值称赏者三。即观此校舍之建设，可想此学校精神及前途之无限。"钱穆回应道："君匆促一巡视，而敝校所苦心规划者，君已一一得之，亦大值称赏矣。"

二、新亚研究所之发展

1955 年春天，哈佛大学的雷少华教授来嘉林边道拜访钱穆。钱穆谈起新亚书院的创校经过时告知雷少华，他们创办该校"非为同人谋啖饭地，乃为将来新中国培育继起人才"，雷少华对此极表赞许。钱穆接着说道："科学经济等部分优秀学生，可以出国深造，唯有关中国自己文化传统文学哲学历史诸门，非由中国人自己尽责不可。派送国外，与中国人自己理想不合，恐对自己国家之贡献不多。惟本校研究所规模未立，仍求扩大。"雷少华对钱穆的这些想法也连声称是，并对钱穆说："君有此志，愿闻其详，哈佛燕京社或可协款补助。"钱穆提出以下三项建议：为研究所研究生设立奖学金、从日本购买一批中国书籍、资助新亚研究所学报之出版。雷少华听钱穆如此提议，频频点头赞同，并对钱穆说："君可照此三项具体作一预算，当携返哈佛做决议。"

新亚书院先前已经得到亚洲协会的帮助，在太子道租下一层楼作为开办研究所之用。受到哈佛大学燕京学社的资助之后，新亚研究所才算是正式确立。

新亚研究所起先录取学生不经考试，只由面谈。录取之后，有人暂留一年或两年即离去，也有人长留在所的。而自从获得哈佛大学燕京学社的协款之后，新亚研究所才开始正式招生。招生对象不限于新亚书院的毕业生，其他大学的毕业生也可报名应考。研究所同时聘请香港大学刘百闵、罗香林、饶宗颐三人作为所外考试委员，又请香港教育司派员监考。录取后修业两年，仍须经所外考试委员阅卷及口试，通过之后才能毕业。研究所也从毕业生中择优留作研究员，留所时间有长至十年以上者。

1955年，哈佛大学燕京学社来信希望新亚书院能选派一位年轻教师赴哈佛大学访问学习。新亚书院就以助教名义将当时留在研究所做研究生的余英时派送前往，这是新亚研究所派赴国外留学的第一人。余英时在哈佛大学访问学习一年期满之后又获许延长一年，之后又加入哈佛研究院攻读博士学位。毕业之后，余英时就留在了哈佛大学。

又有一年，美国西雅图大学一名德籍教授来到新亚书院，其人告知钱穆，如果新亚书院选派学生前往他所在学校的研究所学习深造，将可以获得优待。新亚书院因此选派余秉权前往该校学习。余秉权在那里得到学位之后，回到香港任教于香港大学中文系。嗣后，余秉权又赶赴美国的一个资料中心任主任，多年为出版及宣扬华文书籍做出了自己应有的贡献。此后，新亚研究所及大学部学生远赴美欧及日本各国游学和任职的人越来越多，不胜枚举。

钱穆离开内地的前一年，当时新任苏州城防司令孙鼎宸到钱穆家中去拜访。孙鼎宸告知钱穆，他系青年军出身，在军中曾不断诵读中国史书，对吕思勉先生的著作玩诵尤勤，对钱穆的书也有研究。钱穆感觉，其人虽系一介武夫，但极富书生味，待人也忠厚诚朴。钱穆只身前往广州的时候，曾将家事托付给孙鼎宸，恳请他随时加以照顾。钱穆在香港创办新亚书院之始，没想到孙鼎宸也举家迁至香港。新亚书院在桂林街创办文化讲座时，孙鼎宸每周必到。其后孙鼎宸曾将当时历次讲稿编为《新亚书院文化讲座录》一书，这是新亚书院正式出版的第一本书。新亚研究所正式成立之后，孙鼎宸也前往研究所学习。孙鼎宸在钱穆的嘱咐下编有《中国兵制史》一书，由张晓峰在台北代为出版，此书则为新亚研究所学生正式出版的第一本书。

孙鼎宸的岳母去世后，钱穆曾前往孙鼎宸家中吊唁，这是钱穆第一次去孙鼎宸家。钱穆这才知道孙鼎宸来到香港之后，原先曾顶有一层楼，后因日用不给，遂将此楼向外出租，只留下沿街有檐有窗的一个走廊供自己起居、吃饭和读书之用。家中仅有的一张床供其岳母卧宿，而孙鼎宸夫妇则睡在行军床上，早晨起来之后则拆去。孙鼎宸生活如此清苦，但仍然勤学不辍，且从未向钱穆吐露一言半语。钱穆在了解到这些情况之后，不由得不更加崇敬起孙鼎宸的为人。其实，新亚书院初创时期，新亚师生大多身处乱离艰困之中，孙鼎宸可谓是他们之中的一个典型代表。

三、钱穆获香港大学名誉博士学位

为了表彰钱穆的学术成就及献身教育的精神，香港教育司高诗雅及香港大学林仰山教授联合献议，在1955年6月27日香港大学的毕业典礼上，授予钱穆名誉法学博士学位。

对此，刘百闵先生指出："钱先生这次获授港大学位，对钱先生自己说是没有什么意义，或者会感到'尊之不足加荣'，但是对我们说，却是同感光宠，尤其是站在中国的学术文化立场来看，其意义却是重大的。昔日朱舜水先生亡命日本讲学，为当地朝野人士所尊重。钱先生今日在香港的处境亦然，正足以与朱氏先后媲美，互相辉映。"

在此次颁授钱穆名誉博士学位的典礼当中，时任港督葛量洪爵士曾经这样评价道："钱先生系一著名华人学者，他这次接受本大学的法学博士名誉学位，为本大学增光不少。"6月29日，《工商日报》针对此事的社论当中也有类似评价："钱穆先生在我国学术界的地位，也早已被视为泰山北斗，没有几个可以比肩，故此这次之愿意接受这个名誉学位，对港大来说，也是相得益彰，永留佳话。"[1]

---

[1] 上述刘百闵、葛量洪及《工商日报》的社论转引自校闻一束·院长获授港大名誉学位[M]//新亚遗铎. 钱宾四先生全集：第50册. 台北：联经出版事业公司，1998：83—84.

不久之后，钱穆和胡美琦也在香港结为伉俪。短短数年之内，对钱穆来说，三大喜庆可谓接踵而至：首先，新亚书院得到了雅礼等多方协款；其次，荣获香港大学名誉学位；其三，在港新婚。

四、艺术系之添设

因为刘百闵的介绍，钱穆在香港结识了陈士文。陈士文在国立西湖艺术院国画系肄业两年，后赴法国攻研西画九年，回国后执教于上海美术专科学校和新华艺术专科学校。1949 年去往香港，以鬻书卖画维持生活。一天，钱穆对他说出了长久以来埋藏在自己内心深处的一个想法："新亚拟创办一艺术系，以教授中画为主，西画为副。惟无固定之经费，拟照新亚初创时，授课者仅拿钟点费，不能与他系同仁同样待遇，不知君肯任此事否？"陈士文干净利落地回答道："愿供奔走。"陈士文说干就干，首先将其老友丁衍庸请了过来。后来也打算请吴子深，他曾斥巨资在沧浪亭畔创建过苏州美术专科学校，钱穆和他也算是老相识。但遗憾的是，吴子深没有答应这件事。

为了创建新亚书院艺术系，钱穆又前往拜访顾青瑶女士。当时正在香港开门授徒的顾青瑶告知钱穆，倘若胡美琦有意学画，她愿尽力传授，只是不想进学校上课。初次见面，钱穆察觉到顾青瑶似乎并没有彻底拒绝自己的意思，因而在为她答应胡美琦登门学画向其表示感谢的同时，继续争取道："余妻正拟赴美进修，俟其归，当偕其同来谒师。惟仍恳能来校任课。"顾青瑶或许是感觉到钱穆诚意可嘉，因而回话道："今年授课时间已排满，明年决当来。"荣德生的女儿荣卓亚也是顾青瑶的学生，她有一辆私家车，答应到时候将亲自送顾青瑶去学校上课。因为新亚艺术系属初创，人才缺乏，钱穆顺便也将荣卓亚一起请到学校来任教。嗣后，钱穆又请到了顾青瑶的老朋友张碧寒，其人乃以前上海最大的私家园林张园的主人，当时正好也在香港。

钱穆最后又请到几位画家，山、水、花、鸟、虫、鱼、人物各有专长，阵容可谓十分整齐。一切准备就绪之后，钱穆告知学校董事会："有一报告但非议案不必讨论。学校拟创办一艺术系，以经费困难，下学期学校先添设一二年制艺术专修科。仅求在学校中划出教室及办公室两间。教师已多洽聘，但如本校初创时例，只致送钟点费，学校不烦另筹经费。俟艺术专修科获得社会之认可，相机再改办艺术系。"最后，各位董事都默然应允了钱穆创办艺术系的想法。

新亚书院创办初期，因为过度穷困，自然无力提倡艺术；而自从获得雅礼协会的资助后，新亚书院经济状况已较以前大为改善，但是，因为雅礼协会每年补助新亚的经费系一笔整数，如成立新系，势必要压缩其他方面的开支，故钱穆创办艺术系的想法曾经遭到了学校内部部分同事的反对。无奈之下，钱穆只能用赤手空拳创办新亚书院的精神来创办艺术系。实际上，钱穆之所以执意创办艺术系，是因为他认为，艺术乃中国文化中不可或缺的一大内容，因此，以发扬中国固有文化为己任的新亚书院自然不能没有艺术系。另外，钱穆创办艺术系，其目的并非仅在造就专业的艺术家，更求培养全校学生之情趣，希望大家都能借此领略到一些中国艺术所传达的人生情味。钱穆坚信，这一做法必将在个人品格的陶冶上产生莫大之功用。[①]

1957年春，新亚书院两年制艺术专修科正式开办。暑假期间，有三四位侨居香港的名画收藏家将其大约四十件藏品借给新亚书院开办展览会，一时观者云集。其后，艺术专修科师生又举行了一次作品联展，在香港颇获美誉。这次联展作品后来由雅礼协会赞助运往美国，在美国各地巡回展览，也很受好评。此次展览，对新亚书院此后正式成立艺术系帮助很大。1959年2月，雅礼协会增加协款，在新亚书院正式添设四年制艺术系。

艺术系成立之后，因与其他各系同样招考，能考上的学生，大多在专

① 钱胡美琦. 敬悼青瑶师[M]//新亚遗铎. 钱宾四先生全集：第50册. 台北：联经出版事业公司，1998：627.

业上不行；而专业上优秀且有志学国画的学生，又大多被拒之门外。新亚书院鉴于此一情况，在假期当中开设补习班，同时开办展览会展出师生作品。社会上的人看过展览之后，竞相前来报名参加补习班。因为考虑到艺术系教师薪水微薄，与其他系教师的待遇无法相比，学校即以补习班的收入来补贴艺术系的教师。

陈士文为人朴忠谦和，质讷无华，不喜欢交际应酬，但艺术系一切杂务却均由他一人承担。溥心畬、赵无极等人来到香港时，均被其邀往艺术系开办讲座。王季迁从美国来到香港之后，也在艺术系开了一年课；之后，王季迁又曾在艺术系作专任教师并兼任系务。罗维德（A. Sidney Lovett）来校任雅礼代表时，其夫人也在艺术系学习中国画。胡美琦从美国回来之后，当即亲赴顾青瑶家学习绘画。尽管每次去都要花上整整半天时间，胡美琦依然兴趣甚浓。台湾师范大学教授金勤伯来到香港之后，艺术系也请他去上课。同时，胡美琦也拜金勤伯为师，向他学画。钱穆后来迁居台北之后，金勤伯当时也在台湾，胡美琦又继续向他学了多年的绘画。

其实，钱穆早就有意提倡中国艺术。新亚书院在桂林街初创之时，俞振飞当时还滞留在香港，钱穆曾前往与其接洽，打算聘请他来学校教授昆曲。此事俞振飞已经答应了下来，并曾来校做演讲，但一年不到他就返回了内地。新亚成立艺术系之后，在课外时间又成立了国乐团，传习古琴、古筝、二胡、箫、笛等中国传统乐器；随后，新亚书院又成立了国剧团。凡此种种，正如钱穆自己所说，"皆新亚在艰辛中，兼具娱乐精神之一种收获也。"[①]

对于钱穆在新亚书院所开创的艺术教育的历史功绩，曾经在新亚艺术系任教的周士心十分中肯地评价道："在香港教育史上，大学美术教育，设立艺术系，以及普及美术教育，并整理国有文化遗产及储备专业人才，香

---

① 钱穆. 八十忆双亲师友杂忆合刊[M]. 钱宾四先生全集：第51册. 台北：联经出版事业公司，1998：328.

港新亚书院，开创风气之先，有功不可没的历史价值。"①

五、理学院之创办

雅礼派驻新亚的代表，起初是郎家恒牧师，1958年暑假之后改为罗维德。罗维德曾任耶鲁大学宗教总监和耶鲁大学皮尔逊学院院长，其人在耶鲁可谓德高望重。退休之后，雅礼协会便请他作为代表常驻新亚书院。

一天，罗维德向钱穆建议，如果新亚书院想要寻求更大的发展，似乎应该添设理学院，但不知钱穆在这方面有什么想法。钱穆说："余亦久有此意，惟需经费甚巨，不敢向雅礼轻易提出。今君亦同具此意，大佳。但物理化学诸系，须先办实验室，俟物理仪器化学药品粗备，始可正式开办，免来学者虚费岁月。当先开设数学系，次及生物系，只需购置显微镜等少数几项应用仪器即可。"

当时耶鲁大学理学院正好有一位教授打算去菲律宾，为那里的一所大学布置理学院研究所，罗维德便趁此机会邀请他绕道来到香港，为新亚书院理学院的发展进行规划设计，并以最低钱款筹备了物理、化学等实验室。1959年秋，新亚书院率先成立了数学与生物两系。隔了一年之后，又正式添设了物理与化学两系。由此可见，新亚书院理学院的成立和发展，与罗维德的热心推动是分不开的。

六、学生交流

鉴于香港的特殊重要性，即"香港在地理上与文化上皆为东西两大文化世界之重要接触点，亦为从事于沟通中外文化，促进中西了解之理想的教育地点"②，"沟通世界中西文化"自然成了新亚书院意欲追求的一个重要

---

① 周士心. 新亚书院艺术系六十年回忆[G]//多情六十年——新亚书院的过去、现在与未来. 香港：香港中文大学新亚书院，2009：120.

② 钱穆. 新亚书院沿革旨趣与概况[M]//新亚遗铎. 钱宾四先生全集：第50册. 台北：联经出版事业公司，1998：7—8.

理念。正是在这一理念的支配之下，新亚书院长久以来一直重视教师及学生的对外交流。

而就学生方面的交流来说，新亚书院最早与日本亚细亚大学达成了交换留学生的协定（见下），并于1958年夏正式实行。此外，当时尚有日本青年数名及韩国青年一名在新亚研究所深造。[①]

新亚书院·亚细亚大学交换学生协定[②]

宗　旨

新亚书院、亚细亚大学，基于建校理想之相同，彼我共鸣于俗世之中。以崇高学风，互相信赖，为促进两国文化之交流。除相互交换教授等外，先以作育将来达成中日合作之优秀青年为始，愿相互交换学生教育之。

总　则

1. 交换学生之实施，定一九五八年度起开始试办。试办期定为二年。

2. 交换学生人数在试办期间内，定为每年二名，嗣后之交换人数另定之。

3. 交换学生之学费、宿费、膳费由双方学校相互负担。交换学生之香港—日本之间往返旅费及零用，由学生自己负担。

4. 交换学生暂以商科志愿者为限，入学后不得转校转系。

5. 交换学生住宿于两校所定之宿舍，于宿舍内与其他学生共享同样伙食。

6. 交换学生之履修时间为二年半，由双方第三年肄业学生之中选派之。

7. 双方对交换学生之教育方法及内容，由各自计划决定之。但宜留意使之不受国内学生履修课程规定只束缚，斟酌予以特殊方法有效地使之完成留学为目的。

8. 新亚书院选派之学生留学后，于亚大留学生部可先受日本语教育。

---

① 钱穆. 变动中的进步——第十届月会报告摘要[M]//新亚遗铎. 钱宾四先生全集：第50册. 台北：联经出版事业公司，1998：163.

② 新亚书院·亚细亚大学交换学生协定[M]//钱穆. 新亚遗铎. 钱宾四先生全集：第50册. 台北：联经出版事业公司，1998：111—112.

但亚大之选派学生，于留学前在亚大先受中国语之教育。

9. 交换学生之启程归国时期，因双方学期之不同，暂定如下：

新亚书院学生：每年九月末启程，十月十日到校报到，于第四年三月毕业归国。

亚大学生：每年二月末启程，三月十日到校报到，于第三年之七月毕业，八月归国。

根据上述协定，新亚书院与日本亚细亚大学每年交换两名留学生，膳宿费、学杂费等费用，全部由对方学校负责。第一期交换计划暂定为两年，且为试办期。1960 年期满结束后，经新亚书院教务会议及校务会议检讨，认为有继续实施之必要，交换名额仍照原方案办理，但应通知亚细亚大学，在派遣交换学生时，应注意其中英文程度。

七、向华侨子弟敞开求学之门

华侨子弟虽然生活在海外，但实际上主要也是生活在华人社会当中。因此，自 1958 年起，新亚书院发布了南洋侨生免试入学申请办法（见下），从而向海外华侨子弟敞开了求学的大门，并且寄希望于他们在毕业之后能够将中国传统文化在其原居地发扬光大。自此之后，马来亚、新加坡、沙捞越、印尼、文莱、沙巴各地区，甚至美国，都有侨生前来求学。最高峰时期，新亚书院招收的南洋侨生高达七十多名。[①] 以当时全校人数不足五百名计，侨生所占比例之高可想而知。

---

① 饶美蛟. 我的新亚情[G]//多情六十年——新亚书院的过去、现在与未来. 香港：香港中文大学新亚书院，2009：94.

本院南洋侨生申请免试入学办法 [①]

（一）侨生申请免试入学资格：

一、高中毕业会考及格具有证件者，得申请免试入学。

二、具有高中毕业资格毕业年度之平均成绩在七十分以上，由原校特别保送者，得予免试入学。

三、高中毕业未参加会考，及未得原校特别保荐者，得申请免试为试读生，试读期间成绩及格，得升为正式生。

四、高中肄业二年以上，并曾自修一年，具有证件者，得以同等学力申请免试为试读生。

（二）申请手续：填具申请书保证书（以原校校长保证为合格），连同学历证件，挂号寄本校教务处。

（三）申请日期：即日起至八月底止。

（四）费用：本校设有男士宿舍，侨生得优先寄住，每月宿费港币二十至二十五元，膳费每月四十元，学费每学期三百元，分五次缴纳。

（五）纪律：学生须严格遵守新亚学规及学则规定，并不得参加任何政治活动，违者依章议处。

（六）奖助学金及工读：本校为救济清贫子弟，设有各种奖学金助学金及工读，凡家境确实清贫而第一学年考试成绩在七十分以上者，得行申请。

（七）学位：学生须在校攻读四年，修足各该系规定课程，总学分达一百三十二学分，并呈缴毕业论文，经审查合格，方准毕业。毕业生学位之授予，依"教育部"规定办理之。

---

① 本院南洋侨生申请免试入学办法[M]//钱穆. 新亚遗铎. 钱宾四先生全集：第50册. 台北：联经出版事业公司，1998：158—159.

第三节 转进期：1959—1965

一、对香港政府创办新大学动议之反应

1959 年，香港政府忽然想在香港大学之外另外再成立一所大学，并首先选定崇基、联合与新亚三校作为基本学院，此后其他办学有成的私立学院也都要陆续加入。或许因为崇基、联合、新亚三校都得到了美国方面的协助，香港政府意有不安，所以才有了创办一所新大学的动议。对于此一动议，崇基与联合均表同意，而新亚同人则多持异见。

关于此事，钱穆个人主要有三条意见：第一，"新亚毕业生，非得港政府承认新亚之大学地位，离校谋事，极难得较佳位置。倘香港大学外，港政府重有第二大学，则新亚毕业生出路更窄。"第二，"香港政府所发薪金，亦取之港地居民之税收。以中国人钱，为中国养才，受之何愧。"第三，"余精力日衰，日间为校务繁忙，夜间仍自研读写作，已难兼顾。亦当自量才性所近，减少工作，庶亦于己无愧。"[①]上述第一条建议系为学生前途考虑，第二条建议系为新亚同人生计考虑，而第三条建议则系为自己精力与个性考虑。可见，无论是为人还是为己，钱穆都是倾向于加入新大学的。

钱穆将自己的意见告知罗维德，他也极表赞同。钱穆又说："学校内部会议，余可负全责。遇学校与港政府磋商，君肯任学校代表，不惮奔走之劳否？"罗维德慨然应允了钱穆的此一请求。罗维德驻新亚一年之后就回去了，其后由萧约（B. Preston Schoyer）继任。创建新大学时期，在新亚书院和香港政府之间辗转传递意见的就是萧约。

为了创建新大学，香港政府特意从伦敦聘来富尔敦（John S. Fulton）爵士与三所学校进行磋商。富尔敦大力赞扬新亚研究所办学成绩，认为应当

---

① 钱穆. 八十忆双亲师友杂忆合刊[M]. 钱宾四先生全集：第51册. 台北：联经出版事业公司，1998：329—330.

保留该研究所，使其成为未来新大学当中的第一个研究所，仍然交给新亚书院主办。富尔敦将他的这一建议写进了新大学创建法规当中，并成了最终的定案。

钱穆曾经和富尔敦谈起新校长的人选，钱穆认为应当由中国人担任，而富尔敦则认为首任校长应当由英国人担任，再由中国人继任，并认为这样安排可能比较切合实际情势。

二、钱穆应邀赴美讲学并获耶鲁大学名誉博士学位

1959 年秋，钱穆收到了耶鲁大学的来信，邀请他前往其东方研究系讲学半年。当时吴俊升刚刚从台湾当局"教育部"次长的位子上退了下来，钱穆打算邀请他来新亚书院任副院长，钱穆离港之后将由他暂时代理校务。吴俊升来到新亚书院之后，钱穆和胡美琦最终于 1960 年 1 月 18 日启程前往美国。

钱穆在耶鲁大学早晚共上两门课，有三位美籍学生，一位加拿大籍女生，一位从其他研究班来堂听讲的中国人；而大约十多位在耶鲁服务的中国人也来旁听，他们大多是耶鲁语言学校的教师。钱穆讲课时，由同系教师李田意先生随堂义务翻译，钱穆也因此能够尽情发挥，畅所欲言。钱穆在耶鲁期间，除了上课、写作、阅读之外，往往在朋友的陪同下前往附近及别地游玩，并借此机会切身感受美国社会。

1960 年 6 月 13 日，为了表彰钱穆在教育和学术上的辉煌成就以及为东西方文化交流所做出的突出贡献，耶鲁大学在其第 259 届毕业典礼上授予钱穆人文学荣誉博士学位。耶鲁大学校长葛士渥博士（Dr A. Whitney Griswold）用英文宣读了对钱穆的颁授词，并特请李田意先生当场翻译成中文：

钱穆先生：你是一个古老文化的代表者和监护人，你把东方的智慧带出了樊笼，来充实自由世界。你是新亚书院的创办人和校长，在教育中国

青年的共同事业上，耶鲁是你的同志和拥护者。耶鲁大学鉴于你个人的天才，和你在学术上的成就，特授你以人文学博士学位。①

钱穆曾经将自己当天在耶鲁大学获赠博士学位的经过和感受在写给程兆熊的信中详细地记录了下来："当校长诵读对弟之 Citation 时，并由耶鲁远东系副教授李君田意在礼坛上翻译国语播送，此因弟不解英语，故学校特备此一节目。弟以一中国人，在此获赠名誉学位，据别人所告，已是二十年来所未有。至于在耶鲁毕业典礼中，有中国语播送 Citation 一节，则更属创举。"而"典礼方毕，有不少外国人走向内人面致贺意，大多数总说弟所获掌声为当日中最热烈最持久者，此是实情。彼辈事前并不知弟之名字，并多不知有新亚书院，只为中国人在此获赠学位者不多，而是日又有一中文播送，更属新鲜。彼辈之热烈鼓掌，只是为中国人表示同情，弟以一中国人在场作为一旁观人之心情，却不能不有一番深刻之感动"．

最后，钱穆因获得这一荣誉，除了感到自己作为一名中国人及新亚一员而自豪之外，更感到责任重大："凡弟参加此典礼时之自己内心所感，只感到弟因是一中国人，而在此获人看重。当晚雅礼协会之欢宴，场面之大，感情之亲切与热烈，更使弟永感不忘。……弟深感新亚接受此种异邦人之热烈支持，实在更增深了我们自己的一番责任。弟在当天晚上，又深感我是以新亚一分子而在此受欢迎。弟深知此一日之种种被接待，完全是在我是一中国人，是新亚之一分子，若别人认为弟本人受此殊荣，实更加深弟内心之歉疚不安而已。"②

在当晚雅礼协会为庆祝钱穆获得荣誉博士学位所举办的宴会上，钱穆在自己的讲话当中满怀深情地回顾了雅礼协会与新亚书院之间的合作经过，

---

① 关国煊. 国学大师钱穆先生传[J]. 传记文学. 第57卷第4期：23. 转引自李木妙. 国史大师钱穆教授传略[M]. 台北：扬智文化事业股份有限公司，1995：42.

② 钱穆. 自美来函之四[M]//新亚遗铎. 钱宾四先生全集：第50册. 台北：联经出版事业公司，1998：286—289.

尤其提到了雅礼协会与新亚书院之间相互平等与相互尊重的合作方式，可以说分"开创了中美两国教育文化事业双方合作的一个新面目"。何以言之？"因雅礼完全尊重新亚教育宗旨与行政独立，而只在经济上从旁协助，那是史无前例的。向来只是美国人去中国办学校，却没有美国团体专来帮助中国人所自己主办的学校的。"因此，"若使新亚能在此后，不断有进步，能在东方完成为在学术上在文化上能确有贡献的一所像样的大学，此不仅是雅礼协会对中国教育事业一绝大的贡献，而且此种合作方式，亦可说开了一新纪元，可在将来中美两邦教育文化合作事业之进程中，创辟了一新途径。"最后，本着礼尚往来的原则，钱穆希望能将自己的《论语新解》一书"作为耶鲁赠予本人学位之一项报礼"。①

三、钱穆应约访问英国

钱穆在离开香港之前，伦敦方面就曾邀请崇基、联合、新亚三所学校的校长前往访问。钱穆因赴美在即，当时曾和对方约定，自己离美之后将单独前往。

钱穆与胡美琦按照约定到达伦敦时，曾经执掌香港教育司且与钱穆接触较多的毛勤已经退休在家，住在伦敦近郊。他曾亲自驾车将钱穆夫妇接到他的家中餐叙，当天深夜又亲自驾车将他们送回。

富尔敦也曾特意将钱穆夫妇接到他的家中住了一夜。在其家中，富尔敦和钱穆讨论起在香港创办新大学的事情，并谈及校长人选问题，两人仍然各持前见，互不相让。晚餐之后，两人继续谈起校长人选问题，同样没有结果。第二天早晨再谈，仍然没有解决。午后，富尔敦在送钱穆夫妇返回伦敦的车上，两人又谈到这一问题。钱穆问道："当前中国学人君意竟无堪当一理想大学校长之选否？"富尔敦一听钱穆的问话，当即变了脸色，

---

① 钱穆. 美新港雅礼协会公宴讲词[M]//新亚遗铎. 钱宾四先生全集：第50册. 台北：联经出版事业公司，1998：290—293.

厉声说道："此问题当依尊旨，即此作决定，幸勿再提。"

国人每每以好古守旧自谴，但是，钱穆前往英国访问牛津和剑桥两所大学的时候，却发觉英国人好古守旧之心似乎一点也不比中国人弱。钱穆遍游牛津大学各个学院之后，发现他们的物质规模、生活细节大多经历很长时间之后也都保持不变。事实上，英国人的这种好古守旧心理几乎随处可见。比如说伦敦的西敏寺、白金汉宫和国会大厦，三处建筑并列一排，昭示着政治体制上由神权向王权再向民权的三大转变，新者已来，但旧者仍存。而作为英国首相官邸的唐宁街十号，则最典型地反映出英国人的守旧心理。

其实，说起守旧，美国在这方面也很类似。在耶鲁大学，其后起校舍竟然比最初建筑的校舍看上去还要古老。钱穆曾经住宿过的哈佛大学的一座宾馆，由于市政建设的需要，整幢建筑全部按照原样从路的右边迁移到了左边。工程之大，设计之精，校中同人皆引以为荣。重新建筑既省钱，又可追赶时尚。如果没有好旧之心，为何不重新建筑？芝加哥大学新校舍落成典礼之时，由于嫌弃屋宇新建，居然将墙壁预先加以刷旧，以壮观瞻。钱穆在华盛顿故居游览的时候，发现餐厅里面的桌椅选用的全部都是欧洲旧制，而根本不考虑是不是舒适堂皇。非如此，似乎不足以表示其庄严肃穆。在美国，诸如此类的情况可以说是不胜枚举。

钱穆在英国游历的时候，发觉英国社会远比美国更加闲逸。钱穆尤其喜欢剑桥的静谧宜人，坐在桥旁的一个小咖啡馆里，感觉就像置身苏州的茶馆里一样，久久不愿离去。钱穆和胡美琦又去参观了罗马古长城遗址，一日往返，沿途所见，绝没有熙熙攘攘的情况。回来的时候在一个十八世纪小农庄故址登楼小坐，三面环山，只有钱穆和胡美琦，外加一位陪同出游的人，一共三人在那里饮用咖啡。楼外阒寂，不闻车声。直至夕阳残照，他们才恋恋不舍地离去了。

钱穆在伦敦的时候，伦敦大学远东系主任西蒙教授曾设宴相待，他的儿子曾经陪同钱穆夫妇出游。在伦敦时，钱穆也曾前往一家蜡像馆参观，其楼上有欧洲中古时期贵族地主虐待农奴的酷刑惨景。看过之后，钱穆内心深受触动。遗憾的是，当时没有将这一考论西方封建社会的珍贵资料拍摄下来，后来嘱咐别人前去拍摄的时候，也因蜡像馆已经搬迁而没有拍到。

1960 年 10 月 4 日，钱穆和胡美琦从伦敦转往巴黎，并在意大利游历了六天之后，谢寿康亲自将他们送到了机场。10 月 5 日晚九点零五分，一再误点的飞机终于着陆香港启德机场。九点半，钱穆和胡美琦出现在迎机室。由于钱穆这次离开香港将近九个月，同仁、同学及各方友好都深为怀念，虽然当天为农历中秋佳节，大家也都踊跃前往机场迎接，"计到机场迎迓的有：吴代校长、唐教务长、杨汝梅院长、萧约总务长、程训导长、各系主任、教职员、学生团体代表及文化教育界人士百余人。场面极为热烈。"《钱校长伉俪讲学归来》一文对钱穆这次外出讲学交流进行了总结和评价："钱校长此次赴美欧讲学，其学术言论，极为国际人士所重视，对沟通中西文化贡献甚大。此不仅是钱校长个人之光荣，亦为我国我校之光荣。"①

四、钱穆辞去院长职务

钱穆返回香港之后，这才知道新亚书院内部为"国庆日"悬挂"国旗"的事意见不合。新亚书院以前每年"国庆日"都要悬挂"国旗"，今年因为学校已经接受了香港政府的津贴，故而此次悬挂"国旗"遭到了香港教育司署的禁止。也正是此事打断了钱穆的行程，使其比原定计划提前了一个月回到香港。有人为此事来找钱穆，钱穆对来人谈了自己的看法："国家民族精神之体究与发扬，乃我全校师生积年累月所当努力一要目。悬挂国旗，乃一仪式。不当为此使学校前程生波折，乱步调。"

钱穆和胡美琦此次回到香港所做的一件大事，就是寻找一处新的住所。

---

① 若农. 钱校长伉俪讲学归来[M]//新亚遗铎. 钱宾四先生全集：第50册. 台北：联经出版事业公司，1998：241.

因钱穆不喜欢城市的喧嚣，他们就托人到乡间寻访，最后租下了沙田西林寺上层山腰上的一座楼。也正是在这座小楼里，钱穆完成了《论语新解》最后的修订。首先，钱穆找来《朱子语类》当中讨论《论语》的部分，逐条细玩，再定取舍。在此期间，杨联陞从哈佛来到新亚，钱穆将他邀请到这座山中小屋住了一夜。由于杨联陞回去的时候要经过日本，钱穆嘱托其代购了三种日本人写的《论语》著作：一主程朱，一主陆王，一遵乾嘉汉学。虽然这三本书也大多源于中国旧说，但从违抉择各异。钱穆又再玩三书，细审从违。半年之后，《论语新解》一书才最终定稿。

1962 年 7 月 [①]，富尔敦来到香港。刚一见面，富尔敦就问钱穆："有关校长事仍持初意否？"钱穆回答说："余所争乃原则性者，他日物色校长人选，余决不参一议。"富尔敦点头不语。有关新大学校长人选方面的争议，到此最终定了下来。

为了替即将成立的新大学取一个合适的名字，当时大家开了多次会议来讨论这一问题。有人认为应该用"华夏大学"，有人认为应该叫"南海大学"，还有认为应该叫"中山大学"或"九龙大学"的，众说纷纭，莫衷一是。钱穆认为，不如采用筹备期间所用英文名的汉译——"中文大学"，此一名字最终获得了大家的一致认可。

自从新亚书院决定参加大学开始，钱穆去意已定。大学既成半年之后，钱穆把自己的想法告诉了董事长赵冰，赵冰同意钱穆于 1964 年夏辞去新亚书院院长职务；但新亚董事会鉴于钱穆为新亚书院所做出的特殊贡献，让钱穆在 1965 年正式辞职，1964 年剩下的时间则为钱穆的休假之年。

钱穆辞去院长职务的时候，钱穆的学生金中枢好奇地询问当时的教务长王吉人老师："钱先生不用移交吗？"金中枢的这一疑问没想到却招来了王老师的批评："金中枢呀！亏你做钱先生的学生。钱先生开始做校长的时

---

① 钱穆. 新亚书院创办简史[M]//新亚遗铎. 钱宾四先生全集：第50册. 台北：联经出版事业公司，1998：676.

候，就交了校长。"王吉人的这一番慷慨陈词让金中枢恍然大悟，原来新亚书院的经费都由董事会和校方的两位代表签章，和钱穆无关。[①]

1964 年 7 月，钱穆在青山湾租到了一座避暑小楼。此楼临海面山，环境幽静更胜沙田。新亚董事会开会同意钱穆辞职的当晚，钱穆就径直去了青山湾。"夜半枕上闻海涛汹涌，满身轻松，有凌空仙去之想。"第二天早晨，钱穆坐在楼廊上预定此下闲居生活的计划，首先就是打算撰写《朱子新学案》这部书。而为了撰写此书，钱穆在青山湾居住的两个月里，几乎每天都面对近海，眺望远山，开卷展读《朱子大全》。

1965 年夏，新加坡南洋大学来人商请钱穆去任校长，钱穆谢绝了此一邀请。随后，马来亚大学邀请钱穆前往讲学，钱穆答应了此一邀请并于 1965 年 7 月去了吉隆坡。除了规定课程之外，钱穆在那里白天黑夜一意专读《朱子语类》，这是钱穆继在成都华西坝病中通读全书之后的第二次阅读。胡美琦当时也在马来亚大学任教，且与钱穆同在一个研究室。钱穆由于不习惯马来西亚的湿气，终于导致胃病剧发，在第二年的二月份就提前回到了香港。

钱穆和胡美琦从马来亚大学回来之后，又回到沙田旧屋居住。在那里，钱穆日夜撰写《朱子新学案》一书。由于香港当时突然爆发了难民潮，钱穆和胡美琦决计迁居台北，并前往台北看中外双溪作为他们今后的住址。

1965 年 6 月，钱穆正式辞任新亚书院院长，并同时离开了香港中文大学。至此为止，钱穆旅居香港的办学生涯正式宣告结束。

---

① 金中枢. 追思先师钱穆宾四先生的大小事例[G]//钱宾四先生逝世十周年纪念专刊. 台北：台北市立图书馆钱穆先生纪念馆馆刊（8），2000：5.

第二章　办学旨趣

明知自己"手空空，无一物"①，以钱穆为首的新亚书院创校先贤们为什么还要创办新亚书院这样一所学校呢？他们创办的新亚书院究竟是一所怎样的学校呢？他们创办新亚书院的用意究竟何在？上述问题关乎新亚书院的办学旨趣。综合钱穆等人的论述可知，新亚书院的办学旨趣主要包括两个方面：一是弘扬中国文化，二是培养中国青年。

现代大学最基本的功能即培养人才，而培养人才必然离不开文化，因为自然人唯有经过文化的陶冶方能变成社会人，此一过程亦即通常所谓的以"文"化"人"的过程。因此，现代大学培养人才的功能必然关联着传承文化的功能。新亚书院作为中国的大学，自然以培养中国青年为主，而培养中国青年必然离不开中国文化。可见，新亚书院所追求的培养中国青年与弘扬中国文化这两项旨趣实际上是一而二、二而一的关系：利用中国文化培养中国青年，通过中国青年弘扬中国文化。

此处强调新亚书院培养人才与传承文化的功能，并不意味着新亚书院作为一所现代大学，它缺乏科学研究与社会服务的功能。实际上，它的科学研究与社会服务的功能也是与它栽培中国青年与弘扬中国文化的旨趣密切相关的。栽培中国青年与弘扬中国文化，此两项旨趣正是新亚书院的灵

---

① 钱穆. 新亚校歌[M]//新亚遗铎. 钱宾四先生全集：第50册. 台北：联经出版事业公司，1998：扉页，10.

魂，是新亚书院的特色所在，是新亚书院之所以为新亚书院者。假如没有了这两项旨趣，则在这个世界上，有新亚书院这样一所学校不为多，无新亚书院这样一所学校也不为少。

第一节　弘扬中国文化

每一时代皆有每一时代之问题。西方自鸦片战争开始强势介入中国社会的发展进程以来，中国人突然遭遇到了一个前所未有的问题：面对西方的挑战，中国的出路到底在哪里？针对这一问题，中国人曾经有过不同的思考与探索：有认为应当坚决拒斥西方文化者，有认为应当走"中体西用"之路者，有认为应当选择全盘西化者。以上三条路径相继出现，相互激荡，最终以最晚出之全盘西化最占上风。

在此形势之下，中国人创办用以栽培中国人的教育，其对待中国文化的态度往往多是情绪化地鞭挞，而少有客观冷静之分析；其对待西方文化的态度则正好相反，褒扬远远胜过了批评。中国教育对待中西文化的两种态度，从形式上看似乎截然不同，究其实质却又完全一致，都是激情有余而理性不足。不言而喻，缺乏理性支撑的爱与恨都是盲目的。这样的中国教育所培育出来的人才，其对中国社会的影响必然是破坏多过了建设。

新亚书院正是产生在这样的时代背景与教育风气之下。1949 年 10 月10 日，在新亚书院的前身——亚洲文商学院的开学典礼上，钱穆叮嘱道："各位入校须有个抱负，不要斤斤于学分和文凭的获得，以及只求私人职业上之解决。"既如此，那么，大家为什么要进这所学校呢？对此问题，钱穆告诫道：作为中国人，我们一定要"真正了解中国文化"；当然，全球化趋势势不可挡的时代，了解中国文化不是关起门来去了解，而要在开放与比较当中去了解。事实上，唯有在开放与比较当中，我们对于中国文化才能获得真了解。因此，作为中国人，我们一定"要具备中国文化的知识，同时也要了解世界各种文化。要发扬中国文化，也要沟通中西不同的文化"。①

　　亚洲文商学院存在半年后即改为新亚书院。学校名称虽然变了，但其肩负的历史使命却一仍其旧。1950年3月，在新亚书院发布的"招生简章"当中，曾经这样宣告学校的办学"旨趣"，即"上溯宋明书院讲学精神，旁采西欧大学导师制度，以人文主义之教育宗旨，沟通世界中西文化，为人类和平社会幸福谋前途"。对于中国人来说，要想"沟通世界中西文化"，自然首先应当"真正了解中国文化"，在此基础上再去了解以西方文化为代表的世界其他民族的文化，并在比较当中实现沟通。

　　在"旨趣"当中，"旨"指宗旨、大意；"趣"指兴趣、趋向。对于不同的大学来说，其宗旨或兴趣自然可以随创办人的不同追求而呈现出不同的面貌。综合上述有关新亚书院办学旨趣的论述可知，为了应对全盘西化论的挑战，新亚书院的创办者们提出，学校的办学旨趣首先在于弘扬中国文化。而根据钱穆等新亚书院创办人的相关论述，新亚书院对于中国文化的弘扬可以进一步区分成激发中国青年尊重中国文化、帮助中国青年了解中国文化、引导中国青年爱护中国文化、启迪中国青年信任中国文化四个维度。

一、激发中国青年尊重中国文化

　　无可讳言，新亚书院主要是以培植中国青年为己任的大学。因此，如果中国青年必须尊重中国文化的话，则新亚书院就有激发中国青年尊重中国文化的责任与义务。所以，问题的关键在于中国青年为什么必须尊重中国文化。为了回答这一问题，我们首先来看钱穆对于民族与文化之间关系的论述。

　　1945年日本于南京签字投降之清晨，钱穆在激情满怀当中展望中国未

---

① 钱穆. 亚洲文商学院开学典礼讲词摘要[M]//新亚遗铎. 钱宾四先生全集：第50册. 台北：联经出版事业公司，1998：1—2.

来时指出："民族与文化，乃一而二、二而一之两面，无此民族，不得产生此文化；无此文化，亦将不成此民族。"[①]五年之后，钱穆在为纪念五四运动而撰写的一篇文章当中进一步指出："文化是民族之灵魂，民族是文化之骨骼。二者同根同源，无可划分。"[②]由此可见，在钱穆那里，民族与文化，两者实际上异名而同实。因此，中国人之所以成其为中国人，不只是由于血统，最根本的还是由于文化。质言之，中国人乃为中国文化所化之人。所以，中国人之尊重中国文化，不仅仅是对创造了中国文化的先辈表示尊重，更主要的是对中国文化所化育的中国人自身的一种尊重；是尊人，同时也是一种自尊。有鉴于此，钱穆在1961年新亚书院秋季开学典礼当中才这样告诫大家："既然为一中国人，就必要尊重中国文化传统，从而督促自己要做一个像样的中国人。"[③]

在此必须补充说明的是，第一，中国人之尊重中国文化，实际上是对作为总体的中国文化的一种接纳态度，而从总体上尊重与接纳中国文化并不意味着对中国文化的全盘肯定。第二，无论中国文化情况如何，我们作为中国人都必须尊重和接纳它，因为它不仅是我们既定的起点，同时也是我们必然的归宿，我们所有的努力都是为了改进和完善我们的文化，并以此为中介来改进和完善我们自己以及我们的后代。第三，钱穆认为中国人必须尊重中国文化的观点虽然主要是针对全盘西化论提出来的，具有特定的时代背景，但是，这一观点实际上具有永恒的意义。什么时候中国人不需要尊重中国文化呢？

为了激发中国青年尊重中国文化，新亚书院的创办者们在学校的名称、

---

① 钱穆. 建国信望[M]//政学私言. 钱宾四先生全集：第40册. 台北：联经出版事业公司，1998：279.

② 钱穆. 回念五四[M]//历史与文化论丛. 钱宾四先生全集：第42册. 台北：联经出版事业公司，1998：392.

③ 钱穆. 秋季开学典礼讲词[M]//新亚遗铎. 钱宾四先生全集：第50册. 台北：联经出版事业公司，1998：364—365.

学规、校歌、校训、校徽、校庆纪念日等方面采取了各种相应的措施。

钱穆在新亚书院前身亚洲文商学院开学典礼当中曾经这样说过："中国的传统教育制度，最好的莫过于书院制度。"① 由此可见，新亚书院之所以取书院为名，这一举动的背后实际上蕴藏着以钱穆为首的新亚书院创校先贤们对于书院这一中国古代教育组织形式的肯定与重视。

中国古代的书院都有自己的学规，其中最著名的为朱熹拟定的《白鹿洞书院揭示》，其内容主要包括五教之目、为学之序、修身之要、处事之要、接物之要等方面。② 新亚书院既名之为书院，则新亚书院也模仿书院，由钱穆等人为新亚书院拟定了新亚学规。新亚学规当中的第一条为："求学与做人，贵能齐头并进，更贵能融通合一。"做人不是天生就会的，它离不开后天的学习；而在现代社会，无论学习的内容有多少，做人都是其中最为基础的部分。此一情况正如《大学》当中所告诫的，"自天子以至于庶人，壹是皆以修身为本。"可见，无论是在形式上，还是在内容上，新亚学规实际上都是对于中国古代书院学规的借鉴。

宋儒陆象山有一段广为流传的名言：东海、西海、南海、北海"有圣人出焉，此心同也，此理同也。千百世之上至千百世之下有圣人出焉，此心此理，亦莫不同也。"③ 而由钱穆作词的新亚校歌当中则有这么一段："东海西海南海北海有圣人。珍重珍重，这是我新亚精神。"④ 通过对比可知，新亚校歌当中的这段话无疑源自陆象山。既如此，则此处所谓的"新亚精神"，其实质就是认为人同此心，心同此理；而郑重体认此心，并以此心为基础，循此理而上，则人人皆可为圣人。

---

① 钱穆. 亚洲文商学院开学典礼讲词摘要[M]//新亚遗铎. 钱宾四先生全集：第50册. 台北：联经出版事业公司，1998：1.

② 孙培青，杜成宪. 中国教育史[M]. 第三版. 上海：华东师范大学出版社，2009：217—218.

③ 陆九渊. 陆九渊集[M]. 钟哲，点校. 北京：中华书局，1980：483.

④ 钱穆. 新亚校歌[M]//新亚遗铎. 钱宾四先生全集：第50册. 台北：联经出版事业公司，1998：扉页，9—10.

新亚校训为"诚明"两字。众所周知，此两字出自《中庸》："自诚明，谓之性；自明诚，谓之教。诚则明矣，明则诚矣。"

新亚校徽的设计具有十分浓厚的中国文化气息：校徽的正中间为篆书"诚明"校训，汉墓出土之"孔子见老子"图则分列校训之两侧。

新亚校庆日原为每年的十月十日，后来改定至孔子诞辰日——九月二十八日。钱穆曾经这样解释修改校庆日的原因："用意在使同学能知尊重孔子，因知尊重中国文化传统。"①

事实上，新亚书院的上述种种举措，正如校庆日一样，无不凸显出新亚书院激发青年学子尊重中国文化的良苦用心。

二、帮助中国青年了解中国文化

中国人固然当尊重自己的文化，但是，中国人对自己文化的尊重不应该是一种盲目的尊重。中国人在尊重自己文化的同时，一定要尽力去了解自己的文化。如应当为中国人所尊重的中国文化到底是一种怎样的文化？它的演进路径如何？它到底是由哪些成分构成的？与其他文化相比，它有着怎样的特色？就现阶段而言，它的长处与短处分别在哪里？凡此种种，对个人来说，都不是现成的，也不是一成不变的，都需要我们去了解，而了解自然当以学习和研究为前提。

1960 年 12 月 11 日，钱穆应邀赴美讲学归来，向香港同行报告赴美观感时曾经这样说过："我们在讨论文化问题时，应具两种心理上的条件：一是平等，一是客观。我们对于一切文化，皆应有平等观与如实观。我们应知世界上各种存在之文化，必各有其意义与价值，不然如何得以存在？我们第一步应懂得承认它应有的意义与价值，第二步是来认识其意义与价值

---

① 钱穆.《论语》读法[M]//新亚遗铎. 北京：生活·读书·新知三联书店，2005：312.

究竟是一些什么？此方为我们应有之态度。"① 钱穆在此奉劝我们，在讨论文化问题时应具备"平等观"与"如实观"。若以"平等观"对待中国文化，则我们必然应该"尊重中国文化"；而若以"如实观"对待中国文化，则我们必然应该"了解中国文化"。钱穆将"平等观"置于"如实观"之前，也就意味着我们应该先"尊重中国文化"，然后才谈得上"了解中国文化"。先"尊重"，后"了解"，这才是我们对待中国文化"应有之态度"。

事实上上述对待中国文化的态度并非钱穆自美归来后产生的新思想，客观地说，它应该是钱穆一贯持有的态度。钱穆早在亚洲文商学院开学典礼当中就曾有过这样的强调："中国人应真正了解中国文化，并要培养出自家能够适用的建设人才。"② 其在 1954 年为欢迎雅礼协会的代表郎家恒先生所作演进当中再次重申：新亚书院的宗旨"就在于要中国的青年重新认识自己的文化，从这上面培养起我们所必须有的独立精神"。③

为了达成帮助中国青年了解中国文化的目标，新亚书院在其前两年的通识课程当中设置了大量的中国文化方面的课程。如根据钱穆写于 1952 年的一篇文章可知，当时新亚书院所有的院系都开设了中国通史、中国文化史、各体文选等通识课程，而文哲学院的文史系与哲教系除了上述课程之外，还增开了国学概论这一课程。④

中国文化主要保存在中国典籍当中，而中国的语言文字则是进入中国典籍的桥梁。为了帮助中国青年养成顺利阅读中国典籍的能力，新亚书院十分重视中国语言文字的教学。针对当时的大学生只能阅读近人作品这一

---

① 钱穆. 从西方大学教育来看西方文化——香港大专公社学术讲演讲辞[M]//新亚遗铎. 钱宾四先生全集：第50册. 台北：联经出版事业公司，1998：310.

② 钱穆. 亚洲文商学院开学典礼讲词摘要[M]//新亚遗铎. 钱宾四先生全集：第50册. 台北：联经出版事业公司，1998：1.

③ 钱穆. 欢迎雅礼协会代表讲词摘要[M]//新亚遗铎. 钱宾四先生全集：第50册. 台北：联经出版事业公司，1998：45.

④ 钱穆. 新亚书院沿革旨趣与概况[M]//新亚遗铎. 钱宾四先生全集：第50册. 台北：联经出版事业公司，1998：15—17.

普遍现象，钱穆在新亚书院第九届开学典礼当中告诫道："一位大学生，国文要够水准，首先要会写通顺的文章，其次要能读书。"与此同时，钱穆又号召大家："我们应该能懂三百年甚至二千年以前的古人作品。"①另外，在1959年新亚书院第二十一次月会当中，钱穆将"在中国人的社会中而不通中文"这一现象痛斥为"奇耻大辱"②。

正如钱穆所说，"艺术是中国文化中不可或缺的一大项"③。为了帮助新亚学子了解和体验中国传统艺术，钱穆赤手空拳，拿出当初创办新亚书院的精神于1957年在新亚书院创办出两年制的艺术专修科，并在短短的两年时间之后又将其发展成四年制的艺术系。此后，新亚书院又在课余时间成立了国乐团、国剧团等传习中国传统艺术的社团。

为了全面而又深刻地了解中国文化，新亚书院又着力创办了新亚研究所，由钱穆亲自兼任研究所所长，并且竭力网罗在中国文化方面颇有造诣的学者担任研究员和导师。钱穆之所以高度重视研究所的创办，其原因正如他自己所说，"为求加深大学内部研究高深学术之风气，并多方培植校内校外青年，能对人文学科与中国文化做高深研究，培植继起人才起见"④。因为中华民族之复兴，"更重要的在中国民族本身自有的历史文化的基本意识与基本观念之复苏"。而这一意识与观念从哪里来？钱穆认为，我们必须"从事于纯粹性的学术研究，使此一理想、此一信念，获得深厚坚实的证明和发挥"。⑤

---

① 钱穆. 第九届开学典礼讲词[M]//新亚遗铎. 钱宾四先生全集：第50册. 台北：联经出版事业公司，1998：131.

② 钱穆. 通情达理敬业乐群——第二十一次月会讲词[M]//新亚遗铎. 钱宾四先生全集：第50册. 台北：联经出版事业公司，1998：204.

③ 钱胡美琦. 敬悼青瑶师[M]//新亚遗铎. 钱宾四先生全集：第50册. 台北：联经出版事业公司，1998：627.

④ 钱穆. 新亚书院五年发展计划草案节录[M]//新亚遗铎. 钱宾四先生全集：第50册. 台北：联经出版事业公司，1998：69.

⑤ 钱穆. 研究所计划纲要[M]//新亚遗铎. 钱宾四先生全集：第50册. 台北：联经出版事业公司，1998：72—73.

就帮助中国青年了解中国文化来说，新亚书院所开设的各种课程固然重要，学生课后自学同样重要。由于课后自学离不开图书资料，因此，新亚书院又十分重视图书资料的收集和图书馆的建设。新亚书院农圃道新校舍由美国福特基金会捐赠。根据钱穆等人的设计，"全部建筑，图书馆占地最大，各办公室，连校长办公室在内，皆占最小地位。"建筑完成之后，福特基金会派人前来参观，对此设计"甚激赏"。[①] 而为了购置中国书籍，钱穆又曾设法寻求到哈佛燕京学社的资助。[②]

上述举措，今天看起来也许稀松平常。但是，在此必须提及的是，当时的香港还是一个殖民地，且有"文化沙漠"之称；而创办初期的新亚书院，的确像其校歌当中所唱的，真可谓是"手空空，无一物"，艰难时往往要靠教授辛勤撰稿所获稿费甚至教授夫人典当首饰来勉强维持[③]。唯有将新亚书院置放到当时的历史背景之中，对于新亚书院为了实现自己的文化使命所采取的种种举措以及其中的"委曲转折"与"不足为外人道"之"个中辛酸"[④]，我们才能因为具备"了解之同情"[⑤] 而获得"同情之了解"。

三、引导中国青年爱护中国文化

了解了中国文化之后，我们还应该进一步爱护它。因为文化不是固定的，而是永远处在流变当中。再落后的文化，经过精心爱护，它也会日渐

---

① 钱穆. 悼念苏明璇兄[M]//新亚遗铎. 钱宾四先生全集：第50册. 台北：联经出版事业公司，1998：621—622.

② 钱穆. 八十忆双亲师友杂忆合刊[M]. 钱宾四先生全集：第51册. 台北：联经出版事业公司，1998：319.

③ 香港中文大学新亚书院之历史[EB/OL]. http：//www. na. cuhk. edu. hk/zh-hk/aboutnewasia-zhhk/history-zhhk. aspx.

④ 钱穆. 新亚书院创办简史[M]//新亚遗铎. 钱宾四先生全集：第50册. 台北：联经出版事业公司，1998：647.

⑤ 陈寅恪. 冯友兰中国哲学史上册审查报告[M]//陈寅恪集·金明馆丛稿二编. 北京：生活·读书·新知三联书店，2001：279.

繁荣；相反，再优秀的文化，如果乏人爱护，它也会不断凋零。因此，落后的文化不一定会永远落后下去，而先进的文化也不一定会永远先进下去。

任何一个民族的文化，在某一特定的时代差不多都可以区分成以下三个部分：优秀的部分、落后的部分、无所谓优秀还是落后的具有自己特色的部分。在中国文化的三种子文化当中，先进与落后两个部分比较好理解，关键是特色部分，不妨举例来说，如西方人用餐习惯于用刀叉，而中国人用餐喜欢用筷子，难道我们能说用刀叉用餐是先进的，而用筷子用餐是落后的吗？事实上，任一民族文化，在任何时代，都是无关乎先进落后的部分所占比例最多。故此，在看待任何民族文化时，我们一定要摒弃非先进即落后的二元对立思维。

任何民族文化都可以进一步区分成上述三种子文化，在此方面，中国文化也不例外。既如此，则爱护中国文化主要包括发扬中国文化的优点、改造中国文化的缺点、传承中国文化的特色三个方面。也正因此，所谓爱护中国文化，首先是指我们应当立足于自己所处的时代与社会来发扬中国文化的优点与长处。其次是指我们还应该取他民族文化之所长来补己民族文化之所短；而当我们通过了解，发现没有他民族文化可以借鉴的时候，我们甚至要亲自创造新文化。最后是指我们还应该竭尽所能地将我们的特色文化传承下去。为了达成爱护中国文化的目的，我们既"要具备中国文化的知识，同时也要了解世界各种文化。要发扬中国文化，也要沟通中西不同的文化"。[1]

就发扬中国文化的优点来说，我们自然不能仅仅停留在口头上或文字上，即不能仅只"坐而论道"，更重要的还是要"起而行之"，要将中国文化当中的精髓贯彻到自己的行动当中。也正因此，钱穆才反复忠告我们："今天我们要来提倡中国文化，莫如各自努力先学做人，做一理想

---

[1] 钱穆. 亚洲文商学院开学典礼讲词摘要[M]//新亚遗铎. 钱宾四先生全集：第50册. 台北：联经出版事业公司，1998：1—2.

的中国人。"①

就传承中国文化的特色来说，我们应该不卑不亢地行动起来。平心而论，即使面对的是中国文化中的优秀部分，我们也不应该高傲；即使面对的是中国文化中的落后部分，我们也不应该自卑。对待中国文化中的优秀与落后部分尚且如何，遑论无关乎优秀与落后的那一部分。既不高傲，也不自卑；既不妄自尊大，也不妄自菲薄，这才是我们对待中国特色文化应有的态度。此一态度一如一袭长衫的钱穆，衣袂飘飘而又镇定自若地走过新亚书院的校园。

而就改造中国文化的缺点来说，则我们必须要对他民族文化持有一种开放与包容的心态。即在清楚知道己文化的长处与短处的基础上，我们还要清楚知道他文化的长处与短处，以便于更好地吸收和利用。正是因为有了此前对于中国文化的尊重与了解，在面对纷繁复杂的外国文化时，我们才不会目眩神离。相反，"随着走马灯而转，决然看不真走马灯之如何转；抹去了自己，便无从学习得他人。不站在中国原有文化立场上，也将看不出现代西方新文化之真意义与真姿态。"②唯有对他民族文化保持一种开放与包容的心胸，中国文化才能与世界文化大潮同步共进，才能因为不断吸收异质因素而永远保持自己的生机与活力。而为了清楚知道他文化的长处与短处，我们必须要了解他文化。正如了解己文化必须以尊重己文化为前提与基础一样，了解他文化同样也必须以尊重他文化为前提与基础。

当然，上述三个方面相比，在全盘西化思潮甚嚣尘上的时代，前者无疑更为紧迫。对此，在接受耶鲁大学的邀请前往讲学并对西方社会有了切身观感之后，钱穆语重心长地告诫我们：此后的中国教育，如何培养中国青年对中国文化的"自尊自信"，并在此基础上"接受世界潮流"，成长为

---

① 钱穆. 中国文化与中国人[M]//中国历史精神. 钱宾四先生全集：第29册. 台北：联经出版事业公司，1998：178.

② 钱穆. 理想的大学教育[M]//文化与教育. 钱宾四先生全集：第41册. 台北：联经出版事业公司，1998：225.

一"有体有用之才"，"此实大堪注意"；反之，如果我们东方人全部忘却了自己，其结果必然"甚难接受西方长处"③。

为了引导中国青年爱护中国文化，新亚书院不仅设置了大量的中国文化方面的课程，在其前两年的通识课程当中还安排了大量的西方文化课程。其用意正如钱穆在农圃道新校舍奠基典礼当中所分析的："中国有他自己一套优良传统的文化。但今天的世界，已是在走向大同的路上，中国人不能关着门做中国人。中国人必得站在世界的立场上来做一个人。因此每一青年，我们该指导他们，如何了解世界人类文化所包涵之大意义，及其大趋向。"④

为了认识西方文化，作为工具的外语无疑非常重要。为达此目标，新亚书院所有的院系前两年都开设了英文课程。而为了引起学生的重视，钱穆则这样勉励大家："我们希望新亚书院的毕业生，在中英文这两门基本课程上，能有一种较高的基础。我们希望每一个毕业生，能有他自己阅读中国古书的能力，同时也能自己阅读有关各项参考材料的英文书。每一个学生当他们离开学校之后，必求他们能自己来接触学问的天地，能凭借自己的阅读能力来继续上进。"⑤钱穆的这一设想，实际上不仅考虑到学生在校期间的发展，同时也意欲为学生离校之后的可持续发展奠定阅读中西文献的语言基础。

尽管办学经费拮据，钱穆仍然筹建了花费不菲的理学院。对于此举，曾经有人表示不解：新亚书院既然以提倡中国文化自任，为何不专一经营文学院，却要分散精力来创办理学院？对此疑问，钱穆回答道："本校提

---

③ 钱穆. 自美来函之三[M]//新亚遗铎. 钱宾四先生全集：第50册. 台北：联经出版事业公司，1998：283—284.

④ 钱穆. 农圃道新校舍奠基典礼讲词摘要[M]//新亚遗铎. 钱宾四先生全集：第50册. 台北：联经出版事业公司，1998：92.

⑤ 钱穆. 农圃道新校舍奠基典礼讲词摘要[M]//新亚遗铎. 钱宾四先生全集：第50册. 台北：联经出版事业公司，1998：91.

倡中国文化，决非抱残守缺。文化内容理当日求创新，即本校文学院，文、史、哲、艺术各系一样中西并重，并不走上偏枯之路。"为什么要"中西并重"而不能走"偏枯之路"？这是因为，"不仅是理科、商科方面之各种学术技能可以增进中国固有文化传统之内容，抑且重在发扬中国固有文化，可以对理科、商科各门学问赋予以更新之使命，开创其更新之前途。"① 可见，在钱穆那里，中国文化与工商实业、自然科学等并非相互冲突，两者实际上是互补的关系。因此，理想之中国文化一定是将中国文化所短之工商实业、自然科学等消融于其内的文化。

学界有些人指责钱穆为文化保守主义者，且其所谓的保守主义完全是一种否定性或贬义性概念。衡之以新亚书院为学习与了解西方文化所采取的种种措施可知，上述指责不过是一种人云亦云的无稽之谈或罔顾事实的成见而已。

四、启迪中国青年信任中国文化

在中国人的精心爱护之下，中国文化必将日益繁荣与兴盛。此种情况无疑必然会帮助中国人逐渐树立起对待自己文化的信心。这种以理性为基础的对待自己文化的信心乃是一种真正的精神上的自信。一个拥有精神自信的民族，一定是一个民族向心力与凝聚力强大的民族，其在发展的过程中一定会因为团结一致而迸发出无穷的力量；相反，一个对自己的文化散失了信心的民族，一定是一个一盘散沙的民族，一定是一个只能跟在别人后面亦步亦趋、充满着动荡不安与混乱无序的民族。

但是，中国文化的繁荣与兴盛不可能一帆风顺，更不可能一蹴而就。即便在中国文化处于弱势与危机的情况下，我们同样不能丧失了自信。也正因为持守这一信念，钱穆在1953年新亚书院的毕业典礼当中才这样鼓励

---

① 钱穆. 第十届毕业典礼致辞[M]//新亚遗铎. 钱宾四先生全集：第50册. 台北：联经出版事业公司，1998：361—362.

大家：“我们学校之创办，是发动于一种理想的。我们的理想，认为中国民族当前的处境，无论如何黑暗与艰苦，在不久之将来，我们必会有复兴之前途。而中国民族之复兴，必然将建立在中国民族意识之复兴，以及对于中国民族以往历史文化传统自信心复活之基础上。我们认为，要发扬此一信念，获得国人之共信，其最重要的工作在教育。”① 对于中国文化的这种坚定不移的信任，钱穆在其 1962 年写给远在美国的及门余英时的信中曾经信心十足地指出，“根深柢固”的中国文化“必有再茂之一日”②。

为了启迪中国青年信任中国文化，新亚书院主要采取了“言教”与“身教”两种方式。单就“言教”来说，根据钱穆不同时期的论述，我们可以大致概括出以下几个方面的原因：

其一，历史悠久。中国文化历数千年而不辍，并能屡仆屡起，其原因正如钱穆在新亚书院成立十周年纪念演讲当中所说，其本身一定存在“内在可宝贵之价值”；否则，中国文化早就退出了历史舞台，退变成博物馆中的陈列品了。因此，我们应该设法让中国青年懂得“爱护此传统”，懂得“了解此传统之内在价值而能继续加以发扬与光大”③。

其二，包容广大。中国文化在接受消融西方文化过程中虽然遇到了一些挫折，但是，揆之于历史，从长远来看，中国人一定会克服这些挫折，如大海之包容众流一样最终将西方文化消融和纳于中国文化的怀抱之内。由印度佛教文化及阿拉伯回教文化传入中国并最终被中国文化所吸收的历史来看，只要我们中国人彻底抛弃“纯以功利观念为文化估值”的做法，踏踏实实地努力，我们一定会实现这一理想。此种情况正如钱穆在写

---

① 钱穆. 敬告我们这一届的毕业同学们[M]//新亚遗铎. 钱宾四先生全集：第50册. 台北：联经出版事业公司，1998：24.

② 钱穆. 致余英时书[M]//素书楼余沈. 钱宾四先生全集：第53册. 台北：联经出版事业公司，1998：440.

③ 钱穆. 珍重我们的教育宗旨——新亚书院成立十周年纪念演讲辞[M]//新亚遗铎. 钱宾四先生全集：第50册. 台北：联经出版事业公司，1998：231.

于 1941 年的一篇文章当中放眼未来时所期待的，"自今以后，中国人殆将一洗已往功利积习，重回头来再认中国传统文化之真价值，亦必能同时认识西方文化之真精神。如此融会调和，若以中国对印回文化往例言之，再历三百年时期，中国人必然胜任愉快，对此最后一批最远西邻之新文化充分接纳消融，以完成其东方文化创展过程中所遇最艰巨之第三步工作。"[①]

其三，注重道德。作为中国文化之主体的儒学，其内容以讲做人的道理为主。正因此故，它才偏重于今生今世，对于前生与来世则存而不论。这样的文化不仅不会与宗教、哲学及科学产生矛盾，相反，它只会对它们起到补充与引导的作用。1958 年纪念孔子诞辰时，钱穆曾经这样说过，如果想要科学、宗教、哲学在人类社会当中产生良好的影响与作用，全少不了"道德"一味。而"孔子所讲的道德，只是人们同有之一种'心情'，同能之一种'行为'，所谓'直指人心，当下即是'，只求如此这般，在人生实践中一经指点便够了的。"[②] 实际上，"人生天地间，第一应该是懂得怎样做人"。[③] 反过来，"若是人不能为人，不能为一大人，一切学问知识会全无价值。人类将步入黑暗，任何问题都无法解决。"[④] 从这个角度来说，中国文化可谓是一普世性的文化。此一点，钱穆在 1963 年新亚书院的校庆典礼当中曾经自信地说过：孔子教我们的是"做人的道理"，因此，只要你在"做人"，你便应该接受"孔子的教训"。换言之，也只有孔子所教的道理，一方面可以为人人所接受，另一方面与每个人的宗教信仰及学问修养不会

---

① 钱穆. 理想的大学教育[M]//文化与教育. 钱宾四先生全集：第41册. 台北：联经出版事业公司，1998：147—148.

② 钱穆. 孔子思想和现实世界问题[M]//孔子与论语. 钱宾四先生全集：第4册. 台北：联经出版事业公司，1998：343—344.

③ 钱穆. 校庆日演讲词——创校十五周年纪念[M]//新亚遗铎. 钱宾四先生全集：第50册. 台北：联经出版事业公司，1998：561.

④ 钱穆. 人——日本亚细亚大学讲词[M]//新亚遗铎. 钱宾四先生全集：第50册. 台北：联经出版事业公司，1998：276.

产生冲突。这必将是"孔子之道"对将来世界的一项"大贡献"①。由此可知，任何文化都需要中国这样的文化，因为任何文化当中的人都不能不讲究做人。

实际上，上述三个原因之间彼此也是紧密联系的：中国文化之所以拥有如此悠久的历史，究其实质是因为它包容广大；而中国文化之所以包容广大，根本原因是由于它注重道德。也正因此，钱穆才说，中国文化精神其实就是一种道德精神。②

而就"身教"来说，如果说信任中国文化，那么，以钱穆为代表的新亚书院创校同仁的所作所为可谓典型例证。他们之所以能够在筚路蓝缕的艰难处境当中，发挥曾国藩"扎硬寨，打死仗"的苦撑苦熬精神及武训乞讨兴学的精神，使新亚书院在短短十余年当中就能成长为学界知名高校与中国文化重镇，对于中国文化的信任无疑赋予了他们攻坚克难、一往无前的巨大力量。就信任中国文化来说，新亚同仁以自己的行动为新亚学子树立了绝好的榜样。榜样的力量是无穷的，尤其当榜样就在自己的身边，甚至与自己朝夕相处的时候，其力量更是难以估量。"身教"重于"言教"，因此，如果要说效果的话，这种隐性课程对人的潜移默化可能是新亚学生所能受到的最有影响力与说服力的教育。

五、弘扬中国文化四步骤之间的关系

综上可知，关于新亚书院的办学旨趣，我们实际上可以大致将其划分成激发中国青年尊重中国文化、帮助中国青年了解中国文化、引导中国青年爱护中国文化、启迪中国青年信任中国文化四个方面。其中，激发中国青年尊重中国文化是前提。因为只有在此前提之下，中国青年才可能从内

---

① 钱穆. 孔诞暨校庆纪念会讲词[M]//新亚遗铎. 钱宾四先生全集：第50册. 台北：联经出版事业公司，1998：496—497.

② 钱穆. 中国传统文化中之道德修养[M]//中国文化丛谈. 钱宾四先生全集：第44册. 台北：联经出版事业公司，1998：113.

心真正产生了解中国文化的意愿与行动。唯有在对中国文化有了真切了解之后，中国青年才可能会精心爱护自己的文化，才可能知道如何去爱护自己的文化。唯有在中国人正确与精心的爱护之下，中国文化才可能茁壮成长。而茁壮成长中的中国文化，才会让人不断产生对它的信任。这样的信任才是一种真正的信任。

反过来，唯有真正信任中国文化的人，他才会努力去爱护它。而真正爱护中国文化的人，为了求得正确的爱护，他才会更全面、更深入地去了解它。唯有对中国文化有了真切了解的人，他才会更加尊重中国文化。这样的尊重才是一种发自内心的尊重。如此，则尊重、了解、爱护、信任中国文化四个方面必然构成一种良性的循环：前者乃系后者的前提与条件，而后者则是在前者的基础上逐渐衍生的结果，并且反过来又可以对前者起到加强与支持的作用。在此循环之下，中国文化及为中国文化所化之中国人才能不断发展，日新月异。钱穆认为，这才是中国大学教育所应承担的长远使命，也是新亚之所以为新亚的本质所在。或许正因此故，时任香港大学中文系主任的英国人林仰山教授，在参加新亚书院十周年校庆时十分肯定地说道："世界上应该需要有像新亚这样的一所学校。"① 徐复观在论及新亚书院的成就时则说得更为明确，更加详细："我可以这样断定，香港之有一点中国文化气氛，有少数中国人愿站在中国人立场做中国学问，是从新亚书院开始。"②

在论及东方人对于东渐之西学的反应时，钱穆曾经十分遗憾地指出："今天，我们东方人的教育，第一大错误，是在一意模仿西方，抄袭西方。"③ 当自己的文化遭受非理性地全盘否定之后，模仿和抄袭别人必然就

---

① 钱穆. 让我们来负担起中国文化的责任[M]//新亚遗铎. 钱宾四先生全集：第50册. 台北：联经出版事业公司，1998：238.

② 徐复观. 悼唐君毅先生[J]. 鹅湖月刊，1978（3）：6.

③ 钱穆. 中国历史上的传统教育[M]//国史新论. 钱宾四先生全集：第30册. 台北：联经出版事业公司，1998：248.

是唯一的选择。正是针对这一形势，钱穆才提出，中国大学应该教育中国青年尊重、了解、爱护、信任中国文化，并以此为基础在新亚书院开展了卓有成效的办学实践。但是，教育中国青年尊重、了解、爱护、信任中国文化，此一使命对于新亚书院这一所学校来说，的确像其校歌当中所唱的，"千斤担子两肩挑"。中国大学教育的责任众多，但无论如何，传承与创新自己的传统文化都是其义不容辞的责任。可见，新亚书院所承担的这一重任，凡属中国的大学，都有责任与其共同分担，因为"历史和现实都表明，一个抛弃了或者背叛了自己历史文化的民族，不仅不可能发展起来，而且很可能上演一场历史悲剧"。①

今日之中国与钱穆生活时代的中国相比，两者既有相同之处，同时也有不同的地方。相同的是，"古今中西问题"作为我们中国人的"基本生存论境遇"一直没有发生根本的改变。② 不同的是，民族复兴早已成为中国的时代主题，而创建具有中国特色的大学正日渐成为很多中国大学的自觉追求③。无论是从以上哪个方面来看，新亚书院面对中国文化所表现出的责任担当精神都是值得我们尊敬的，新亚书院基于其办学旨趣的办学实践仍有值得今日之中国大学参考的地方。

---

① 习近平. 在哲学社会科学工作座谈会上的讲话[EB/OL]. http: //news. xinhuanet. com/politics/2016–05/18/c_1118891128. htm, 2016-5-18.

② 甘阳. 古今中西之争[M]. 北京：生活·读书·新知三联书店，2006：252.

③ 2016年12月9日，教育部召开教育部直属高校工作咨询委员会第26次全体会议。在此次会议上，共有5所高校做了典型发言，其中北大和清华的发言都与创建具有中国特色的世界一流大学有关。北京大学校长林建华在发言中指出："我们讲'中国特色世界一流大学'，不仅要'立足中国'，解决'中国问题'，还意味着建设植根中华文明的一流大学，这是一项艰巨的历史性任务。"〔林建华. 扎根中国大地 创建世界一流大学[J]. 中国高等教育，2016（12）：18〕清华大学校长邱勇则指出，清华大学要"加强制度建设和文化建设，努力创新中国特色的高等教育思想和实践。"〔邱勇. 全面推进综合改革 加快建设中国特色世界一流大学[J]. 中国高等教育，2016（12）：19〕中国大学都以培育中国青年，服务中国社会为主要任务。因此创建具有中国特色的大学，不仅仅只是北大、清华这些名牌和重点大学的事，其他中国大学同样也当"与有责焉"。

在参考与借鉴新亚书院弘扬中国文化的办学旨趣及其实践的同时，有几个地方需要注意：

第一，为了实现文化复兴的使命，钱穆有关中国大学教育之文化使命的论述及其在新亚书院的实践只是在当时的时代背景与社会形势下做出的论述与实践。而时代与社会不断地发生变化，当时合理的论述与成功的实践未必就适合现在的中国大学。有鉴于此，今日之中国大学应该在批判继承钱穆的论述及其在新亚书院的实践的基础上，结合现在的主观与客观条件以及每一所中国大学自身的特殊情况，竭尽所能思考适合自己的做法并将之付诸实践。

第二，今日之中国文化不仅仅指以儒家文化为主体的，同时包含佛家、道家等文化在内的文化，还包括不同民族的文化，不同地域的文化，以及中华人民共和国建国之后所形成的一些新的文化，如此等等。它们都是中华民族文化整体当中不可分割的一部分，是组成中华民族文化大家庭当中不可或缺的一员。"和实生物，同则不继"[①]，多元共存必将带来共同繁荣，而一元化和同质化则只能导致共同走向死亡，在自然领域如此，在社会文化领域同样如此。

第二节　培养中国青年

学校是培养人的场所，这是学校的本体功能，在此方面，新亚书院当然也不例外。新亚书院的培养对象无疑主要是中国青年，他们进了新亚书院之后，新亚书院到底是如何培养他们的呢？新亚书院到底想把他们培养成什么样的人呢？可见，此处的"中国青年"主要有两层含义：一是指培养对象，一是指培养目标。而就培养目标来说，仔细梳理钱穆等人的教育

---

① 国语·郑语[M].

思想以及新亚书院的办学实践可知，新亚书院想要培养的中国青年是注重道德的青年，是具有本土情怀的青年，是具有世界眼光的青年。为论述的方便，此下我们仍将以钱穆的思考为中心，探讨新亚书院培养中国青年的办学旨趣。

一、注重道德

1941 年 4 月 20 日，钱穆针对当时中国教育尤其是中等教育过于偏重书本知识的危险状况指出："中学校非专为投考大学之预备而设"，大要言之，其任务和目标"应以'锻炼体魄''陶冶意志''培养情操''开发智慧'为主，而传授知识与技能次之。"①

钱穆在此所说的四个方面，"锻炼体魄"自然属于身体方面的教育，而后三个方面则属于心灵方面的教育："开发智慧"属于心灵中的"知"，"培养情操"属于心灵中的"情"，"陶冶意志"属于心灵中的"意"。由此可知，钱穆在此所提的中国教育的培养目标实际上是一种身心全面发展的培养目标。其中，身体发展乃心灵发展之基础；而就心灵发展来说，又包括"知""情""意"三个方面；最后，心灵发展反过来也会影响身体的发展。

钱穆的这篇文章虽非专门针对大学的发言，但也反映出钱穆对人的认识以及以此认识为基础的培养目标的认识。即在钱穆心中，做人首先应该做一个身心全面发展的人。而在人的全面发展当中，身体发展与心灵发展莫是相互影响的两个层次。在人的全面发展的两个层次、四个方面当中，中国文化最看重什么呢？

1969 年 10 月 4 日，钱穆重回新亚书院时曾应新亚学生会之邀做了一次演讲。在该演讲当中，钱穆指出："人有两种，一种是'自然人'，如我们都由父母生下，便是一自然人。另一种人是要经过加工的。不单是纯粹

---

① 钱穆. 改革中等教育议[M]//文化与教育. 钱宾四先生全集：第41册. 台北：联经出版事业公司，1998：252.

的自然人，而更加工精制，才可以叫作'文化人'。每一人生下，都有他自己的本质，那是自然的。人有了自然的本质，才可在此本质上再加工夫。如进学校，由小学到中学大学，乃至研究院等，将来他便不仅是一个纯粹的自然人，而经受了文化培养，成为一文化人。学校是培养文化人的场所，所以学校本身便得要有一番理想。此项理想，则必然便是文化的理想。"①

可见，在钱穆那里，人有"自然人"与"文化人"之分。其中，人的自然本质是人变成文化人的基础，而文化人则是人的自然禀赋应有的归宿。没有自然本质，文化人因为缺乏加工的基质，便会变成无源之水、无本之木。而没有文化，人的自然禀赋因为欠缺开发与陶冶，它所蕴藏的独特价值便有浪费之虞。准此观之，所谓教育，便是将"自然人"变成"文化人"的一种过程。因此，所谓教育的理想，便应该是文化的理想；而所谓教育的精神，便应该是文化的精神。

中国文化，其主干乃儒家思想，或曰孔子思想。因此，中国教育的理想，主要即作为儒家创始人的孔子所讲的道德理想；中国教育的精神，主要即孔子所讲的道德精神，因"孔子的教训，以道德始，也以道德终"。而"孔子所讲的道德，却并无甚深玄义，人人能懂、能说、能做。孔子之道之大，正因此道乃人人所能知、能行者。"②换言之，"孔子所讲的'道德'，只是人们同有之一种'心情'，同能之一种'行为'；所谓'直指人心，当下即是'，只求如此这般，在人生实践中一经指点便够了的。"③

由上可知，以孔子儒家思想为中心之中国文化，其要点乃在道德，在人格，在做人。因此，"你自己便对自己最重要。你能对自己重要，始能对

①　钱穆. 人物与理想——新亚学生会学术部学术演讲[M]//新亚遗铎. 钱宾四先生全集：第50册. 台北：联经出版事业公司，1998：584—585.

②　钱穆. 孔道要旨——孔子圣诞日讲词[M]//新亚遗铎. 钱宾四先生全集：第50册. 台北：联经出版事业公司，1998：172.

③　钱穆. 孔子思想和现实世界问题[M]//孔子与论语. 钱宾四先生全集：第4册. 台北：联经出版事业公司，1998：343.

人也重要，乃能对国家民族天下后世也成一重要人。"① 相反，"若是人不能为人，不能为一大人，一切学问知识会全无价值。人类将步入黑暗，任何问题都无法解决。"② 因此，从做人这一角度来看，以孔子儒家为中心骨干之中国文化不仅仅只是中国的，同样也应该是世界的；不应该只属于古代，同样也应该属于现代和未来。

道德不是万能的，但我们不能因为它不是万能的便全部而彻底地否定它的价值，正如我们不能因为一位医生不会弹琴而谴责他甚至连带剥夺它行医的资格一样。一个社会要想长久和谐地发展下去，除了道德之外，我们还需要经济与科技，需要法律与制度等。人类固然不能只靠道德生活，但人类离开了道德也是万万不能的。道德不像经济与科技以及法律与制度等能够立竿见影，看上去似乎没有什么效用，但无用之用实乃大用。考虑到当前国人在生活与工作中遭受的诸多烦恼与压力，以及国家社会在发展当中遇到的众多问题与威胁，道德及以道德为精神的中国传统文化实有继续大力提倡之必要，而高扬中国传统文化及其道德精神的新亚书院也自有其应有的意义与价值。

深受中国传统文化浸润的钱穆一直非常重视做人的教育，并且旗帜鲜明地提出："教育职责，本应该把陶冶做人为其主要目标的。"③ 钱穆基于中国传统文化的一贯观点指出，在人的心灵发展由此也必然在人的全面发展当中，道德应该居于核心与统帅地位。钱穆的这一思想，自然被其贯彻到新亚书院当中。

1955 年秋，钱穆为新亚书院郑重选定源自《中庸》的"诚明"两字作

---

① 钱穆. 人物与理想[M]//中国文化丛谈. 钱宾四先生全集：第44册. 台北：联经出版事业公司，1998：288—289.

② 钱穆. 人——日本亚细亚大学讲词[M]//新亚遗铎. 钱宾四先生全集：第50册. 台北：联经出版事业公司，1998：276.

③ 钱穆. 理想的大学教育[M]//文化与教育. 钱宾四先生全集：第41册. 台北：联经出版事业公司，1998：230.

为校训。关于"诚明"，钱穆认为，"诚"字是属于德性行为方面的，是一项实事，一项真理，与做人相关；"明"字是属于知识了解方面的，是一番知识，一番了解，与求学相关。④ 事实上，"明白是人人有所明白的，诚实是人人都能诚实的。一个人，只要既诚实又明白，那将无事不可为，而且无往而不利。因此我们学校，举出此'明诚'二字作校训，单就做人方面言，那是一个最低标准，同时却又是一个最高标准。说它是一个最低标准，因为这是人人所能的。说它是一个最高标准，因为只能此便够了。"⑤ 由此可见，"诚明"两字，与《新亚学规》所倡导的"求学与做人，贵能齐头并进，更贵能融通合一"⑥ 的精神是一脉相承的。由此可知，钱穆所手创之新亚书院秉承了中国传统教育的优良传统，将做人放在了第一位。

二、本土情怀

作为一名中国人，除了注重道德之外，接下来还必须具有一种本土情怀。此处所谓的本土情怀，实际上就是钱穆所谓的"真切爱护国家民族"之心理，也可以说大致等同于他在不同的语境下所采用的"立国精神"或"民族精神"这样的概念。此下我们将分别阐述钱穆是在怎样的背景下提出上述三个概念的，在此基础之上，我们才能更好地理解上述三个概念的内涵。

天下一家、世界大同的境界虽然美好，但国家林立却是当前的客观现实。在此现实情况下，作为中国人，我们的当务之急是如何做好中国人的问题。《大学》当中所说的"国治而后天下平"，说的就是这个道理。钱穆

---

④ 钱穆. 新亚校训诚明二字释义[M]//新亚遗铎. 钱宾四先生全集：第50册. 台北：联经出版事业公司，1998：75—76.

⑤ 钱穆. 告本届毕业同学[M]//新亚遗铎. 钱宾四先生全集：第50册. 台北：联经出版事业公司，1998：108.

⑥ 钱穆. 新亚学规[M]//新亚遗铎. 钱宾四先生全集：第50册. 台北：联经出版事业公司，1998：扉页，3.

认为，作为一名真正的中国人，我们一定要具有"真切爱护国家民族"之心理。因此，培养真正的中国人，或者说培育中国人具有"真切爱护国家民族"之心理，这也应当是中国教育的题中应有之义。在此方面，中国近现代教育到底做得怎样呢？

1942 年 1 月，作为历史学家的钱穆曾经在一篇文章当中回顾了中国从创办新教育的 1862 年直至 1942 年整整八十年的教育历程。对存在于此一阶段当中的教育问题，钱穆总结道："中国创办新教育，自前清同治初元迄今八十年，始终不脱两大病。一曰实利主义，一曰模仿主义。实利主义之病，在乎眼光短浅，不从本源处下手。模仿主义之病，则在依样葫芦，不能对症发药。其实二病仍一病也。病在始终缺一全盘计划与根本精神。我所谓全盘计划与根本精神之教育，当名之曰'国家教育'。而前清以来八十年之教育，则殊与国家教育无涉。"[1]

应该说"实利主义"与"模仿主义"只是病症，病因在于中国教育始终缺一"全盘计划与根本精神"。故此，真正的中国教育应当是具有"全盘计划与根本精神"的"国家教育"。而在钱穆看来，这样的教育主要包括两个方面：针对此前中国教育"模仿主义"的弊端，"国家教育"应包含"文化教育"；而针对"实利主义"的弊端，"国家教育"则应包含"人才教育"。钱穆在此寄望于"国家教育"所培养的人才实际上包括两个方面：自然科学方面之人才和人文科学方面之人才。而无论是哪一方面的人才，首要的就是具备"真切爱护国家民族"之心理，而这一种心理之培育"必以国家民族自本自根之传统文化为陶冶"。[2]假如有人对他国他族的文学哲学、历史艺术乃至一切政法经济之本末源委知之甚悉，唯独对中国自己的上述方面一无所知，那么，其人"真切爱护国家民族"之心理又从何而来呢？

---

[1] 钱穆. 从整个国家教育之革新来谈中等教育[M]//文化与教育. 钱宾四先生全集：第41册. 台北：联经出版事业公司，1998：259.

[2] 钱穆. 从整个国家教育之革新来谈中等教育[M]//文化与教育. 钱宾四先生全集：第41册. 台北：联经出版事业公司，1998：261—262.

即使有，那也只会是对他国他族的爱，绝不可能是对中国的爱。对中国没有真切爱护的心理，则这样的人也就仅仅只是名义上而绝非实质上的中国人。钱穆认为，中国新教育之所以成绩有限，最根本的问题就在这里。

生为中国人，却不具有"真切爱护国家民族"之心理，则这样的中国人无论如何也称不上是合格的中国人。不爱自己的国家与民族而能爱其他的国家与民族，正如不爱自己的父亲而能爱别人的父母，这是很难想象的事情。因此，中国教育毫无疑问应当将"真切爱护国家民族"之心理作为自己的培养目标。易言之，中国教育培养中国人，这是天经地义、责无旁贷的事情。

为了培养中国人，钱穆不仅提到了应当培育"真切爱护国家民族"之心理，在不同的地方还曾有过"立国精神"或"民族精神"等不同的表达。接下来，我们依次来看钱穆是在怎样的情景下分别提出了作为中国人所必须具备的"立国精神"或"民族精神"的。

钱穆曾经将从清朝末年至1950年近六十年的中国社会发展史概括为是一部教育尤其是大学教育失败的历史，原因在于此六十年的中国教育尤其是大学教育几乎没有尽到培养、保持与宣传立国精神的使命，始终将其应该承担培育的立国精神寄放在国外。既然中国传统文化一无所是，则终极所趋，只有全盘西化。如此形势之下，中国自己的立国精神必然会被我们自己当成垃圾一样地抛弃。与此同时，即使我们能从别国学来他们的立国精神，根据这样的立国精神建立起的国家，最多只能是我们所刻意学习的那一国，无论如何都不会是中国自身。因此，中国若想存在，则一定要有自己的立国精神。而只有能够真正培育出我们自己的立国精神的教育，才是真正的中国教育。基于上述原因，钱穆高屋建瓴地指出："任何一个国家，所以能存在而达于兴盛，必然有它一段立国精神。那一种立国精神之培养保持与宣传，则必待于国家之教育，而大学教育，则尤是这一种精神之发源地与司令台。所以一国的大学教育，乃是这一国家文教大业之所寄。由文教而培植出士风。士风所播，乃在全国政治社会各部门各方面发生一种领导力量。无形中，它是这一个国家的立国精神之中心集散点。必得明白了这一层，乃算明白了大学教育在整个国家中的真任务。"①

一个国家失败了，其背后的立国精神必然是涣散的；而立国精神之所以涣散，则是因为培养、保持与宣传立国精神之教育，尤其是大学教育没能承担起它所应承担的使命。钱穆在此指出，立国精神对于一个国家的存在和兴盛有着无与伦比的重要性，而立国精神之培养、保持与宣传则必然依靠一国之教育，尤其是一国之大学教育。自然，在那样的教育当中，立国精神应该体现在方方面面，如教师、课程、方法等，但最主要也是最终的目的，应该体现在学生身上。

通过对中国新教育发展历程的分析，钱穆指出，包括大学教育在内的整个国家教育都应该将立国精神之培养、保持与宣传当成自己的重要目的。而所谓立国精神，钱穆认为，它实际上应该是一种"融通古今，融通彼我"之"通学"精神。因在这样的通学当中，中国传统文化是"现代中国求变中唯一能变之自身"，是"现代中国人求认识西方新文化的一个独特自有的立场"。② 因此，立国精神实际上就是一种通学精神，或者说是一种中国文化精神。而在钱穆心中，文化即历史即民族。因此，中国文化精神亦即中国历史精神、中国民族精神。继此，我们来看钱穆对作为培养目标的民族精神的论述。

钱穆指出，提倡民族精神教育的真实目的应该有两个：第一，"把自己民族投进于并世各民族之林，释回增美，革旧鼎新"；第二，"争取自己民族在现代世界潮流下，并驾齐驱，得一平等自由之地位"。③ 但在历史与现实

① 钱穆. 理想的大学教育[M]//文化与教育. 钱宾四先生全集：第41册. 台北：联经出版事业公司，1998：219.

② 钱穆. 理想的大学教育[M]//文化与教育. 钱宾四先生全集：第41册. 台北：联经出版事业公司，1998：225—226.

③ 钱穆. 关于提倡民族精神教育的一些感想[M]//历史与文化论丛. 钱宾四先生全集：第42册. 台北：联经出版事业公司，1998：411.

当中，情况却并非如此。作为一个深切关心国家前途与民族命运的人，钱穆认为深处危机当中的民族精神教育事关重大："晚近数十年来之教育精神，因于急求后一希望，过分排斥前一趋向，乃至认为凡属提倡民族教育，便是抱残守缺，关门自大，遗世而独立。于是为要并辔前进，却先跳下了自己的马背。既觉步行赶不上，再自刖毁了双足。为惭动抬不得，更求自刎以泄恨。倘有另一骑，把此残废之躯，吊悬在他马屁股后，拖带颠簸而前，他却沾沾自喜，认为是'附骥尾而行益'。其实则别人的马跑得愈快，那悬挂在马屁股后的人，他的生命危殆的程度，亦将以正比例而增。"①

钱穆在此指出，中国近现代教育精神实际上一直处于失衡状态，即急于追求与世界其他民族处于平等自由之地位，却忽视了对自己数千年的传统文化进行释回增美。此一概括类似于李泽厚提出的"救亡压倒启蒙"的命题。毋庸置疑，对于"救亡"与"启蒙"这两大使命，钱穆都是认同的。钱穆的不同在于，他认为"启蒙"这一伟大崇高的使命应当以对自我的认识为前提。忽忘了自我，必将达不到"启蒙"的目的。这才是钱穆积极提倡民族精神教育之所在，"决不是存心顽固守旧，或是抱残守缺，通过提倡中国旧文化来反对新教育、新智识、新潮流。更不是因我读了几本中国书，希望全国聪明才智，都钻进那一堆所谓早该扔进毛厕的线装书里去，来乞媚于所谓冢中之枯骨。"②

新文化运动以来，学术在中国既分中西又分新旧，惟中为旧，惟西为新。因此，除旧即除中学，开新即开西学。在此形势之下，最终结果必将导致有西方无中国，而国人所梦寐以求的现代化实际上也即等同于西方化。针对此一现象，1983年，年近九十的钱穆在其《现代中国学术论衡》一书的序言当中表达了他的忡忡忧心："试问此五千年传成之一中华大民族，

---

① 钱穆. 关于提倡民族精神教育的一些感想[M]//历史与文化论丛. 钱宾四先生全集：第42册. 台北：联经出版事业公司，1998：411—412.

② 钱穆. 关于提倡民族精神教育的一些感想[M]//历史与文化论丛. 钱宾四先生全集：第42册. 台北：联经出版事业公司，1998：417.

此下当何由维系于不坏？若谓民族当由国家来维系，此国家则又从何而建立？若谓此一国家不建立于民族精神，而惟建立于民主自由。所谓民，则仅是一国家之公民，政府在上，民在下，无民族精神可言，则试问西方国家之建立其亦然乎？抑否乎？”①

　　一民族自当要有一民族的民族精神；一国家自当要有一国家的立国精神；而作为国家一成员或民族一分子，自当具有“真切爱护国家民族”之心理；而一个真正具有“真切爱护国家民族”之心理的人，则一定不只是空有一番“真切爱护国家民族”之心理，一定会为真正具有“真切为国家民族服务”之实际才能而努力。因民族由国家来维系，故立国精神即民族精神；而民族与国家又是由一个一个的人所组成，因此，作为国家一成员与民族一分子所具有的“真切爱护国家民族”之心理，实际上就是一种立国精神，或者说一种民族精神。事实上，“真切爱护国家民族”之心理、立国精神和民族精神，此三者实一而三、三而一的关系：“真切爱护国家民族”之心理，发而对“国家”，自然是一种“立国精神”；发而对“民族”，则可谓一种“民族精神”。反过来，一国家之所以能屹立不倒，必然有它自己的“立国精神”；一民族之所以能长久存在，必然有它自己的“民族精神”。无论是“立国精神”还是“民族精神”，最终都应当落实到组成国家与民族的成员身上。而落实在国家与民族成员身上的“立国精神”与“民族精神”，亦即成员个体“真切爱护国家民族”之心理。

　　不管是对“真切爱护国家民族”之心理的重视，还是对立国精神或民族精神的提倡，最终目的都是希望我们国家的每一成员、我们民族的每一分子都能做一个堂堂正正的中国人。基于此一希望，晚年的钱穆只要有机会，他就会苦口婆心地劝诫中国人努力做一个真正的中国人。1978年11月4日，钱穆返回新亚书院参加“钱宾四先生学术文化讲座”时，适逢新

① 钱穆. 序[M]//现代中国学术论衡. 钱宾四先生全集：第25册. 台北：联经出版事业公司，1998：9.

亚中学第一届毕业典礼。在被邀请前往演讲的最后，钱穆叮嘱道："今天我个人对诸位的贡献，只有一句话，希望诸位记住，'我要做一个好的中国人'。"[①]1986 年 6 月 9 日下午，钱穆在素书楼上其告别杏坛的最后一课。临别赠言诸位："最要一句话，我劝诸位'你们不要忘了自己是一中国人'，这是一切大本大源之所在。"[②] 由此可知，不要忘了自己是一个中国人，做一个堂堂正正的中国人，这是钱穆一生思考的结晶，也是他一生所努力追求的目标。

三、世界眼光

钱穆认为，真正的中国青年一定是具备"真切爱护国家民族"之心理的青年。钱穆这样说，是否是在宣扬一种盲目排外之狭隘的民族主义呢？

1943 年秋齐鲁大学国学研究所停办之后，钱穆转去华西协和大学任教。有一天，冯友兰自重庆来到成都，华西坝各位教授开了一个茶话会欢迎他。钱穆在此茶话会上指出："吾侪今日当勉做一中国人。"听到钱穆的倡导，冯友兰立即针锋相对地说道："今日当做一世界人，何拘拘于中国人为。"冯友兰说完之后，钱穆也不甘示弱，他反问冯友兰："欲为世界人，仍当先做一中国人，否则或为日本人美国人均可，奈今日恨尚无一无国籍之世界人，君奈之何。"梁漱溟居中调停，认为无论是做中国人还是世界人，都不应当忘记自己的祖国。[③] 梁漱溟和冯友兰都是钱穆的老朋友，根据自己的了解，钱穆认为"漱溟语不忘国。芝生自负其学，若每语必为世界人类而发。但余终未闻其有一语涉及于当前之国事。则无怪此后两人同居

---

① 钱穆. 新亚中学第一届毕业典礼讲词摘要[M]//新亚遗铎. 钱宾四先生全集：第50册. 台北：联经出版事业公司，1998：639.

② 钱穆. 今年我的最后一课[M]//世界局势与中国文化. 钱宾四先生全集：第43册. 台北：联经出版事业公司，1998：416.

③ 陈勇. 国学宗师钱穆[M]. 北京：北京大学出版社，2007：174.

北平之意态相异矣"。①

应该说，在做中国人还是做世界人的问题上，钱穆与梁漱溟的意见比较接近，即身为中国人，当先努力做一理想之中国人，在此基础之上再努力做一理想之世界人。做中国人与做世界人，两者并非矛盾到不可统一。两者其中，前者应当是后者的基础，只有基础扎实之后，才能谈到更加高远的做世界人的理想。没有基础而高谈理想，那是空谈，是迂阔，在钱穆眼里，这正是冯友兰等人的问题所在。因为中国之外，国家民族繁多，不在做好中国人的基础上径直去做世界人，那么到底应该如何去做这样的人呢？此一理论落实到现实当中必将让人感觉茫无所归，不知所云。事实上，冯友兰的这一问题在近代中国非常具有代表性，正如钱穆所一再批评的，"近几十年中国现状之混乱，其主要原因，即为太过重视了外面，而忽忘了自己。"② 又云："我们过去的失败，并不在体力上、知识上、智慧上比外国人差，而是不知道怎样做一个当前理想中国人。"③ 由此可见，钱穆并非宣扬一种盲目排外之狭隘民族主义。在做中国人与做世界人这两者当中，针对国人忽忘前者而高谈后者的毛病，只是钱穆更加重视前者，认为做世界人必须从做中国人开始。

钱穆所谓"吾侪今日当勉做一中国人"，其用意在于我们生为中国人，首先应当对自己的传统文化有一自觉，而只有在明了了自己传统文化的优点与缺点等方面之后，我们才知道哪些地方应当将它们发扬光大，哪些地方我们应该努力取法他邦。一旦对这些问题有了清晰的了解，我们就应该放开心胸，大胆借鉴其他一切文化当中的长处为我所用，正如钱穆所指出

---

① 钱穆. 八十忆双亲师友杂忆合刊[M]. 钱宾四先生全集：第51册. 台北：联经出版事业公司，1998：265.

② 钱穆. 研究所计划纲要[M]//新亚遗铎. 钱宾四先生全集：第50册. 台北：联经出版事业公司，1998：72.

③ 钱穆. 第七届毕业典礼讲词[M]//新亚遗铎. 钱宾四先生全集：第50册. 台北：联经出版事业公司，1998：156—157.

的，"中国学者急当廓开心胸，放宽眼界，一面是自己五千年深厚博大之民族文化历史世界，一面是日新月异惊心动魄的欧、亚、美、非、澳全球新环境。向内莫忽了自己诚实的痛痒的真血性，向外莫忽了民族国家生死存亡的真问题。在此交灌互织下，自有莫大前程。"④

所谓"向内莫忽了自己诚实的痛痒的真血性"，也即对自己"深厚博大之民族文化历史世界"应当有一清醒的自觉，而只有奠基于清醒的自觉之上的学习和移植才是真正有价值的学习和移植。在没有任何一个民族国家能够自外于气势汹汹的全球化大潮的时代，"中国人不能关着门做中国人。中国人必得站在世界的立场上来做一个人。"⑤ 所谓"向外莫忽了民族国家生死存亡的真问题"，即中国人不能仅只关心自己民族国家的生死存亡，同样也应该关心其他民族国家的生死存亡。

在如何使中国传统文化获得新生方面，钱穆所秉持的是中国传统文化本位论的文化理念，即"把中国文化为本，吸收外面其他文化"。此一理念并非反对"吸收外面其他文化"，而是认为此一吸收应当"把中国文化为本"，并非是丧失本位的吸收。事实上，丧失了本位之后，靠什么去吸收，吸收什么，吸收后又用来营养什么，这些问题都将无从解决。因在钱穆那里，文化与民族是一体之两端，因此，根据这样的文化理念，在做中国人与做世界人的问题上，我们知道钱穆自然不会反对做世界人，而是认为"欲为世界人，仍当先作一中国人"。非"他人瓦上霜"不该管，非"他人之田"不该芸，而是在此之前，我们应当先"自扫门前雪"，先耕作好"己之田"。否则，自己的门前雪又待何人来扫？自己的田又待何人来芸？

另外，在中国传统文化中，在修身、齐家、治国此诸目标之上，还有一平天下的理想。国家与民族并非终极的存在，而是过程性的，在国家与

---

④ 钱穆. 新时代与新学术[M]//文化与教育. 钱宾四先生全集：第41册. 台北：联经出版事业公司，1998：105.

⑤ 钱穆. 农圃道新校舍奠基典礼讲词摘要[M]//新亚遗铎. 钱宾四先生全集：第50册. 台北：联经出版事业公司，1998：92.

民族之上与之后还存有天下。可见"中国的文化传统及其教育理想，自始即深蕴有一种共通的世界性之存在"。[1] 从个人到家庭，到国家，到天下，再往上，则是天人合一了。在中国人的思想当中，民族界限，并非是一不可泯灭的界限；国家鸿沟，并非是一无法跨越的鸿沟。中国人的终极理想，是天下太平、世界大同、天人合一。平天下的理想，在宋明理学那里则进一步转化成了"仁者与天地万物为一体"的境界："使有一物失所，便是吾仁有未尽处"[2]。也就是说，即使中国治理好了，那也未臻中国儒者之终极理想。因此，从中国文化的角度来说，一理想之中国人，必是一理想之世界人。作为一名中国人，并非不要平天下，不要天下境界与世界眼光，而是认为在平天下之前当先治其国，应当首先具有民族情怀与国家眼光。

四、中国青年三要素之间的关系

综上可知，在钱穆那里，作为一名中国青年，他或她一定要是注重道德的青年，一定要是具有本土情怀的青年，一定要是具有世界眼光的青年。此三者可说是中国青年必备的三要素。在此三要素当中，注重道德亦即注重做人，本土情怀即指人的民族性，而所谓世界眼光自然是指人的世界性。因此，上述中国青年的三要素，我们完全可用做人、做中国人、做世界人这三者来表示。在此三者当中，前者乃后者之基础。其中，做人是做中国人的基础：做不好人，必做不好中国人；同样，做中国人又是做世界人的基础：做不好中国人，也必做不好世界人。

做人、做中国人、做世界人此三者作为培养目标与办学旨趣，做人是底线，因为不成人，也必然成不了中国人和世界人；但做人同时也是一高远的理想，理想的中国人与理想的世界人实际上都包含在做人当中。另外，

---

① 钱穆. 一所理想的中文大学[M]//文化与教育. 钱宾四先生全集：第41册. 台北：联经出版事业公司，1998：246.

② [明]王守仁. 传习录上[M]//阳明传习录. 杨国荣，导读. 上海：上海古籍出版社，2000：193.

做中国人是从民族性与特殊性这个角度来说的，而做人与做世界人则是从普遍性与共同性的角度来说的。

做人、做中国人、做世界人，根据中国文化，此三者原本就是相通的。首先，从做人这个角度来说，生而为人，自当好好做一人。人不是孤立的个体，而是存在于家、国、天下等群体当中。因此，所谓做人，在家庭里面自当做个好子弟，在国家当中自当做个好国民，在天下层面自当做个好的世界公民。其次，从做中国人这个角度来说，做好中国人，必然要求先做好人。不成人，自然成不了中国人。而中国人自然不能仅只关心自己的国家前途与民族利益，在此之上，还有一平天下的使命。因此，理想的中国人，必然是一理想的世界人。最后，从做世界人这个角度来说，成为一个好的世界公民之前，必当先成为一个好的中国公民；而要成为一个好的中国公民，自然首先应该好好做一个人。

事实上，做人、做中国人、做世界人这三者，在钱穆那里是以做中国人为核心的。要做中国人，自然首先应该从做人开始，没有不成人而能成中国人的。而从理论上说，做中国人，最后必然要涉及做世界人的问题。因中国人主要是文化上的意涵，全球化的时代，中国文化不可能孤立地存在于世而不与其他文化交流。实际上，中国文化本身就是将"平天下"悬为自己高远理想的深富天下性的文化，理想的中国人必是一理想的世界人。概而言之，"做一中国人，同时也便是做了一世界人。堂堂正正，像像样样，其实则只是还我做一人而已。"[1]

在中国现代教育家群体当中，钱穆的教育目的理论与陈鹤琴的教育目的理论可谓最为接近。作为陈鹤琴教育思想核心的"活教育"，虽然他对其目的在不同的地方曾经有过"做人、做中国人、做现代中国人"[2] 或"做人，

---

[1] 钱穆. 自觉自强——与青年书之三[M]//历史与文化论丛. 钱宾四先生全集：第42册. 台北：联经出版事业公司，1998：454.

[2] 陈鹤琴. 活教育要怎样实施的[M]//陈鹤琴教育论著选. 吕静，周谷平，编. 北京：人民教育出版社，1994：340.

做中国人，做世界人"①等不同的表达，但他的"活教育"实际上是以"做现代中国人"作为其目的的。而作为一个"现代中国人"，陈鹤琴认为他必须具备"健全的身体""创造的能力""服务的精神""合作的态度""世界的眼光"这五个方面的条件。②由上可知，虽然两人的教育目的论具有形式上的一致性，但其差异也是明显的：钱穆的教育目的论虽然也包含现代性，但其特色在于传统性，而且认为现代性必须奠基于传统性；而陈鹤琴的教育目的论虽然也强调民族性，但他的教育目的论更多着眼的实际上是时代性。

另外，在钱穆的眼里，新亚书院意欲培养的是中国青年，非美国等他国青年。可见，这一培养目标具有鲜明的特殊性。但是，与此同时，新亚书院意欲培养的中国青年是注重道德的青年，是具有本土情怀的青年，是具有世界眼光的青年。实际上，不仅中国青年应当注重道德，应当具有本土情怀和世界眼光，世界上又有哪一国的青年不应当注重道德，不应当具有本土情怀和世界眼光呢？可见，新亚书院的培养目标在具有鲜明的特殊性的同时，又具备深切的普遍性。

---

① 陈鹤琴. 活教育的目的论[M]//陈鹤琴教育论著选. 吕静，周谷平，编. 北京：人民教育出版社，1994：448.

② 陈鹤琴. 活教育要怎样实施的[M]//陈鹤琴教育论著选. 吕静，周谷平，编. 北京：人民教育出版社，1994：340—343；陈鹤琴. 活教育的目的论[M]//陈鹤琴教育论著选. 吕静，周谷平，编. 北京：人民教育出版社，1994：449—452.

第三章　经费筹募

1963 年 9 月 9 日，钱穆在新亚书院当天的开学典礼上曾经有过颇显辛酸的回忆："新亚初开办时，只有四个人，每人拿出二百元，合八百元来创办此学校。"[①] 可见，新亚书院的启动经费实际上只有区区八百元。这么一点钱自然很快就会花完，花完之后怎么办？且学校的创办人皆为囊中羞涩的穷书生，为了维持学校的运转，向社会求助必然是他们唯一的选择。

据钱穆回忆，新亚书院自创办以来直至 1962 年 4 月，先后承校外力量资助发展，除中国各方人士与雅礼协会之外，尚有美国亚洲协会、香港孟氏教育基金会、美国哈佛燕京社、英国文化协会、香港政府与美国洛克菲勒基金会。[②] 先生的回忆或许会有疏漏之处，且 1962 年之后，新亚书院仍然源源不断地受到了各方援助。此处我们无法罗列所有的援助对象，以下我们能够做到的就是将对新亚书院的援助大致分成"内部支持"与"外来援助"两个类别，并择要进行介绍。

---

① 钱穆. 秋季开学典礼讲词——一九六三年九月九日[M]//新亚遗铎. 钱宾四先生全集：第50册. 台北：联经出版事业公司，1998：482.

② 钱穆. 我和新亚书院[M]//八十忆双亲师友杂忆合刊[M]. 钱宾四先生全集：第51册. 台北：联经出版事业公司，1998：461—462.

第一节　内部支持

一、获商人王岳峰之资助

1949 年冬，程兆熊先生替学校从台湾招来了一批学生，但是，这一批学生的到来却让学校显得颇为尴尬，因为学校缺乏教室与宿舍而难以安顿他们。幸运的是，钱穆在学校遭遇艰难窘迫之际结识了来自上海的建筑企业家王岳峰。此人虽为商人，但对中国传统文化却极为热心，同时又十分欣赏钱穆等人艰苦办学的事迹与精神，故而表示愿意鼎力相助。

为了解决学校的燃眉之困，"慨然以发展海外文化教育事业自许"的王先生挺身而出，在香港英皇道海角公寓替学校租下了几间房间作为教室和宿舍，用以安插从台北招来的学生。1950 年 3 月 [①]，王岳峰又斥资在九龙桂林街"顶"下了三楹新楼——桂林街 61、63、65 号——的三四两层作为学校的新校舍。钱穆在和学校监督刘尚义商量无果的情况下，只好向香港教育司申请立案另外创办一所学校。此时，崔书琴夫妇被邀请去了台北。新学校领导层遂由以下人员构成：钱穆任校长，唐君毅任教务长，张丕介任总务长，赵冰任法律顾问，王岳峰负建校之责，但不居任何名义。

学校迁往桂林街新校舍之后，正式更名为"新亚书院"。此时的王岳峰

---

① 大陆版（钱穆. 八十忆双亲师友杂忆[M]. 北京：生活·读书·新知三联书店，2005：267）和台湾版（钱穆. 八十忆双亲师友杂忆合刊[M]. 钱宾四先生全集：第51册. 台北：联经出版事业公司，1998：291）《师友杂忆》此处都记为秋天，但据《新亚遗铎》记载："亚洲文商学院为新亚书院的前身，自1949年十月至1950年二月，学院存在仅半年时间。校址租九龙佐顿道伟晴街华南中学三楼做临时校舍。"（钱穆. 亚洲文商学院开学典礼讲词摘要[M]//新亚遗铎. 钱宾四先生全集：第50册. 台北：联经出版事业公司，1998：1）同书另一处又记载到："新亚书院的前身为亚洲文商学院，于民国三十八（一九四九）年十月十日创立于香港之九龙。旋于次年民国三十九（一九五〇）年三月改组为现在之新亚书院。"（钱穆. 新亚书院沿革旨趣与概况[M]//新亚遗铎. 钱宾四先生全集：第50册. 台北：联经出版事业公司，1998：5）《新亚遗铎》的记载当更为准确，秋天的说法有误，此处应为春天的三月份。

雄心勃勃，依其意见，"新亚书院"应为一所现代化国际性大学，内设文、理、法、商、医各学院，其规模绝不小于当时的香港大学。这样的大学绝非仓促可成，为保险起见，应该首先租用比较适用的房舍，作为初步立足的基础。另外，王岳峰又宣布，学校专任教授八人各支月薪五百元，再加上房租与杂费，学校全年预算将近十万元。

学校改组后，师生皆大感兴奋。但出乎意料的是，学校开学两个月后，王岳峰的企业突然遭受致命打击，其对学校的供给自然无法继续下去。新亚书院因为失去王岳峰的支持而顿时陷入经济危机当中。怎么办？时任学校总务长的张丕介对此有着切身而又难忘的回忆："当时负责学校的是钱、唐二先生与我，焦急万分，教授薪金可以暂缓支付，而课程必须继续；房租必须按月支付；少数工读生的生活费不可减，也不可少，更不能停。如何是好？于是我们三人，连同若干文化教育界的朋友，决定用武训行乞兴学的方式，四出劝人捐募，一百也好，一千也好，必须募到维持学校生存的最低数字。港九两地的朋友，莫不热心协助，但他们多半也自顾不暇，捐助一两次，便无能为力了。我们不停地撰写论文，向报纸和杂志投稿，领取微薄的稿费，虽是零星收入，也聊胜于无。这时新亚书院之穷，穷出了名，我们的艰苦奋斗，也成了少数人的话题。"①

1969 年 12 月，唐君毅在张丕介退休欢送会上对这一困难时期同样有过动情的回忆："办学校是需要钱的，那时我们的生活都成问题，哪里有钱呢？所幸徐（复观）先生已将《民主评论》复刊，聘张先生担任主编②，受一份薪水；钱先生和我就帮助撰稿，领取稿费。这样，我们才有能力租到

---

① 张丕介. 新亚书院诞生之前后[G]//宋叙五. 张丕介先生纪念集：张丕介先生·人师的楷模. 香港：和记印刷有限公司，2008：69.

② 刚开始时，张丕介是一边主编《民主评论》，一边创办新亚书院。后因精力不济，无法两边兼顾，1952年1月《民主评论》第三卷出齐后，张丕介便与其告别，全身心投入到新亚书院的创办当中。参见张丕介. 粉笔生涯二十年[G]//宋叙五. 张丕介先生纪念集：张丕介先生·人师的楷模. 香港：和记印刷有限公司，2008：54.

一层楼，作为校址，白天当课室，晚上就是我和钱先生的宿舍。这种艰苦的情形可想而知。前些日子钱先生在校庆会上说，最初新亚的经费每月只有三千元，其实那还是很久以后的事。"而关于此一时期的学校总务，唐君毅说完全由张先生"独立承当"，他和钱先生都不过问。但张先生却能精打细算，挪东补西，一一应付过去。对此本领，唐君毅由衷地赞叹道："有钱能办事，不算什么，办好事情亦是应该的；没有钱而能办事，有少量的钱而能办大量的事，这才算本领。张先生就有这种本领。"①

二、获蒋介石私人之同情

1950 年冬，钱穆在新亚全校同人的力促下前往台北寻求援助，期待能够少维时日，再谋发展。钱穆乘飞机抵达台北后，有人早已遵照蒋经国的嘱咐在机场迎候钱穆的到来。当天晚上，钱穆下榻在火车站近旁的"励志社"。第二天早晨，钱穆在张晓峰的陪同下赶赴士林官邸，出席蒋介石的午餐宴请。在此期间，钱穆偶然地注意到午餐上吃的米饭竟然是用当时十分粗糙的配给米做成的，此事让钱穆十分感动。席间，当蒋介石问起有关新亚书院事情的时候，钱穆并没有将新亚书院的困难直率相告，而是嗫嚅着用别的话将蒋介石的询问搪塞了过去。

时隔一天的晚上，时任台湾"行政院院长"的陈诚也在其官邸设宴招待钱穆，同座的有时任台湾大学校长的傅斯年。因钱穆和陈诚是初次见面，当天晚上主要由傅斯年和钱穆畅论有关前清代乾嘉学术方面的事情。另一天，蒋经国也设宴招待钱穆，吃的米饭同样是用配给米做成的。又有一天，钱穆前往台湾"教育部部长"程天放的官邸拜谒程天放。钱穆感念当时台湾"教育部"官邸尚在台湾大学左外侧市郊偏僻处，且那里的一切设备都极为简陋，因而绝口未提新亚书院的困难。

---

① 唐君毅. 欢送张丕介先生[M]//新亚精神与人文教育. 唐君毅全集：第十六卷. 北京：九州出版社，2016：123—124.

另外一天，居正设宴招待钱穆。席间，居正问起有关新亚书院的事："闻君创办此校极艰辛，此来亦向政府有所请乞否？"因为在抗战时期就和居正在重庆相识，钱穆便把自己赤手空拳创办新亚书院的详细经过告诉了他，同时也说出了自己的纠结："依理应向教育部陈述。然观教育部之拮据，亦何忍开口？"居正宽慰钱穆："君幸稍待，我当为君作一安排，再以相告。"过了一天，居正告知钱穆，他已将此事安排妥当，不久将在程天放的家中举行一次晚宴，届时台湾"总统府""行政院""中央党部"均有负责人列席，到时候可就此事共同商量。

那天晚上，钱穆在席上谈到新亚书院的时候，指出学校当前最为紧迫的事情是各位教师的课时费。即使最低以每小时每月港币二十元计算，再加上其他紧急开支，全校每月至少需要三千元港币才可勉强维持。听钱穆这样说完之后，台湾"行政院副院长"张厉生说道："今夕陈院长因事不克来，新亚事明晨转达，'行政院'应可承允协助。"台湾"总统府秘书长"王世杰接着说道："此来得'总统'面谕，'行政院'协款几何，'总统府'当从府中办公费项下节省出同额款项相助。"关于新亚书院的事情当时就这样安排了下来，只是台湾"行政院"答应的款项须留待台湾"立法院"通过，大约要到第二年春天才可正式做出决定，而台湾"总统府"的款项则立即可以支拨。钱穆说："得'总统府'协款，目前难关已可渡过，此后当续报情况。"实际上，"总统府"允诺的款项当时即按月拨付新亚，且无任何手续；而"行政院"所允补助却不知何故变成了空头支票，实际并无下落，而钱穆之后也从未向他们提起过此事。

三、获香港政府之支持

1959 年，香港政府有意想在香港大学之外另外再成立一所大学。他们首先选定新亚、崇基、联合三校作为基本学院，此后其他办学有成的私立学校也都要陆续加入。在首批选定的三所学校当中，崇基是在新亚之后创办的一所教会学校，经费来源于美国教会。因新亚已得雅礼与哈佛协助，亚洲基金会于是转而支持香港其他五所私立学校的发展。联合书院即是由这五所学校联合而成，可见，其资助者主要为亚洲基金会。或许因为崇基、联合、新亚三校都得到了美国方面的协助，香港政府意有不安，所以才有了创办一所新大学的动议。

对此动议，崇基与联合均表同意，新亚方面则多持异见。至于钱穆，其意见如下：

> 新亚最大贡献在提供了早期大批青年之就学机会。今则时局渐定，此种需要已失去。而新亚毕业生，非得港政府承认新亚之大学地位，离校谋事，极难得较佳位置。倘香港大学外，港政府重有第二大学，则新亚毕业生出路更窄。此其一。
>
> 又国内学人及新起者，散布台港美欧各地日有加，倘香港再增办一大学，教师薪额一比港大。此后络续向各地延聘教师，亦可借此为国储才。香港政府所发薪金，亦取之港地居民之税收。以中国人钱，为中国养才，受之何愧。此其二。
>
> 三则办一大学，当如育一婴孩，须求其逐年长大。而新亚自得雅礼哈佛协款，各方误解，欲求再得其他方面之大量补助，事大不易。必求一校独自发展，余已无此力量与信心。抑且余精力日衰，日间为校务繁忙，夜间仍自研读写作，已难兼顾。亦当自量才性所近，减少工作，庶亦于己无愧。而香港政府意，则实以新亚参加为其创办新大学一主要条件。[①]

钱穆的上述意见当中，第一条是为新亚毕业生的出路着想；第二条，钱穆理直气壮地申明："以中国人钱，为中国养才，受之何愧"，可见，这是为新亚同人及国家前途着想；第三条是为他自己着想，因为钱穆自量其

---

① 钱穆. 八十忆双亲师友杂忆合刊[M]. 钱宾四先生全集：第51册. 台北：联经出版事业公司，1998：329—330.

才性所近，应该在于研读与写作，而非主持校务，从事行政。

可见，无论是为人，还是为己，钱穆都是支持加入新大学的。事实上，新亚书院内部最终也接受了钱穆的建议，因而从 1959 年起改为专上学院，参加统一文凭考试，同时接受香港政府的补助。

在此需要补充说明的是，香港政府对新亚书院的支持实际上并非自 1959 年起，新亚书院 1956 年完工的农圃道新校舍用地即由香港政府所拨。起初，钱穆曾经打算在郊外寻找一块地皮，并曾屡次前往察看。郊外虽然也有不错的地方，但因离市区较远，教师往返不便；而大批建造教师宿舍，则财力有限。左思右想，最后决定，还是在九龙农圃道，由香港政府拨地，而建筑事宜则由沈燕谋一人主持。不久之后，新亚书院收到了香港政府通知，港督葛量洪即将退休，他希望在其离港之前能够亲自参加新亚新校舍的奠基典礼。新亚新校舍奠基典礼因此提前到 1956 年 1 月 17 日举行，而校舍则于同年暑假后建筑完成。

新亚书院迁至沙田马料水后，新亚中学于 1973 年在新亚书院农圃道校舍开办。因该地皮处于九龙土瓜湾农圃道与天光道交界，其后唐君毅为新亚中学所作校歌中有"天光不息，农圃长春"，乃实景写照。①

新亚书院在农圃道除了拥有上述第一期新校舍之外，还有第二期及第三期新校舍。其中落成于 1963 年 4 月的第三期新校舍，其建筑费也由香港政府资助。

---

① 何仁富，汪丽华. 唐君毅年谱[M]. 唐君毅全集：第三十四卷. 北京：九州出版社，2016：169.

第二节　外来援助

一、耶鲁大学卢定教授来访

1953 年 7 月 4 日，美国耶鲁大学历史系主任卢定教授（Prof. Harry R. Rudin）来到香港，钱穆应约前往其下榻的旅馆与其见面。钱穆上午八点赶到时，苏明璇作为翻译早已等候在了那里。① 卢定在耶鲁大学历史系有一位同事瓦克尔教授（Prof. Richard L. Walker），他在 1952 年曾到过香港，和钱穆很熟悉。在卢定来香港之前，瓦克尔教授曾经向他推荐过钱穆。因此，卢定来到香港之后，钱穆就成了他相约见面的第一个人。②

卢定开门见山："君为我此行首先第一约见之人，如有陈述，请尽直言。"

钱穆则告知对方："蒙约见，初无准备。君既负有使命，倘有垂询，当一一详告。"

卢定听钱穆这样说，忽然面露喜色，随手从衣袋中掏出了事先准备好的两张纸，上面写有二三十个问题，并对钱穆说道："如我所问直率琐碎，幸勿见怪。"

钱穆说："尽问无妨。"

卢定按照事先准备好的问题逐个提问，钱穆则一个问题接一个问题地回答，问答完毕时已过了中午十二点，他们三人就一起外出用了午餐。卢

---

① 钱穆. 悼念苏明璇兄[M]//新亚遗铎. 钱宾四先生全集：第50册. 台北：联经出版事业公司，1998：622—623.

② 钱穆回忆录当中在涉及此事时有这样一段记述："据1980年卢定来香港参加新亚三十周年纪念之讲词，知其当年来港前，先得耶鲁大学史学系同事瓦克尔教授之推荐，故卢定来港后，余为其相约见面之第一人。"（钱穆. 八十忆双亲师友杂忆合刊[M]. 钱宾四先生全集：第51册. 台北：联经出版事业公司，1998：310）"新亚三十周年"应为1979年，故此处时间记忆有误，当为1979年。

定又问起钱穆对待宗教的态度，钱穆回答道："余对各宗教均抱一敬意，在余学校中，耶回教徒皆有，并有佛寺中之和尚尼姑在校就学者。但余对近百年来，耶教徒来中国传教之经过情况则颇有不满处。"

钱穆说话时，卢定连连点头称是。

钱穆又告知卢定："余决不愿办一教会学校。"

卢定对钱穆的这一想法也点头认可，但接下来补充道："雅礼倘决定对新亚作补助，仍须派一代表来，俾其随时作联系。"

钱穆说："此属雅礼方面事。但此一代表来，不当预问学校之内政。"

对于钱穆的此一要求，卢定仍然点头认可了。

在和钱穆见面几天之后，卢定就去了台北。回到香港之后，又约钱穆相见，并告知钱穆，他已选定新亚书院作为雅礼的合作对象，而他也已按年拟定了美金一万、一万五、两万三种预算，将带回美国由董事会斟酌决定。

听卢定这样说，钱穆就把自己的想法写在纸上交给卢定，其内容如下：如果新亚书院每年能有一万美金补助，则打算另外租一所校舍；一万五则打算顶一所校舍；两万则打算买一所校舍。

卢定看到钱穆的计划大表诧异："闻君校诸教授受薪微薄，生活艰窘，今得协款何不措意及此？君亦与学校同人商之否？"

钱穆回答道："君与余屡见面，但未一至学校。"并指着桌上的一个茶杯说："如此小杯，注水多，即溢出。余等办此学校，惟盼学校得有发展，倘为私人生活打算，可不在此苦守。如学校无一适当校舍，断无前途可望。请君先往新亚一查看。"

随后，卢定曾私自前往新亚书院，在教室外遇到了两名学生，和他们闲谈了一会后就悄然离去了。

另外，新亚书院当时正好举行第二届毕业典礼，借青山道陆军华员俱乐部举行，因而邀请卢定前往观礼。典礼结束之后，又将卢定留下来和大家一起用餐。关于此次餐会，卢定在参加新亚书院三十周年纪念时曾经有过这样的回忆："钱穆的声望、他对教育比赚钱更高的兴趣、由我参加毕业典礼所体验出的学生精神、教师对他们领袖的敬与爱、他们对他的忠诚，我在一个与他们会面的午餐席上体会到了。"①

卢定临别之前告知钱穆，相信他回到美国之后，雅礼董事会对新亚书院一定会有所协助。他希望钱穆能将雅礼的协款用作学校日常开支，至于校舍一事，他们将另谋他途。卢定同时又约请了另外一位美国人萧约与钱穆见面，并告知钱穆，此人以前曾在雅礼工作，有事可找他商谈。亚洲协会的艾维随后在卢定的委托下前来告知钱穆，卢定在离开香港之前曾和他商量过新亚书院校舍的事情，他们将另外再作筹措，希望钱穆不要过多挂念此事。

二、亚洲协会协助创办新亚研究所

1951 年，美国人艾维来到香港，主持亚洲协会工作。艾维因为在美国时就有人向他介绍过钱穆，初来乍到就特意前来拜访钱穆。年轻的艾维直接告知钱穆，他知道钱穆创办新亚书院十分艰辛，以后如有可能，他们一定会鼎力相助。之后，钱穆和艾维常相往返，由苏明璇居中担任翻译。苏明璇毕业于北平师范大学，在校时和钱穆并不相识。他的妻子和他是同学，系钱穆北平师范大学历史班上的学生。②也正因为上述关系，苏明璇之后来香港美国亚洲协会任职，与钱穆可谓一见如故。

卢定离开香港之后，艾维前来拜访钱穆时直言相告：他们亚洲协会也希望能够像雅礼协会一样协助新亚书院的发展，只是不知道应当采取何种途径。

对于这种成人之美的举动，钱穆自然是欢迎的。钱穆同样也将自己内

---

① 卢鼎. 一九五三年东西之会[G]//诚明古道照颜色——新亚书院55周年纪念文集. 香港：香港中文大学新亚书院出版社，2006：48.

② 钱穆. 悼念苏明璇兄[M]//新亚遗铎. 钱宾四先生全集：第50册. 台北：联经出版事业公司，1998：622.

心深处的想法直言相告，他们不是将新亚书院当成一所普通的学校来创办，他们实际上有着更高的期待——"提倡新学术，培养新人才"。因此，为了提升学校的学术品性，他们特别想要创办一个研究所。当然，在开始阶段，哪怕规模简陋一点也没什么关系。

艾维对钱穆的这一想法十分赞同。1953 年秋，亚洲协会租下九龙太子道一层楼宇，供新亚书院及校外大学毕业后有志继续深造者使用。新亚书院各位教授则随宜指导，此为新亚研究所筹办之先声。

三、雅礼协会、福特基金会相继协助学校发展

卢定返美不久即来信告知，每年的补助费已提高至两万五千美元，比原先最高定额还多。但萧约收到钱之后，却迟迟不愿交给新亚书院。一天，萧约来校告知钱穆："天热，教室中不能无电扇，已派人来装设。"钱穆对萧约说："君告余雅礼款已到，今延迟不交，岂欲新亚先拒台北来款否？此事决不可能。苟余得雅礼协款，再谢辞台北赠款，始有情理可言。如欲余先拒受台北赠款，以为获取雅礼协款之交换条件，以中国人情言，殊不妥当。"萧约听钱穆这样解释之后，当即向钱穆道歉，随后便将雅礼的补助款送了过来。而新亚书院在收到雅礼协款之后，随即具函辞谢了来自台北的赠款，时为 1954 年 5 月。①

1954 年秋，新亚书院收到雅礼协会的协款之后，当即在九龙城嘉林边道租下一处新校舍。此处校舍比桂林街旧校舍要大，学生也分别在嘉林边

---

① 关于此一款项，钱穆有一公开声明："新亚所得台湾之补助，乃蒋公私人对新亚之同情，与政府政治皆无关。"（钱穆. 新亚书院创办简史[M]//新亚遗铎. 钱宾四先生全集：第50 册. 台北：联经出版事业公司，1998：678）关于钱穆的这一公开声明，唐君毅的一段话可作为佐证："当时，我们接受了这每个月三千块钱的补助，而我们之谈学术从事教育工作，只是直接对中国文化负责任；并依我们自己的标准，招收学生，未受任何的干涉，与任何条件的束缚。"（唐君毅. 新亚的过去、现在与将来——一九七三年六月十七日新亚道别会演讲词[M]//新亚精神与人文教育. 唐君毅全集：第十六卷. 北京：九州出版社，2016：157）

道和桂林街两处上课。

随后，雅礼协会派来郎家恒牧师作为驻港代表，执行双方的合作计划。钱穆对他说："雅礼派君来，君之任务，雅礼当已交代明白，余不过问。学校事，已先与雅礼约定，一切由学校自主。君来乃学校一客，学校已为君在嘉林边道布置一办公室，君可随时来。双方有事，可就便相商。"郎家恒连连称是。但之后的几个月里，郎家恒却连续拿来三四封推荐信。钱穆告知郎家恒："学校聘人必经公议。外间或误会新亚与雅礼之关系，凡来向君有所请托，君宜告彼径向学校接头，俾少曲折。"郎家恒也点头称是。

又有一天，艾维前来告知钱穆，卢定返美之后即为新亚建新校舍的事情多方接洽。不久前得到了福特基金会应允捐款，只是香港不在该基金会补助地区之内，故而此事在美只有雅礼协会，在港只有艾维和钱穆两人知道，卢定希望他们能够向外严守秘密，以免给福特基金会增加麻烦。

有了福特基金会的援助以及香港政府在九龙农圃道拨付的地皮，在沈燕谋的主持之下，校舍最终于1956年暑假后建筑完成。新校舍启用后，福特基金会派人前来巡视，最后表示十分满意。钱穆问来人意见，其人告知钱穆："全校建筑惟图书馆占地最大，此最值称赏者一。课室次之。各办公室占地最少，而校长办公室更小，此值称赏者二。又闻香港房租贵，今学校只有学生宿舍，无教授宿舍，此值称赏者三。即观此校舍之建设，可想此学校精神及前途之无限。"钱穆回应道："君匆促一巡视，而敝校所苦心规划者，君已一一得之，亦大值称赏矣。"

1960年11月，新亚书院第二期新校舍落成，其建筑费用则全由雅礼协会捐赠。

四、哈佛大学燕京学社赞助新亚研究所

1955年春天，哈佛大学的雷少华教授来到嘉林边道拜访钱穆，由沈燕谋在旁做翻译。谈起新亚书院的创校经过时，钱穆告知雷少华，他们创办该校"非为同人谋啖饭地，乃为将来新中国培育继起人才"，雷少华对此极

表赞许。

钱穆接着说道："惟其如此，故学校规模虽小，同时已创办了一研究所。科学经济等部分优秀学生，可以出国深造，惟有关中国自己文化传统文学哲学历史诸门，非由中国人自己尽责不可。派送国外，与中国人自己理想不合，恐对自己国家之贡献不多。惟本校研究所规模未立，仍求扩大。"

雷少华对钱穆的这些想法和建议也连声称是，并对钱穆说："君有此志，愿闻其详，哈佛燕京社或可协款补助。"

钱穆继续说道："新亚同人对原有研究所只尽义务，未受薪水。依香港最近情势，大学毕业生即须独立营生，故办研究所，首需为研究生解决生活，供以奖学金。以当前港地生活计，一人或一夫一妇之最低生活，非港币三百元，不得安心。正式创办最先仅可招收研究生五六人，此下再相机逐年增添。"

雷少华说："此款当由哈燕社一力帮助，君可放手办去。"

钱穆接着说他还有第二个条件，雷少华没想到钱穆居然"得寸进尺"，沉默良久之后问钱穆，他的第二个条件是什么。

钱穆回答说："办研究所更要者在书籍，前两年日本有大批中国书籍可购，新亚无经费，失此机会，但此下尚可在香港陆续购置，惟已无大批廉价书可得。"

雷少华赞同道："此事诚重要，哈燕社亦当尽力相助。"

钱穆又接着说，他还有第三个条件。雷少华听钱穆又提出了第三个条件，也许是感觉钱穆的前两个条件都言之有理，或者是预料钱穆绝不会提过分的要求，因而虽然十分惊讶，但也请钱穆继续直言相告。

钱穆说："新亚办此研究所，由哈佛出款，一切实际进行则新亚自有主张，但须逐年向哈燕社作一成绩报告，始获心安。故创办此研究所后，即宜出一学报，专载研究所指导同人及研究生之最近著作与研究论文，可使外界知此研究所之精神所在，亦为全世界汉学研究添一生力军，亦即为哈燕社做报告。此事需款不巨，但为督促此一研究所向前求进，亦不可缺。"

雷少华听钱穆如此提议，频频点头赞同，并对钱穆说："君可照此三项具体作一预算，当携返哈佛做决议。"

此次会谈从上午十点开始，一直谈至中午十二点。结束之后，钱穆和沈燕谋陪着雷少华在街上的一个小餐馆里吃完午饭后方才告别。

新亚书院先前已经得到了亚洲协会的帮助，在太子道租下一层楼作为开办研究所之用。但艾维不久之后就离开了亚洲协会，这件事也没有再往下发展。受到哈佛大学燕京学社的资助之后，新亚书院研究所才算是正式开始创办。

新亚研究所最初招录学生只通过面谈就可以了，是不需要考试的。录取之后，有人暂留一年或两年即离去，也有人长留在所的。而自从获得哈佛大学燕京学社的资助之后，新亚研究所才开始正式招生，招生对象不限于新亚书院的毕业生，其他大学的毕业生也可以报名应考。研究所同时聘请香港大学刘百闵、罗香林、饶宗颐三人担任所外考试委员，又请香港教育司派员监考。录取后修业两年，仍须经所外考试委员阅卷及口试，通过之后才能毕业。研究所也从毕业生中择优留作研究员，留所时间有长至十年以上者。

1954 年，哈佛大学燕京学社曾写信给新亚书院，希望其能选派一位三十五岁以下的年轻教师前往哈佛大学访问学习。当时在香港，唯有新亚书院得到了这样的邀请。新亚书院考虑到当时没有符合条件的年轻教师，因而想让一位曾留学美国的年长教师代替前往，但这一想法最后被哈佛大学拒绝了。第二年，燕京学社又来信邀请。余英时作为新亚书院的第一届毕业生，当时刚刚留在研究所做研究生，新亚书院就以助教名义将其派送了过去。余英时在哈佛大学访问学习一年期满之后，又获许延长了一年，之后又加入哈佛研究院攻读博士学位。毕业之后，余英时就留在了哈佛大学。余英时是新亚研究所派赴国外留学的第一人；在此之后，新亚研究所又陆续派出何佑森、罗球庆、孙国栋等人前往哈佛大学访问学习。

第四章　课程与教学

为了实现"弘扬中国文化"与"栽培中国青年"的办学旨趣，新亚书院到底设置了怎样的课程，它是在怎样的课程思想的指导下提出这一课程设置方案的，它有着怎样的教学理念，它是如何实施的，它的创办者是在怎样的教育情境下提出这一教学理念的，这是本章所要回答的几个主要问题。

另外，课程与教学的关系问题是困扰现代教育理论与实践的重大问题之一[①]。在现代教育发展过程中，当教育为"工具理性"所支配时，内容与过程、目标与手段必将被强行割裂开来，此一割裂必将导致课程与教学的二元化存在。新亚书院当中也存在此种课程与教学的分离现象吗？如果存在，那么，新亚书院的创办人意识到此种现象没有？他们为此采取了怎样的应对措施？他们为什么会提出这样的措施？

---

① 张华. 课程与教学论[M]. 上海：上海教育出版社，2000：75.

第一节　课程设置

一、以"共同必修"为原则，而以"选课分修"副之

毋庸赘言，新亚书院创校同人对于新亚书院的课程设置可能或多或少都曾提出过自己的建议。但是，在新亚书院"创校三贤"中，唯有钱穆在创校之前，对于中国大学当中的课程设置问题曾经有过系统而又深入的思考。再加上钱穆又是作为创校校长的身份加入新亚书院的创建当中的，因此，在新亚书院创校同人当中，钱穆对于新亚书院的课程设置可谓影响最大，其课程设置观点也最具代表性。由此，考察钱穆的课程设置观点，必将有助于我们更好地理解新亚书院的课程设置情况。

在创建新亚书院之前，钱穆主要有两篇文章涉及大学中的课程设置问题：第一篇是发表于 1940 年 12 月的《改革大学制度议》[①]，第二篇是发表于 1943 年 3 月的《理想的大学》。以下我们将依次来讨论钱穆在这两篇文章当中提出的有关课程设置的观点。

1940 年年底，中国抗战尽管处于最艰难的时期，当时任教于国立西南联合大学的钱穆却对中国抗战抱着必胜的信念。在展望未来中国大学教育之发展时，钱穆提出了他的两点建议："缩小规模"和"扩大课程"。

所谓"缩小规模"，其含义有两层：第一，中国将来之新大学，其设置应以"单独学院"为原则。"单独学院"的"主干"为"文哲学院"与"理工学院"，其"旁枝"则为"各就需要，择地设立"的农、矿、森林、畜牧、纺织、渔业等学院。前者学制长，后者年限稍短。在上述两种学院之外，还有第三种学院，即法律学院与医学院，因为这两种学院事关重大，

---

① 钱穆. 改革大学制度议[M]//文化与教育. 钱宾四先生全集：第41册. 台北：联经出版事业公司，1998：195—204. 为避烦琐起见，本小节后面在引用该论文当中的内容时，一律不再注明出处。

所以只招收毕业于"文哲学院"与"理工学院"者或肄业主干学院两年以上者，不与其他学院平行。第二，上述"单独学院"，每一学院之学生数，以两百人至四百人为限，最多不得超过五百人。

所谓"扩大课程"，即指上述每一学院之课程，应以"共同必修"为原则，而以"选课分修"副之。除了这两种课程之外，每一所学院不必再为学系之分别。所谓以"共同必修"为原则，即"共同必修"之学程，应占大学全学程二分之一以上。如以"文哲学院"言，其课程应包括中外名著研读、中国文学史、中西通史及文化大纲、中外人文地理、中西圣哲思想纲要、政治学经济学大纲、教育哲学及教育方法等；此外，还应兼习科学常识，如天文、地质、生物、心理学各门之与文哲学科相关较切者。至于"理工学院"，钱穆认为，亦当如文哲学院办法，理工合院，不更分系，多授基本通识，而于本国通史及中西圣哲思想纲要两科，亦必兼治，以药偏枯之病。

所谓以"选课分修"副之，即指学者于研习上述"共通必修"课程之外，同时还应"各就性近，分习选科"。此项选科之开设，一方就各学院所聘教授学业之专长，一方亦兼顾各学科之重要部分，为学者开示涂辙。各学科之课程不必求备，各学者之选习，亦不必求专。未来中国大学课程之所以应如此设置，是因为在钱穆眼里，大学教育之所造就，当"先求其为通人而后始及于专家"。有鉴于此，钱穆提出，细碎无当大体之学程，则应"少设为是"。

根据上述"单独学院"当中的课程设置可知，"单独学院"主要以培养"通人"为主，而这正好符合了钱穆"国家社会所需者，'通人'尤重于'专家'"的认识与判断。钱穆在此实际上只是针对当时重"专家"但轻"通人"的社会现实，提醒大家不要遗忘了"通人"的重要性，而并非认为"专家"不重要。毋宁说，钱穆心里的"专家"与当时社会大众所说的"专家"实际上是完全不同的两个概念："其有刻意潜精，愿毕生靖献于一种专门学术之研究者，则于普通学院之上复设研究院，以资深造。"

二、"共同必修课"之主要内容

以上是钱穆在《改革大学制度议》中提出的课程设置观点。1943 年年初，移帐齐鲁大学国学研究所的钱穆在《理想的大学》[①]一文当中将上述观点进行了一定程度的完善。

钱穆认为，理想的大学教育，就其制度来说，应该以所谓"文理学院"为"主干"与"中心"，而以各种有关"职业"之"专门学院"为"辅"。

而就"职业学院"来说，又可以分为"对物"的与"对人"的两类。"对物"的"职业学院"可分为工、农、商、矿、渔、牧诸学院，"对人"的"职业学院"则包括政治、法律、教育、医学诸学院。

前一种"职业学院"可使其与作为大学教育"主干"的"文理学院"相平行，而后一种"职业学院"则务必以超乎"文理学院"之上为原则。所谓超乎"文理学院"之上，其意指非已毕业于"文理学院"者，不得入"对人"的"职业学院"肄业。

另外，在大学教育最高阶段，则有专注各部门"专门智识之研求"的"研究院"。

若用"→"表示进学肄业，则上述"文理学院""职业学院""研究院"之间的关系可简明表示如下：

第一，"文理学院"→"研究院"。

第二，"文理学院"→"对人"的"职业学院"。

第三，"文理学院"→"研究院"→"对人"的"职业学院"。

第四，"文理学院"→"对物"的"职业学院"。

第五，"大学预科"即年限缩短之"文理学院"→"对物"的"职业学院"。

由上可知，大学教育当中当然的"主干"与"中心"非"文理学院"

---

① 钱穆. 理想的大学[M]//文化与教育. 钱宾四先生全集：第41册. 台北：联经出版事业公司，1998：205—215. 为避重复，本部分其他地方引用该论文时，一律不再注明出处。

莫属。此处所说的"文理学院"，其在大学教育制度当中的地位非常类似于前文当中的"文哲学院"与"理工学院"。

"文哲学院"与"理工学院"中的课程设置系以"共同必修"为原则，而以"选课分修"副之；类似地，"文理学院"当中的课程也有"共同必修课"与"选修课程"："凡属基本技能方面之科业，如文学数学等列为共同必修课，当增其分量，逐年研修，其余选修课程，则一任学者之自由听习，课程皆宜尽量缩短，应为一种较长期之系统讲演。每一讲演，为期不必逾两月或三月，讲者提纲挈领，要言不烦，听者则求其能增加自读与自由探讨之时间。"

可见，在"文理学院"当中，其课程设置与"文哲学院"或"理工学院"相似，也是以"共同必修课"为主，而以"选修课程"为辅的。

另外，钱穆又指出，在"文理学院"的课程设置当中处于绝对主导地位的"共同必修课"，其内容主要包括以下六个方面：

1. 须研求人生最高理论，此属哲学与宗教。
2. 须欣赏人生最高境界，此属文学与艺术。
3. 须明了宇宙来源，此属天文与地质。
4. 须认识生命真情，此属生物与心理。
5. 须博通已往人事经验，此属历史与地理。
6. 须兼知四围物质功能，此属数理与化学。

钱穆之所以替未来的中国大学教育做出这样的安排，主要是针对现实当中日趋"专门化""工具化"的大学教育而为其纠偏。钱穆之所以反对这样的大学教育，可以说与其对"社会"以及"教育"对其所负的意义与使命的认识有关：

然社会何物，实是一空洞的时风众势而已。社会正需有指导，正需有驾驭。社会正待为人所用，而后此社会乃能随时改进，蒸蒸日上。若仅以人供社会之用，则谁复为用社会者？此社会必渐感空虚，渐成顽固。此社会亦惟有渐趋堕落与崩溃，而至此则人生亦失其凭依。人之为人，将求为一物一工具而不可得。教育之意义与使命，果在此乎？

理想之大学教育不应该只培养"供社会之用"的工具性人才，而应当培养出"用社会"之"通人"。实际上，正是为了达成这一远大的目标，钱穆才设计出了理想的大学制度以及这一制度下的课程安排。

三、以旧为本、会通新旧之"通学"

在《改革大学制度议》一文当中，钱穆不仅"议"了大学制度，实际上同时也"议"了与大学制度想要达成的培养目标以及与此目标及制度相对应的课程。而在《理想的大学》一文当中，钱穆实际上秉承了前文的思路，主要从目标、制度、课程三个方面谈了他心目中"理想的大学"的模样。1950 年 1 月，此时的钱穆已经人在香港，正处于为创建自己心目中理想的大学而努力的艰难时刻，发表于此时的《理想的大学教育》[①]一文正如张丕介所说，实际上可视为"新亚教育理想的大轮廓"[②]。

此时处身香港的钱穆，实际上已经丧失了从宏观上来论述整个国家的大学教育制度的客观现实条件，而重建中国大学教育制度的客观条件的变化势必从主观上影响钱穆论述的兴趣，再加上此时的钱穆已经办有自己的学校，因此，钱穆在这一文章当中没有过多涉及宏观的制度上的问题，而是主要从培养目标与课程设置两个角度来论述了他心目中"理想的大学教育"。

---

① 钱穆. 理想的大学教育[M]//文化与教育. 钱宾四先生全集：第41册. 台北：联经出版事业公司，1998：219—241.

② 张丕介. 粉笔生涯二十年[G]//宋叙五. 张丕介先生纪念集：张丕介先生·人师的楷模. 香港：和记印刷有限公司，2008：56.

与前述两篇文章一样，钱穆希望其心目中"理想的大学教育"能够将"通人"作为自己的培养目标；但稍异其趣的是，钱穆指出，根据自己对自洋务运动以来中国教育发展史的考察，"理想的大学教育"所培养的"通人"应该是具有"立国精神"的"通人"。

"通人"当然来自"通学"，来自会通新旧与中西之"通学"。而在新旧与中西当中，我们当然应该首先立足于旧与中，亦即立足于自己的传统文化。之所以如此，正如钱穆所说，"没有一个固定的立场，决不能有一番清楚的认识。随着走马灯而转，决然看不真走马灯之如何转；抹去了自己，便无从学习得他人。不站在中国原有文化立场上，也将看不出现代西方新文化之真意义与真姿态。"概而言之，唯有立足于中国文化的"通学"，才能培养出具有"立国精神"的"通人"。此一情况正如钱穆所指出的，"我们该注重会通的学风，该注重完整的人格。这两件事，只是一件事。有会通的学风，自能培养出完整的人格。"

正是有了上述理论准备，1950 年 3 月新亚书院重组改名后所发布的《招生简章》才断然宣告："本书院一切课程，主在先重通识，再求专长。"[①] 此处尽管没有直接提及中国文化，但鉴于新亚书院"弘扬中国文化"的办学旨趣以及中国文化注重博通的传统，其"先重通识，再求专长"的课程设置当中自然以旧与中，亦即以中国文化为根为本可想而知。

四、"先重通识，再求专长"之提出

关于新亚书院的课程设置，新亚书院所发布的《招生简章》当中有过十分全面的论述：

本书院一切课程，主在先重通识，再求专长。首先注重文字工具之基本

---

① 钱穆. 招生简章节录[M]//新亚遗铎. 钱宾四先生全集：第50册. 台北：联经出版事业公司，1998：3.

训练，再及一般的人生文化课目，为学者先立一通博之基础，然后再各就其才性所近，指导以进而修习各种专门智识与专门技术之途径与方法。务使学者真切认识自己之专门所长在整个学术整个人生中之地位与意义，以药近来大学教育严格分院分系分科直线上进、各不相关、支离破碎之流弊。①

以上论述实际上可以看成是新亚书院课程设置的总的纲领。其中，"近来大学教育严格分院分系分科直线上进、各不相关、支离破碎之流弊"乃新亚书院课程设置的现实针对性；"务使学者真切认识自己之专门所长在整个学术整个人生中之地位与意义"乃新亚书院课程设置的目标；"先重通识，再求专长"乃新亚书院课程设置之原则；"首先注重文字工具之基本训练，再及一般的人生文化课目，为学者先立一通博之基础，然后再各就其才性所近，指导以进而修习各种专门智识与专门技术之途径与方法"乃新亚书院课程设置的具体安排。

据新亚书院的课程设置原则可知，新亚书院所设置的课程主要有"通识"课程与"专长"课程两种。而就"通识"课程来说，据新亚书院课程设置的具体安排可知，主要有两种：一是"文字工具"类课程，二是"人生文化"类课程。此两类课程开设之目标主要是"为学者先立一通博之基础"。在此基础之上，学者再"各就其才性所近"以选修各种"专长"课程。

关于新亚书院的课程设置，钱穆于1952年在《新亚书院沿革旨趣与概况》一文当中进一步补充指出：

（一）注重各系（一、二年级）共同之基本课程，培养健全之思想基础，故哲学、史学、心理学、社会学、经济学、语文学等课程所占时间较多。

---

① 钱穆. 招生简章节录[M]//新亚遗铎. 钱宾四先生全集：第50册. 台北：联经出版事业公司，1998：3—4.

（二）专门性质及技术性质之课程，自三年级开始，注重学生自修与导师之个别指导，故上课时间转较一、二年级为少。[①]

其中，"各系共同之基本课程"乃前文所说之"通识"课程，而所谓"专门性质及技术性质之课程"，即"专长"课程。"通识"课程放在大学一、二年级，"专长"课程则开始于三年级。而从数量及时间分配上说，则"通识"课程多于"专长"课程。尤其值得一提的是，钱穆在这篇文章当中指出，"专长"课程当"注重学生自修与导师之个别指导"。

五、"先重通识，再求专长"之实施

一所大学的课程设置及其实施，自然与此大学的院系安排有关。因此，为了充分了解新亚书院的具体的课程实施，我们有必要先来大致了解一下新亚书院的院系安排情况。

新亚书院最早时曾经办有文史、哲学教育、新闻社会、经济、商学、农学共六个系。农学系开设一年之后，因附设农场未能建成，教学实习颇有不便，遂中途停办了；而新闻社会系则于第一年开设之后，因现有校舍不敷分配，也暂时停了下来。剩下的文史系内分中文、外文、历史三组，系主任为钱穆；哲学教育系下分哲学与教育两组，系主任为唐君毅；经济学系系主任为张丕介；商学系系主任由杨汝梅担任。

在上述系组当中，"通识"课程与"专长"课程的具体开设情况可参见表4-1：

---

① 钱穆. 新亚书院沿革旨趣与概况[M]//新亚遗铎. 钱宾四先生全集：第50册. 台北：联经出版事业公司，1998：9—10.

表 4-1 新亚书院 1952 年通识课程与专长课程设置情况

课程系组		通识课程	专长课程
文史系	中文组	各体文选、英文、哲学概论、政治学、经济学、社会学、理则学、中国通史、中国文化史、西洋通史	中国学术思想史、中国文学史、经子选读、文史选读、庄子、史记、论语、孝经、孟子、荀子、中国文字学、散文选读及习作、诗词选读及习作、人生哲学、伦理学
	外文组		英国文学史、英文散文选、作文与会话、英国小说选、英文名著选读、西洋哲学文化思想史、英国诗歌选、英国戏剧选、莎士比亚、英文速记、英文打字、英文通讯
	历史组		中国学术思想史、伦理学、人生哲学、西洋哲学文化思想史、西洋近代政治史、秦汉史、中国政治史
哲学教育系	哲学组	国学概论、人生哲学、伦理学、心理学、西洋教育思想史、中国学术思想史	西洋哲学、中国哲学名著选读、论语、孝经、孟子、荀子、现代哲学
	教育组		教育概论、西洋哲学文化思想史、中国教育史、统计学
经济学系		伦理学、心理学西洋经济史、货币学、银行学、会计学、中国经济史、统计学、财政学、国际贸易、经济政策、中国经济问题	经济地理、西洋经济思想史、西洋经济学名著导读、土地经济学
商学系			银行会计、成本会计、审计学、国际汇兑与金融

注：文史系三组通识课程栏中标注"国学概论"。

上表系根据钱穆作于 1952 年的《新亚书院沿革旨趣与概况》一文绘制而成。上述系组安排与课程设置仅为 1952 年新亚书院的实际情况。通览上表可知，正如钱穆自己所说，"新亚教育之一贯立场，主要在以中国自己的文化传统作中心，栽培中国青年，期望其能为中国社会服务。"① 新亚书院虽系一中国文化特色鲜明之学校，但在其通识课程当中，英文也占有一

----

① 钱穆. 雅礼和新亚双方合作三年来之回顾与前瞻[M]//新亚遗铎. 钱宾四先生全集：第50册. 台北：联经出版事业公司，1998：116—117.

席之地。此一安排一方面考虑到当时的香港尚为一英国殖民地，另一方面，新亚书院虽然"以中国自己的文化传统作中心"，"以发扬中国文化为教育之最高宗旨"，但新亚书院尚需"沟通世界中西文化，为人类和平社会幸福谋前途"。因此，无论是从现实情况，还是从办学旨趣的角度考虑，新亚书院将英文作为一门"通识"课程的做法都是十分有必要的。

综观上表可知，此一时期新亚书院的"通识"课程几乎皆为文科方面的课程，导致这一状况的原因有两个：一方面是因为当时的新亚书院主要是一所以文科为主的院校，另一方面是因为新亚书院经费拮据，理科院系尚未开设。从1957年下学期开始，新亚书院"为使同学在科学上获得基本智识起见"，决定设立理化、生物、数学等课程作为一年级的必修课。且为了配合上述课程的开设，新亚书院同时"积极购置科学仪器"[①]。

新亚书院发展至1958—1959学年度的院系所及其课程与周时数情况如表4-2所示：

表4-2　新亚书院1958—1959学年度通识课程与专长课程设置情况

课程与周时\系别	课程数及所占百分比		周时数及所占百分比	
	通识课程／专长课程	各占百分比（％）	通识课程／专长课程	各占百分比（％）
中国文学系	20/7	74.1/25.9	130/19	87.2/12.8
历史学系	20/7	74.1/25.9	130/19	87.2/12.8
外国语文学系	20/10	66.7/33.3	130/29	81.8/18.2
哲学教育学系	20/8	71.4/28.6	130/21	86.1/13.9
经济学系	20/6	76.9/23.1	130/17	88.4/11.6
商学系	20/9	69.0/31.0	130/24	84.4/15.6
工商管理系	20/1	95.2/4.8	130/3	97.7/2.3
艺术系	20/17	54.1/45.9	130/52	71.4/28.6
研究所	20/9	69.0/31.0	130/18	87.8/12.2
合计	20/94		130/332	

① 校闻辑录·增辟艺术专修科[M]//新亚遗铎. 钱宾四先生全集：第50册. 台北：联经出版事业公司，1998：121.

本表系根据《校务概况——钱校长致董事会报告书摘要》[①]一文绘制而成。不考虑一学年之后课程的调整情况，如果以课程数目来计算的话，新亚书院各学系"通识"课程所占百分比平均为72.3%，最低的是54.1%，最高的是95.2%；如果换成周时数来计算的话，平均为85.8%，最低的是71.4%，最高的是97.7%，比例更高。新亚书院对于"通识"课程的重视由此可见一斑。

第二节　教学理念

一、"学校"还是"教校"

为了更好地理解新亚书院的教学理念，我们不妨暂时离开新亚书院，将我们的目光投向更加遥远的历史。1917年8月，陶行知应南京高等师范学校校长郭秉文之聘，提前从美国哥伦比亚大学回到国内，任教于南京高师。1918年3月，陶行知任南京高等师范学校教务长；5月，南京高师成立教育专修科，陶行知任教育科主任。其后，在南京高师的一次校务会议上，陶行知提出要将高师所有的"教授法"课程改为"教学法"课程，此一提案最后却未获通过。据陶行知自己的回忆，此事的前因后果是这样的：

我自回国以后，看见国内学校里先生只管教，学生只管受教的情形，就认定有改革之必要。这种情形以大学为最坏。导师叫做教授，大家以被称教授为荣。他的方法叫教授法，他好像拿知识来赈济人的。我当时主张以教学法代替教授法，在南京高等师范学校校务会议席上辩论二小时，不

---

① 校务概况——钱校长致董事会报告书摘要[M]//钱穆. 新亚遗铎. 台北：联经出版事业公司，1998：244—245.

能通过，我也因此不接受教育专修科主任名义。[①]

以教学法代替教授法的主张在辩论两小时后不获通过，即此可见当时的反对势力可谓十分强大，而陶行知也以辞掉教育专修科主任职务的行为向当时的反对势力表白了维护自己主张的坚定决心。

1919年2月14日，陶行知在《时报·教育周刊》上发表《教学合一》一文，主张"教学合一"，即"教"的方法要根据"学"的方法，而陶行知之所以提出这一主张，主要还是针对中国的学校里"先生只管教，学生只管受教"的情形有感而发：

现在的人叫在学校里做先生的为教员，叫他所做的事体为教书，叫他所用的法子为教授法，好像先生是专门教学生些书本知识的人。他似乎除了教以外，便没有别的本领，除书之外，便没有别的事教。而在这种学校里的学生除了受教之外，也没有别的功课。先生只管教，学生只管受教，好像是学的事体，都被教的事体打消掉了。论起名字来，居然是学校；讲起实在来，却又像教校。这都是因为重教太过，所以不知不觉的就将它和学分离了。然而教学两者，实在是不能分离的，实在是应当合一的。[②]

正是因为坚信"教"与"学"不能分离，两者应当合一，五四运动之后，陶行知趁学校同事无暇坚持之际，遂将南京高师课程中的"教授法"全部成功地改为了"教学法"。不久之后，"教学"居然完全取代了"教授"，为全国教育界所采用，成为表达教学概念的唯一用语。

因为陶行知的大力提倡，"教学"在中国虽然最终变成了表达教学概

---

① 陶行知. 教学做合一[M]//华中师范学院教育科学研究所. 陶行知全集：第二卷. 长沙：湖南教育出版社，1985：41—42.

② 陶行知. 教学合一[M]//陶行知文集. 南京：江苏教育出版社，2008：37.

念的通用语言，但是，语言的改变与观念及实践的变革在步调上未必就是一致的。陶行知的成功虽然不能说仅只局限于语言领域，但是，激发陶行知用"教学法"取代"教授法"的"先生只管教，学生只管受教"的情形，在此后的中国学校当中依然十分常见。

在教育改革当中，观念的变革是核心。如果"先生只管教"，那么，"只管教"的"先生"实际上是将自己"教"的对象——"学生"视作为没有主体性的"人"。"人"而没有主体性，这样的"人"严格说来已经不是真正的"人"，而是"物"了。在这样的教育之下，原本具有主体性的"学生"，他们的主体性因为得不到激发和培养而只能逐渐萎缩下去，所以，在不知不觉当中，学生必将变成为"只管受教"的学生，而这样的学生实际上已经异化为"物"了。

此处的异化实际上是双重异化：首先是教师对学生的异化，其次是学生对自己的异化，或者说学生的自我异化。且过了成长的关键期后再想培养其主体性，自然是事倍功半，收效甚微。因此，如果视学生为"物"而非"人"的观念不能得到真正重视和彻底纠正，任何语言的变革都只能是一种表明现象，都无法最终推动实践的变革。这也正是我们为什么至今依然在倡导主体（性）教育的原因所在。

二、"侧重训练学生以自学之精神与方法"

以钱穆为首的新亚书院的创办者们对于中国大学"重教太过"的现象不仅十分熟悉，而且与陶行知一样，也是颇不以为然。针对上述情况，新亚书院在《招生简章》当中提出了如下的教学主张：

关于教学方面，将侧重训练学生以自学之精神与方法，于讲堂讲授基本共同课程外，采用导师制，使学者各自认定一位至两位导师，在生活上密切联系，在精神上互相契洽，即以导师之全人格及其生平学问之整个体系为学生作亲切之指导，务使学者在脱离学校进入社会以后，对于其所习学业仍继续有研求上进之兴趣与习惯，以药近来大学教育专尚讲堂授课，口耳传习，师生隔膜，以致学者专以学分与文凭为主要目标之流弊。[①]

对于民国时期陶行知所反对的"先生只管教，学生只管受教"这一"以大学为最坏"的情形，以钱穆为首的新亚书院创校同人将其概括为如下"流弊"，即"近来大学教育专尚讲堂授课，口耳传习，师生隔膜，以致学者专以学分与文凭为主要目标之流弊"。针对这一"流弊"，新亚书院提出，无论是"讲堂讲授"，还是"导师制"，都应以"侧重训练学生以自学之精神与方法"为主，而其目的在于"务使学者在脱离学校进入社会以后，对于其所习学业仍继续有研求上进之兴趣与习惯"。

苏霍姆林斯基说过："只有能够激发学生去进行自我教育的教育，才是真正的教育。"[②] 叶圣陶则认为，老师应该"一边教，一边要逐渐为'不需要教'打基础"。[③] 后人将叶圣陶的上述思想简洁地概括为"教是为了不教"。教如何进行才能达到不教的目的呢？教育的时候如何激发学生去进行自我教育呢？

解决上述问题的路径有很多，但无论如何，都少不了帮助学生养成自学的精神及帮助学生掌握自学的方法。因为有了自学之精神与方法，无论是在校读书时，还是毕业离校之后，学生都可以独立自主地进行学习。事实上，这也正是中国传统教育重视授"渔"更过于授"鱼"的原因所在，因为"授之以鱼，仅供一饭之需；授之以渔，则终身受用无穷"。

---

① 钱穆. 招生简章节录[M]//新亚遗铎. 钱宾四先生全集：第50册. 台北：联经出版事业公司，1998：4.

② [苏]瓦·阿·苏霍姆林斯基. 给教师的建议[M]. 修订本. 杜殿坤，编译. 北京：教育科学出版社，1984：350.

③ 叶圣陶. 阅读是写作的基础[M]//任苏民. 教育与人生：叶圣陶教育论著选读. 上海：上海教育出版社，2004：293.

三、"优良的校风"

新亚书院虽然在其创办之初就提出了"侧重训练学生以自学之精神与方法"的教学理想，但是，任何理想的实现都离不开外在条件的支持。当时的新亚书院与教学有关的条件到底怎样呢？此下我们将从学校与学生两个方面对此条件进行一番考察。

就学校方面来说，第一，因为经济条件有限，学校无法多方延揽有志毕生贡献于学术事业的理想教授；而在校的教授们，因为待遇太过菲薄，生活不安定，而且负担了太多太重的学校事务，反而把其对于学业上之继续深造的精力牺牲了。

第二，因为学校校舍狭窄，除却讲堂课室之外，不能使同学们尽量生活在学校里，不能给大家提供一个理想的学业环境，这同样是学校应负的责任。

第三，学校成立五年半以来，始终不能有一个小规模的图书馆与阅览室，始终不能有适量的课外阅读书籍，供大家舒适地、安闲地沉浸学海，从容回翔，这又是学校应负的责任。

以上是就学校当中所存在的师资、校舍、图书等条件来说的。而就学生来说，第一，有些同学因为基础比较低浅，进入大学之后，除却听受讲堂课业之外，对于课外自学之能力准备不够，纵使有志努力，但急切间却又无从上步，无从入门。

第二，当时进新亚书院读书的同学，大多数家境清寒，而那些从大陆来的，尤其是只身从内地过来的，他们纵是有志学业，努力向上，但为生活所迫，一日三餐尚且有问题，甚至夜间欲求一榻之地许其安眠而不可得。在这种流离失所、饥寒交迫的状况下，在他们内心，首先亟待解决的，自然是他们的日常生活。讲堂课业，只能安放在次要，更遑论讲堂课业之外的学业进修。

当时新亚书院有些学生穷苦到什么程度，今天的我们恐怕难以想象。

据钱穆说："我亲自听到我们的同学告诉我，说他进新亚，胜如进礼拜堂。因进礼拜堂，只限在礼拜天的一早晨或半天。他自获得进新亚，在课室中听诸位老师授课，把他心情暂时移放在学问的天地中，好把他的生活煎迫的苦楚焦灼的心情，暂时搁起，暂时淡忘了。只因于每天能到学校听几堂课，把心情有一安放，才觉人生尚有温暖，尚有前途，如是才使他能再鼓起勇气，来向此无情的生活作抵抗，再挣扎。"①

由上可知，无论是学校方面，还是学生方面，对于其教学理想来说，新亚书院的外在条件都是低劣的。尽管如此，新亚书院仍然在艰苦挣扎中逐渐培养出了一种优良的校风，即新亚书院的学生大体上都知道尊敬师长、亲近师长、重视课业、努力学习、积极组织与参加校园文化活动。单就后者来说，创校初期，新亚书院的学生们主要通过以下三个方面的活动展现出自己的主观能动性、抱负与才华：

第一，同学学术讲演。新亚书院在设有文化讲座的同时，同学们自己也组织了学术讲演会，借以互相切磋与练习、论学与评述。同学学术讲演会自1950年创办至1954年，已举办了八十次。其中，1953年下学期举行了十次，其讲演者与讲题如表4-3所示②：

表4-3　新亚书院1953年下学期同学学术讲演汇总表

讲演序次	讲演者	讲题
第六十七次	萧世盐	杜威与中国思想
第六十八次	列航飞	中国社会的展望
第六十九次	杨远	新闻与特写
第七十次	罗拜	罪恶之赎价
第七十一次	黄祖植	我的新诗顺反法

---

① 钱穆. 校风与学风[M]//新亚遗铎. 钱宾四先生全集：第50册. 台北：联经出版事业公司，1998：58.

② 校闻一束[M]// 钱穆. 新亚遗铎. 钱宾四先生全集：第50册. 台北：联经出版事业公司，1998：附录，35—36.

续表

讲演序次	讲演者	讲题
第七十二次	赵黎明	中国基督教的发展史
第七十三次	王正明	怎样讲演
第七十四次	黄祖植	详谈新诗的作法
第七十五次	唐修果	略论土地改革
第七十六次	刘秉义	论中国工业革命

除了上述记载之外，同学学术讲演会的讲演还有列航飞的《民主政治与政党政治》、余英时的《中国近代社会之分析》、张德民的《东欧经济地理之重要性》与《美苏经济潜力之比较》、唐端正的《不朽论的我见》、奚会暲的《中国近百年来革命运动史》、陈负东的《中国经济不进步之原因》、胡美琦的《我的教育理想》、朱光国的《基督教道德判断之根据》、古梅的《我的儿童教育理想》等。[①]

第二，长风文学会。长风文学会发起组织于十一位对文学特别有兴趣的同学。他们每月交读书报告及出壁报一次，每两周举行文学讲演一次。1954年上半年，根据筹划，长风文学会的工作重点在于充实基础，原则是读多于写，吸收多于发表。他们同时也拟定了一个两年计划：第一年，先选读中国历代文学名著。第二年，再选读西方历代文学名著。他们采取先从文学史下手的阅读方式，也就是从文学史里去选读历代的名著。而为了节省时间，他们采取了分工合作的办法。即把整部中国文学史分为上古、中古、近世、现代四期，每期由一组三人负责，共同阅读，并作札记。预订于七月底，由全体会员报告各组研究心得，届时将请学校教授指导。根据此次讨论结果，再由各组组长整理各组札记，最后汇集四组札记油印成册。若经费充足，文学会将把此种札记赠予本校同学，并盼望同学

---

① 夏仁山. 桂林街时期的新亚同学[G]//多情六十年——新亚书院的过去、现在与未来. 香港：香港中文大学新亚书院，2009：134—135.

给予指正。[①]

第三，人文学术研究社。长风文学会侧重于研究文献，而人文学术研究社则侧重于研究普遍的人文科学。该社异军突起，精力充沛异常，经常保持刊出两版壁报的记录，一为"纵横"，一为"纵横论丛"。截至1954年上半年，此壁报已共出版六期。[②]

四、"优良的学风"

对于新亚书院在艰难时期所取得的上述成绩，作为创办人的钱穆，一方面虽然感觉十分欣慰，另一方面却又并没有自满自足。因此，当新亚书院的物质条件稍有改善之时，钱穆便不失时机地向新亚师生提出了一个更高的要求，即不能仅有"优良的校风"，在此基础之上，新亚书院还要有"优良的学风"。

钱穆之所以要在通常所谓的"校风"的基础上再提出"学风"这一概念，当然不是钱穆喜欢标新立异，而是有深意存焉。为此，我们现在来看"校风"与"学风"这两个概念在钱穆那里的区别：

表4-4 校风与学风的区别

	校风	学风
实质	学校空气	学术空气
内容	重视课业	重视学业
目标	学生	学者
期限	课业有限，故而易于修毕	学业无限，永无修毕之一日

据上表可知，"学风"并非与"校风"相对立的一种风气，而是包含"校风"，但又不止于"校风"，因而可说是对"校风"的超越与扬弃。有鉴

---

① 校闻一束[M]//钱穆. 新亚遗铎. 钱宾四先生全集：第50册. 台北：联经出版事业公司，1998：51—52.

② 校闻一束[M]//钱穆. 新亚遗铎. 钱宾四先生全集：第50册. 台北：联经出版事业公司，1998：52.

于此，钱穆才对新亚书院全体同学提出了这样的倡议："我们得保持我们已有的优良校风，我们得努力来树立起我们尚未有的优良学风。我们须在学校课业之外，再迈进一步，求能走向高深学业的长途程。"①

之所以发出这样的倡议，与钱穆对教育，尤其是大学教育使命的认识有关："学校的责任，尤其是大学教育的责任，则在提倡新的学风，培植新的学者。"② 相反，"若使大学教育而忽略了一种追求高深学问的学风之养成，而仅限于课业与学分之得过且过，这就决不是大学教育使命之所在。这样的大学教育，实在也说不上多大的意义与价值。"③

据此可知，在钱穆眼里，大学教育应当对学生的终身发展负责，不对学生终身发展负责的大学教育绝不是负责任的大学教育，甚至可说就是失败的大学教育。在钱穆看来，若要达成对学生的终身发展负责的目的，则大学必须要养成一种追求高深学问的学风。通过此种学风，将学生熏陶成追求高深学问的学者。这是钱穆的期待，也是新亚书院在教学上努力的方向。

钱穆之所以非常注重新亚书院"学风"的养成，应该说与他自己的思想密切相关。钱穆认为，年轻人进入大学，主要是获取"知识""技能""品格""理想"这四件"法宝"。新亚书院之教育宗旨，重在培育人文精神，因而希望学生能"从认识第一件第二件法宝知识与技能之修习外，进而获得第三第四件法宝，即自己人格之锻炼，与自己理想之建立"。④

上述四件"法宝"当中，"知识"这一件"法宝"，一半得自教师的传

---

① 钱穆. 校风与学风[M]//新亚遗铎. 钱宾四先生全集：第50册. 台北：联经出版事业公司，1998：60—61.

② 钱穆. 校风与学风[M]//新亚遗铎. 钱宾四先生全集：第50册. 台北：联经出版事业公司，1998：57.

③ 钱穆. 校风与学风[M]//新亚遗铎. 钱宾四先生全集：第50册. 台北：联经出版事业公司，1998：59.

④ 钱穆. 知识、技能与理想人格之完成——第十七次月会暨艺术专修科第一届毕业讲辞[M]//新亚遗铎. 钱宾四先生全集：第50册. 台北：联经出版事业公司，1998：186.

授，另一半须由自己去探讨；"技能"这一件"法宝"，"几乎全须赖自己练习"；"品格"这一件"法宝"，"更需要自己修养，自己锻炼"；"理想"这一件"法宝"，"有待于出了学校以后之逐步努力、逐步完成"。"法宝"虽然是好东西，但合而观之，没有哪一件"法宝"的获得不需要学生自己付出努力。也正因此，新亚书院才特别重视学生"学风"的养成，重视学生主观能动性的培养与发挥。

事实上新亚书院教学上的这一发展方向，在其《招生简章》当中早已揭示得十分清楚。只不过成立初期的新亚书院因为受制于经济等各方面的困难，导致其在教学方面的实际表现与其理想相距较远，因为任何理想的实现都离不开外在条件的支持。但是，外在条件虽然重要，但绝不是决定性的因素。正如钱穆所说："我不信，外面的生活艰苦，能限制我们的学业造就，至少不能限制我们向学业求深造的那一番热忱与毅力之表现。今天我们新亚同学之所缺，则正在这一番对学业必求深造之热忱与毅力上。"[①]

钱穆本人的经历可以说是他这一段话最好的注脚。要论外在条件，恐怕没有多少人能比钱穆当初的条件更糟糕，一个人独自在乡村小学里面苦苦地摸索，正如一个人在暗夜当中驾着一艘船行驶在茫茫的大海之上，何处是光明，何处是归宿，当初的钱穆并不知道。但钱穆能从乡村小学中拔起，逐渐成长为一棵霄盖四野的栋梁之材，靠的正是自己的志向，以及为求志向实现的那股不服输的劲头。为了鼓励自己，钱穆则常引《中庸》中的一段话自勉："人一能之，己百之；人十能之，己千之。果虽此道矣，虽愚必明，虽柔必强。"

一个人，如果他完全为外在条件所束缚，说明他的精神力量没有很充分地发挥出来。个人如此，学校亦然。也正是在这一意义上，钱穆才特别强调"新亚精神"。为了鼓励大家将"优良的校风"转变成"优良的学风"，

---

① 钱穆. 校风与学风[M]//新亚遗铎. 钱宾四先生全集：第50册. 台北：联经出版事业公司，1998：61.

钱穆又一次旧话重提："我们不是常说新亚精神吗？若我们不能打开外面环境限制，自向理想之途而迈进，试问尚有什么精神可说呢？若真要说到向理想之途而迈进，则在大学教育之使命之下，首先应该培养一种优良的学风，而求在学业上有创辟，有贡献，否则大学教育便失却了灵魂。我们纵有一些优良的校风，值得我们欣慰，但就整个学校之理想言，仍然是一个失败。"①

钱穆认为，"一间学校要办得好，乃师生共同的责任，非单方面的事。"②新亚书院不仅强调教师的教，同时也强调学生的学。两者相比，学生的学从某种程度上说甚至比教师的教更重要，因为教师的教仍需通过学生的学才能变成现实，教师的教同时也应当以学生的学作为目标。另外，退一步说，即使教师的教不理想，甚至没有教师的教，只要学生肯学，会学，学生仍会获得进步与成长。钱穆的这一思想，不仅来源于自己的人生经历，来自自己的独立思考，也可说源自孔子"不注重如何教，而是重视如何学"③的传统。但遗憾的是，今日之大学与新亚书院相比，似乎更强调教师的教，而不是学生的学。在此方面，新亚书院仍然是我们现在很多大学学习的榜样。

五、"课程学术化"

1961 年 1 月 20 日，钱穆在新亚书院召开的第 37 次月会上，正式向全校师生提出了"课程学术化"的目标。到底什么是"课程学术化"？钱穆为什么要在新亚书院提出"课程学术化"的目标？此一目标对于学生与教师

---

① 钱穆. 校风与学风[M]//新亚遗铎. 钱宾四先生全集：第50册. 台北：联经出版事业公司，1998：60.

② 钱穆. 第九届开学典礼讲词[M]//新亚遗铎. 钱宾四先生全集：第50册. 台北：联经出版事业公司，1998：130.

③ 钱穆. 孔子诞辰纪念讲词[M]//新亚遗铎. 钱宾四先生全集：第50册. 台北：联经出版事业公司，1998：134.

来说分别意味着什么？

　　钱穆以前说过，新亚书院的校风尚好，但学风有待改进。所谓校风尚好，就其实质来说，主要指教师能够认真对待自己的工作，而学生在课堂上能够认真听讲，课后也能够认真复习。但是，此种教学模式存在一个致命的缺陷，即当不需要再考试时，学生通过这种方式学到的知识就会慢慢地淡忘；毕业离校后，则更会彻底地将自己的所学还给当初的老师。

　　如果最终的结果是遗忘的话，对于学生与教师来说，他们当初的认真到底是为了什么呢？他们学习与工作的意义又何在？每一位严肃对待自己学习的学生与严肃对待自己工作的教师，以及每一位关心中国教育的人，都有责任对此种广泛流行于中国学校中的教学模式进行深入反思。作为新亚书院的创办人，钱穆自然不会不进行反思，而他反思的结果就是提出了"课程学术化"的教学方式，希望能用此方式来培育学生的主动性，提升中国教育的质量。

　　所谓"课程学术化"，对于学生来说，意味着他们在选修任何一门课程的时候，不能再像以前那样主要依靠记忆进行学习，而应该以这门课程为中心组建一个研究集团，"选课的同学，即是此集团中一研究员"。因此，他们"不是来听课，而是来做学问、做研究"的。为了达成"课程学术化"的目标，新亚书院对自己的学生提出了如下建议：

　　第一，希望学生能多去图书馆；

　　第二，学生读书要记笔记，写读书报告；

　　第三，学生应当多写课外论文；

　　第四，学生可就自己感兴趣的课题开研究会与讨论会；

　　第五，希望学生多向《新亚生活双周刊》投稿。

　　而对于教师来说，所谓"课程学术化"，意味着教师不能再像以前那样只是满足于将自己有关某一门课程的知识传授给学生，而是要在以课程为中心成立的研究集团当中做领导。学生们在做研究，教师也在做研究。教师是在用自己的研究精神"领导同学做研究"。为了推进"课程学术化"的进展，对于教师来说，新亚书院采取的措施如下：

第一，为了表现教师的研究精神与成绩，新亚书院每年都出版《学术年刊》；

第二，为了方便学生在课余时间向教师请益，新亚书院规定每位教师都要有一定的时间留在学校，且要将此时间段写在一张卡片上，贴在自己学校办公室的门上；

第三，为了开阔学生的视野，新亚书院希望每位教师能就其担任的课程选定参考书目，指导学生进行课外阅读。

综上可知，在"课程学术化"的背景之下，在课堂当中，教师不是去讲课的，而学生也不是去听教师讲课的。既如此，则教师与学生到课堂上去干什么呢？事实上，所谓"课程学术化"，对于学生来说便是研究。鉴于学生在学术上刚刚入门，因而他们非常需要有人引导。可见，"课程学术化"对于教师来说便是领导学生进行研究。

因此，如果学生能抱着研究的态度来学习，那么，通过自己的研究，学生才能顺利地将外在的知识转变成自己的东西。事实上这才是真正的学习，而唯有通过这种方式获得的东西才是真正属于自己的东西。试问：这样的东西还会遗忘，还会还给自己的老师吗？学生初涉研究时自然需要有人引导，如果教师能通过参与研究来领导学生进行研究，在此过程当中，师生在精神上必然会相互感召，甚至在学问上相互启发。这是一种平等对话的教学生涯，而唯有这样的教学生涯才能真正体现出教师的价值与意义。

可见，在"课程学术化"当中，以课程为平台，教师与学生实际上已经打成了一片，组成了一个学术研究集团。大家都是此一集团当中的一员，学生虽然在学术上欠缺经验，但未必不可以提供创造性见解；教师虽然经验丰富，有指导学生的责任与义务，但未必不会从师生的相互合作当中获得灵感。这样的研究集团非常类似于我国古代书院当中以书院的主持人为中心形成的学术研究团体。教学活动与学术研究紧密结合，相互促进，实际上这也正是钱穆将自己创办的学校取名为书院的用意之一。

　　为了达成"课程学术化"的目标，钱穆希望各位学生明白，他们进大学并不只是简单地来听几门课，考试及格便完事了的。他们进大学应该是来研究自己喜欢的学问的。换言之，学生进大学，并非只为文凭与学位，更重要的是为了满足自己的兴趣，为了追求真正的学问。若无真兴趣，必无真学问；而无真学问，只是应付考试，一切都是徒然。此一情况正如钱穆所说的，"若无学术成就，那即是新亚之失败。"

第五章　师资与制度

在大学当中，无论是教学的实施，还是行政的推进，方方面面都离不开师资。此处的师资是从广义的角度来说的，并非仅指直接从事教学的那一部分人员。

而就大学之管理来说，虽然管理的主体也是师资，但是，师资在管理大学时是离不开制度的，尤其是对于规模越来越庞大的现代大学来说，自然更是如此。

可见，师资与制度，对于现代大学来说，恰如车之两轮、鸟之双翼，唯有两者皆健全，现代大学才可能显示出勃勃生机。

虽然制度归根结底也是来自师资，但是，来自师资的制度一旦产生之后，它相对于制定它的师资就具有了相对的独立性。而在中国现代大学的发展过程中，有些大学主事者往往忽视了制度的相对独立性及其对于师资的影响作用，故而导致有些中国现代大学的发展步履维艰。

此章所要论述的就是新亚书院到底聘请到了怎样的师资，它又是如何认识到制度的重要性并在此基础上努力推进自己的制度化建设的。

第一节　师资聘任

毋庸讳言，民族振兴的希望在教育，教育振兴的希望在教师。而单就大学来说，旨趣的追求、课程的开设、教学的实施、制度的制定与推进，凡此种种，无一不是通过教师进行落实。因此，毫不夸张地说，教师乃一所大学希望之所在。

关于新亚书院的师资队伍，新亚书院《招生简章》当中曾经提出过这样一个理想："本院同人自身即以讲学做人一体之精神相结合，共同有志于大学教育的改进，其自身即为一学术研究集团。"[①] 新亚书院的这一"学术研究集团"到底是由哪些人组成的呢？

按照当时香港惯例，在学校任教的老师，必须详细列出其学历及资历上报教育司。香港教育司当时正好有一位来自内地的秘书，他见新亚学院聘请的各位教授，均系之前国内政学两界知名且负时望之人。当时作为香港唯一的一所大学的香港大学，其中文系的教师阵容也远不能与其相比。新亚书院由此特受香港教育司重视，有所请乞，皆蒙接受，很少为难。

新亚书院尽管在经济上可以说是非常拮据，但其能够聘请到众多名师，主要有以下几个方面的原因：第一，1949年后，很多国内的知识分子都聚集到香港这个虽然是殖民地但却离祖国很近的地方；第二，新亚书院的创办人钱穆在国内文化教育界甚至国际汉学界都具有很高的声望；第三，新亚书院弘扬中国文化的宏愿得到了众多学者的认同与响应。

新亚书院创办初期，其教师实际上分专任与兼任两种。因为经济方面的原因，专任教师除担任课程讲授之外，大多兼任一部分行政职务。兼任教师则以课程讲授为主，其待遇按上课时数计算。从1956至1960四个年度，新亚书院专任与兼任两种教师人数情况如表5-1[②] 所示：

---

① 钱穆. 招生简章节录[M]//新亚遗铎. 钱宾四先生全集：第50册. 台北：联经出版事业公司，1998：4.

② 钱穆. 校务概况——钱校长致董事会报告书摘要[M]//新亚遗铎. 钱宾四先生全集：第50册. 台北：联经出版事业公司，1998：243.

表 5-1　1956—1960 年度新亚书院教师情况统计表（单位：人）

年度	专任	兼任
1956—1957	13	27
1957—1958	13	41
1958—1959	18	40
1959—1960	23	39

就 1958—1959 年度来说，新亚书院共聘有教师五十八人。其中专任教师十八人，兼任教师四十人。而单就专任教师来说，从职称这个角度考虑，则包括教授十人，副教授两人，讲师五人，助教一人。若从国籍这个角度考虑，上述教师当中，中国籍者四十七人，美国籍者十人，日本籍者一人。可见，新亚书院虽然以弘扬中国文化为其旨趣，但它并没有排斥国际性；不仅没有排斥，相反，它还在自身现有条件之下，非常自觉地追求国际性。这一点，我们从其聘请教师的国籍上可以很鲜明地看出来。

为了帮助大家更好地了解新亚书院的"学术研究集团"，在现有材料的基础上，我们将选择钱穆、唐君毅、张丕介、吴俊升等十一位教师予以重点介绍。不可否认的是，正是诸位老师共同的生命投入，才有了新亚书院的存在与发展。且只要新亚书院继续存在，与新亚书院结下了不解之缘的各位老师们，其精神生命就会一直被忆念，被追述。但是，诸位老师的精神生命并非是在新亚书院期间形成的，而有的人在离开新亚书院之后，其精神生命依然在别处继续精彩绽放。因此，为了更好地理解诸位老师的精神生命，理解其精神生命的一贯性与丰富性，并通过对于这些精神生命的理解来进一步理解新亚书院，此处对于他们的介绍将不局限于新亚书院期间，而是涵括、统摄其一生。可见，这里对于上述诸位老师的介绍，毋宁说即是各位老师的一篇小传。

一、钱穆

钱穆，原名恩鑅，字宾四，江苏无锡人。

1895 年 7 月 30 日，先生出生。此年为清朝光绪乙未年，中国在甲午战争中失败而被迫与日本签订丧权辱国的《马关条约》。

1901 年，先生入塾读书。

1904 年，先生奉父命考入无锡荡口镇果育小学堂初级班一年级。

1906 年，先生升入果育小学堂高级班。此年，先生父亲病逝，临终嘱咐先生："汝当好好读书。"①

1907 年冬，先生考入新成立之常州府中学堂中学班。

1908 年，果育小学堂师长为其申请到无锡城中一恤孤会之奖学金，得不辍学。

1911 年，先生转学南京钟英中学。暑期在家犯伤寒，为药所误，几死。三月病愈返校，欲待革命军进城投效，留校不去；后为学校驱逐，乃乘南京开出最后一班火车离开。

自此以后，先生虽然中学尚未正式毕业，但因社会动荡与家庭贫困而不得不走上工作岗位。

1912—1930 年，先生任教于中小学。工作之余，先生刻苦自学，先后撰成《论语要略》《孟子要略》《周公传》（该书系由日文翻译而成）《惠施公孙龙》《国学概论》《墨子》《王守仁》《先秦诸子系年》等著作。

1930—1986 年，先生在大学任教。这一阶段又可根据从教地点的不同区分为在内地之大学任教阶段、在香港之大学任教阶段、在台湾之大学任教阶段等大致三个不同的次级阶段。

1930—1949 年，先生先后任教于燕京大学、北京大学、清华大学、北平师范大学、国立西南联合大学、齐鲁大学、华西协和大学、四川大学、五华书院、江南大学、华侨大学等学校。先生在这一时期主要撰成《中国近三百年学术史》《国史大纲》《〈史记〉地名考》《清儒学案》（该书原稿

① 钱穆. 八十忆双亲师友杂忆合刊[M]. 钱宾四先生全集：第51册. 台北：联经出版事业公司，1998：18.

在出版社于抗战胜利回京的旅途中不幸葬身江底）《中国文化史导论》《政学私言》《湖上闲思录》《庄子纂笺》等著作。

1949—1967 年为先生在香港兴学时期。这一时期，先生的精力主要用于创办新亚书院并任院长，期间曾应邀前往耶鲁大学和马来亚大学作短期讲学。先生在这一时期完成的著作主要有《人生十论》《文化学大义》《中国历史精神》《中国历代政治得失》《中国思想史》《宋明理学概述》《论语新解》等。

1967 年，先生卜居台湾，后受聘成为中国文化学院（大学）教师，直至 1986 年正式告别杏坛为止。这一时期，先生撰写完成的著作主要有《朱子新学案》《中国史学名著》《双溪独语》《孔子传》《八十忆双亲·师友杂忆》《从中国历史来看中国民族性及中国文化》《晚学盲言》等。与此同时，先生又编辑完成《理学六家诗钞》《中国学术思想史论丛》（该系列丛书系由先生以前讨论中国历代学术思想的散篇论文编辑而成）《理学三书随札》《朱子四书集义精要随札》《周子通书随札》《近思录随札》《中国学术之传统与现代》（后更名为《现代中国学术论衡》）等。

1968 年，先生以"接近全票"当选为"中央研究院"院士[①]。

1986 年，先生告别杏坛，台湾"行政院院长"俞国华赠予先生一面"鸿儒硕望"的镜屏，"教育部"则赠予先生"一代儒宗"的贺匾。

1990 年，先生在台湾寓所无疾而终。

1992 年 1 月 9 日上午 11 时，遵从先生生前不能活着回大陆，死后也要归葬故里的遗愿，先生在《先秦诸子系年》《国史大纲》《论语新解》《新亚遗铎》等诸多著作的陪伴下，归葬苏州太湖西山俞家渡石皮山。

先生辞世后，在先生遗孀胡美琦女士的主持之下，先生家人、门生、故旧历经数年时间收集整理，于 1998 年在台湾为先生出齐全集。先生的全集共分三大编，54 巨册，煌煌 1700 多万言，先生毕生心血可谓尽萃于斯。

---

① 严耕望. 钱宾四先生与我[M]//治史三书. 上海：上海人民出版社，2008：258.

先生的著作不仅数量大，而且质量高。兹举数例如下：

据杨树达记述，陈寅恪在清华大学家中与其谈起先生的《先秦诸子系年》，认为该书"极精湛"；"时代全据《纪年》订《史记》之误，心得极多，至可佩服"。[①]

杨树达自己在读完《中国近三百年学术史》后，认为无论是从内容还是从表达上说，该书都堪称"佳书"[②]。

顾颉刚将钱穆的《国史大纲》与吕思勉、邓之诚等人的《中国通史》相比之后指出，"钱先生的书最后出而创见最多"[③]。

许倬云则经常提醒他的学生，钱穆的《国史大纲》当中埋藏了数百篇博士论文题目，这一富矿有待后生钻研发挥。[④]

《朱子新学案》出版之后，刚刚读完提纲的杨联陞便赞叹不已："钱先生的中国学术思想史博大精深，并世无人能出其右。"[⑤]

另外，《中国历代政治得失》和《中国历史精神》两书曾被香港大学定为投考中文系的必读书。

二、唐君毅

唐君毅（1909—1978），学名毅伯，四川宜宾人。

先生自幼聪颖过人。未及两岁，在母亲陈太夫人的教导下学识字。

1919年，先生十一岁，入成都省立第一师范小学读高小。

1921年秋，先生十三岁，考入重庆联合中学。

1923年，先生十五岁，立"希贤希圣之志"，并开始了终生未曾放弃的写日记的习惯。

1925 年，先生十七岁，自重庆联中毕业。初考北京大学未予录取，后入中俄大学，想借此了解中苏关系，并阅读一些马克思、列宁等人的著作。

1926 年，先生十八岁，考入北京大学哲学系预科。老师有熊十力、汤用彤、张东荪、金岳霖诸位先生。

1927 年，先生至南京转读东南大学哲学系，副修文学系。毕业前一年，父亲迪风公不幸病逝，因家贫如洗，父亲殡葬费亦阙如，惟赖父亲生前友朋帮助，方才逐渐渡过难关。

1932 年，先生年二十四，自南京中央大学哲学系毕业。先生系旧制中学毕业，按理，大学阶段须读两年大学预科，四年本科。因为当时实行学分制，修满学分，即可毕业。因此，先生除休学一年之外，实际上只用了五年时间完成了大学学业。

1933 年冬，先生好友许思园赴美留学，推荐先生到南京中央大学任助教，以代其职。

1937 年"七七"卢沟桥事变后，先生返回成都，在成都华西大学，以及成都、成公、天府、蜀华等中学任教，每周上课三十二小时，课余与友人创办《重光月刊》。

1939 年，先生转往重庆，到迁至重庆的教育部做特约编辑。

1940 年，先生前往江津拜候欧阳竟无先生。欧阳先生希望唐先生搬到内学院跟他学佛，并以其首座弟子吕秋逸先生的同等待遇供给唐先生一切，并谓："你父也是我学生，可以当曾晳，你可以当曾子。"唐先生回答："我不只要跟先生学佛，还要学更多学问。"欧阳先生听完先生回答后勃然大怒，责骂唐先生辜负了他的一番厚意。盛怒之下，欧阳先生忽然语带悲恻地说道："我七十年来，黄泉道上，独往独来，无非想多有几个同路人。"唐先生听罢，不禁深心感动，急忙俯身下拜。欧阳先生亦下拜回礼。

1940 年十月，中央大学哲学系主任宗白华先生邀请唐先生重返沙坪坝中央大学哲学系任讲师。

1941 年，先生在中央大学哲学系被审定为副教授，三年后升任正教授，并被推为系主任。接任后，先生推举许思园与牟宗三两先生入中央大学哲学系。同年，先生与几位朋友发起创办《理想与文化》期刊。

1943 年，先生在重庆与谢廷光女士完婚。

先生前著《人生之路》共分十部，后分三编：第一编易名为《人生之体验》，第二编易名为《道德自我之建立》，第三编易名为《心物与人生》。1944 年，《人生之体验》在中华书局出版，《道德自我之建立》在商务印书馆出版。其中，《道德自我之建立》出版之后，教育部学术审议委员会认为该书"结构完善，创见颇多，有独立体系，自成一家学说"，故而授予其二等奖。[①]

1946 年，中央大学由重庆迁返南京。唐先生被华西大学借聘半年，至11 月始返南京授课。在川期间，唐先生不时前往拜访当时住在四川五通桥黄海化学研究所的熊十力先生。有一次，熊先生对唐先生说："我老了，我的学问尚无人继承，学生中唯你与宗三可以寄望，今后你不要再到大学教书，就跟我住在一起，钻研学问。"唐先生回答说："我不但要跟先生，而且要学更多学问。"熊先生听后十分生气，以沉重的语调责备道："你们年轻人就是好名好利，完全不能体会老年人的心情。"唐先生知道自己伤了熊先生的心，只好默然退下。

1947 年，中央大学哲学系因人事纠纷，决定解除牟宗三与许思园两位先生的教授职务，唐先生为了从道义上支持朋友，决意辞去中大教职，并于是年秋与牟、许两先生一起接受了初创之江南大学的聘请。但是，江南大学不希望唐先生同时兼任中央大学教席，且要唐先生出任教务长之职，而中央大学方面又不肯放人。几经周折，中央大学才允许唐先生请假一年，在中大所开课程，下一年补上。

---

① 何仁富，汪丽华. 唐君毅年谱[M]. 唐君毅全集：第三十四卷. 北京：九州出版社，2016：126.

1948 年夏，先生亲往江西，与程兆熊一起筹备恢复宋代时朱熹与陆九渊曾在那里讲学的鹅湖书院。唐先生认为，书院教育不失为良好的办学方式。

1949 年，先生应广州华侨大学校长王淑陶之约，与钱穆一起赴穗讲学，最终辗转赴港，与钱穆、张丕介诸先生勠力创办新亚书院，并任教务长一职。

自 1950 年 11 月 1 日起，先生借鉴宋明书院重视"社会讲学"的传统，在新亚书院倡设文化讲座，除亲自主讲外，更邀请文化界名宿担任。

1952 年，新亚书院处于艰困时期，先生撰文指出，如果失去了源自亚洲之伟大的宗教精神与中国之儒家、道家等所培养的仁爱、慈悲、谦让等德性，人类定将毁灭。因此，所谓"新亚精神"，先生认为，"不外一方希望以日新又日新之精神，去化腐朽为神奇，予一切有价值者皆发现其千古常新之性质。一方再求与世界其他一切新知新学相配合，以望有所贡献于真正的新中国、新亚洲、新世界。"①

1958 年，先生与张君劢、牟宗三、徐复观三位先生联名发表《中国文化与世界——我们对中国学术研究及中国文化与世界文化之前途之共同认识》之宣言，此文化宣言后成为新儒家的一篇重要文献。

1963 年香港中文大学成立，新亚书院为其成员学院之一。先生受聘为中文大学哲学系讲座教授兼哲学系系务会主席，并被选为中文大学第一任文学院院长。

1974 年，先生以香港中文大学哲学系讲座教授荣休，但继续担任新亚研究所所长。

1975 年秋，先生应台湾大学之邀，任哲学系客座教授。同年，汉学家狄百瑞主编的《理学之开展》（*The Unfolding of Neo-Confucianism*）一书由

---

① 唐君毅. 我所了解之新亚精神[M]//新亚精神与人文教育. 唐君毅全集：第十六卷. 北京：九州出版社，2016：9—10.

哥伦比亚大学出版社出版，该书劈头便以整页标明："谨以此书献给唐君毅，借以肯认其终身致力的理学研究，并由此赞赏其在与我们的合作中所表现的精神人格。"①

1976 年秋，先生经肺癌大手术后，身体衰耗，然授课未尝一日间断。

1977 年，美国哲学家墨子刻的著作《摆脱困境——新儒学与中国政治文化的演进》(*Escape from Predicament*：*Neo-Confucianism and China's Evolving Political Culture*) 由哥伦比亚大学出版社出版，该书第二章以"唐君毅的儒家自我完成的概念"专章介绍了先生的思想。此乃海外"唐学"研究的开山之作。6 月，该书甫一出版，墨子刻就立即寄赠先生，并在扉页上题词："送给唐教授，以表示我对您的工作的深切敬意与适当报答。"两个月后，墨子刻乘到台湾开会之机，虽然未作事先联系，仍然专程前往香港看望先生，并向先生请教有关中西文化诸多问题。

1978 年 2 月 2 日，先生癌症复发，卒告不治。逝世前一日，阅报知大陆恢复孔子名誉消息，欣慰不已。

1978 年 3 月 13 日，先生灵柩落葬台北观音山朝阳墓园。此地背山面水，气象宽阔，在两山环抱之中，十分宁静，且可以西北望故乡。一位为中国文化、人类理想而劳瘁一生的大儒，除其智慧荣光、性情事业长留人间外，其为人间承受种种痛苦的生命，至此乃得到永恒的安息。

1978 年，先生去世后，牟宗三先生发表《悼念唐君毅先生》一文，该文称唐先生为"文化意识宇宙中之巨人"，正如牛顿、爱因斯坦之为科学宇宙中之巨人，柏拉图、康德之为哲学宇宙中之巨人。该文一出，"文化意识宇宙中之巨人"一语，逐渐成为对于唐先生人格思想及平生事业的定论。

1981 年 4 月 25 日，先生夫人谢廷光（字方回）召先生门人唐端正、李杜、霍韬晦、黎华标茶叙，提出由上述五人组成《唐君毅全集》编辑委

---

① 转引自何仁富，汪丽华. 唐君毅年谱[M]. 唐君毅全集：第三十四卷. 北京：九州出版社，2016：374.

员会，编辑出版先生全集。1991 年，经十年之工，三十卷《唐君毅全集》由台湾学生书局出版。

三、张丕介

张丕介，字圣和，山东馆陶县人。

1904 年出生，父光间公为第二武训义校教师。

先生三岁即随父入武训义校受教。

12 岁赴馆陶县城入高级小学。

高小毕业后，因有终生献身教育之愿，入东昌师范学校学习。

在师范学校肄业六年，毕业后，受丁惟汾先生感召南下参加国民革命。

1927 年，国民革命克复山东，先生就任党务工作。

1929 年，先生获奖学金赴德留学。在德受业于德国社会法制学派殿军狄尔（Karl Diehl），并曾亲聆德国"理解学派"创建人宋巴特（Werner Sombart）及"新自由主义派"创建人奥伊肯（Walter Encken）之教。德国大学之自由风气及注重研究之态度，予先生以深刻之印象。

1935 年，先生获德国弗莱堡大学经济学博士学位。回国后，先生应邀参加江苏连云港筹备委员会，担任土地组组长。

1936 年筹备委员会工作停顿，先生应邀赴南通学院农科任教授，讲授经济学与农业经营学两门课程。期间，先生着手翻译狄尔先生的《国民经济学原理》、艾雷贝（Fr. Aereboe）先生的《缩本农业经营学》等著作，并与朋友合作创办了《濠上》半月刊。先生于是年与徐佛观先生订交。

"七七"炮声一响，先生投笔从戎，参加了前线的战斗，后因渴望重返讲坛而加入了流亡之中的教育部，任农业教育委员会委员。

1938 年 10 月，先生受命参加设在陕西武功的新改组成立的国立西北农学院，以教授资格任农业经济系主任，以教育部农业教育委员会委员身份任院务委员，并兼任训导长。

一年后，先生返回重庆，并于 1939 年夏加入华西垦殖公司。因为抗战爆发后，后方有两个问题亟待解决：一是要有可耕种的土地以安排从战区逃出的农民，二是增加粮食生产以应前后方军民之需要。鉴于当时后方各省都有大量荒地待开垦，先生与萧铮、汤惠荪诸先生组织华西垦殖公司，选定云南建水县城外约三十五里的羊街坝为垦区。

在先生的精心策划下，垦区克服治安、劳力、建筑、水利、农具等问题，仅用一年时间便开垦出四千多亩荒地，且全部栽培上了农作物，可谓成绩斐然。但遗憾的是，由于日军入侵越南，迫近滇边，先生不得不放弃这个亲手经营的试验区，于 1940 年秋返回重庆，一方面在中央政治学校地政系任教，一方面参与创办中国地政研究所。期间，先生曾有两次离开重庆：

第一次是 1941 年 7 月以农林部垦务总局西北调查团团长身份，赴河西走廊调查可垦荒地，为时半年。此次调查，除了一篇调查报告及一篇河西调查外记外，还促成先生撰成《垦殖政策》一书并于次年出版。

第二次是 1943 年贵州大学校长张梓铭先生为开办农学院向中央政治学校借聘先生，原为一年，实际上待了两年，直至 1945 年暑假离开。先生在贵州大学期间，除同时兼任农学院院长、农业经济系主任、农场场长三重行政职务外，还曾担任农业经济学、农业政策、土地经济学、中国经济问题等课程的教学任务，课时最多时曾达到每周十七小时。

1946 年 10 月，先生回到南京，当时中央政治学校已改组为直属教育部的"国立政治大学"，先生一面恢复在该校上课，一面在新创的私立法商学院兼课，同时积极参加新成立的中国土地改革协会工作。

1949 年，先生初飞广州，再至桂林，后去香港，与徐复观等先生共同创办《民主评论》半月刊，主笔政三年。

1949 年 10 月 10 日，与钱穆、唐君毅等先生创办新亚书院，直至 1969 年秋季退休为止，其间任总务长、经济系主任、新闻系主任、商学及社会科学院院长等职；曾参与或主持学校各种委员会，对学校制度的擘画及校政的推行，出力极多。《新亚书院学术年刊》与《新亚生活双周刊》

均为其草创：前者自创刊起即由先生担任主编直至退休。后者由先生创始，树立规模，并主编至第二卷第十四期止；其后虽主编易人，先生仍从旁协助。

新亚书院创办之初，经费问题没有着落，以至于不得不经常面对让人心生恐惧的"讨债者的难堪面孔"[①]。为此，先生不得不自己努力写稿以赚取微薄稿费，甚至当掉其夫人张章敏女士的首饰来维持学校的运转。潘重归先生在悼念张先生的一首五言律诗当中所说"鬻钏艰危际"即指此事，潘先生并在诗后写下这样的注解："新亚书院创校初期，备极困厄。先生历试诸艰，匮乏之际，尝鬻夫人钏镯，以给黉舍租金。新亚旧生，至今有垂涕泣道其势者。"[②]而关于张丕介夫人张章敏女士，正如张丕介的学生伍镇雄所称赞，是一位"伟大而具卓识的女性"："在新亚书院创业的初期，学校没有经费聘用专任职员，来办理行政工作，一切校务行政，由教师和同学们兼理，张师母是唯一不受薪的出纳主任。做一个穷学校的出纳主任，实在是一件难事，学校无钱缴租，要出纳主任出面应付房租。教员的薪水和流亡学生的伙食，也需要出纳主任去伤脑筋。新亚书院的创业，除掉要归功于钱穆博士、张丕介教授和唐君毅教授三位创办人外，我们不应忘了这一位无名英雄张师母。"[③]

1970 年 5 月，先生病逝。先生学贯中西，对于学生及校友尤其关怀。同学或校友如有疑难，不分院系，一视同仁，尽力为之解答或协助，深受学生爱戴。

---

① 张丕介. 粉笔生涯二十年[G]//宋叙五. 张丕介先生纪念集：张丕介先生·人师的楷模. 香港：和记印刷有限公司，2008：57.

② 潘重归. 悼丕介张先生[G]//诚明古道照颜色——新亚书院55周年纪念文集. 香港：香港中文大学新亚书院出版社，2006：127.

③ 伍镇雄. 悼张丕介老师[G]//诚明古道照颜色——新亚书院55周年纪念文集. 香港：香港中文大学新亚书院出版社，2006：120—121.

四、吴俊升

先生字士选，江苏如皋人。

1901 年，先生出生。

1914 年，先生进如皋县立师范学校，在学五年毕业后，留校在附属小学任教一年。

1920 年，先生考入南京高等师范学校，进教育科肄业四年。期间，先生曾加入"少年中国学会"。毕业后，先生留在附属中学任教。与此同时，先生在东南大学教育系补读学分一年，于 1925 年在东南大学毕业，获教育学学士学位。

1928 年 4 月，先生赴法留学，进巴黎大学文科习教育学和社会学，旁涉哲学，并拜入法国社会学家涂尔干（Emile Durkheim）嫡传弟子福谷奈（Paul Fauconnet）教授门下。

1930 年，在准备博士论文《杜威教育学说》期间，适逢杜威到巴黎大学接受名誉博士学位，蒙导师推荐，先生得以晋谒杜威，请教论文事宜，并得其指导和嘉许。

1931 年，先生获巴黎大学文科博士学位，受北京大学之聘任教育学系教授，后来兼任系主任。先生在北京大学时期撰写的《教育哲学大纲》和《教育概论》为其赢得了广泛的学术声誉。期间，先生曾于 1932 年暑期任安徽省教育厅主任秘书。

1936 年冬，先生获得例行休假，到美国考察教育半年，在此期间第二次访谒了杜威。

1938 年 1 月，先生战时受命，担任教育部高等教育司司长至 1944 年年底。

1945 年年初，先生经教育部派遣，再度赴美考察教育将近一年，期间曾第三次拜会杜威。

1946 年，先生任母校中央大学教育系教授，同时兼任正中书局总编辑。

1949 年春，先生再入教育部，任政务次长，由京迁粤，再由粤迁川，最后疏散至香港。先生在港期间曾参与创设新亚书院，任教两年。

1951 年冬，先生赴台膺命为出席联合国教科文组织大会代表之一，在巴黎开会一个月。会毕返台，再进正中书局任编审委员，主编南洋华侨小学教科书。后又复任总编辑，同时在台湾师范学院任教，并在"革命实践研究院"任高级班指导员。

1954 年台湾"教育部"改组，征召先生担任政务次长，直至 1958 年止。期间先生曾于 1954 年和 1958 年两度出席联合国教科文组织大会。

离开"教育部"后，先生受聘为政治大学文学院院长，并兼任"国防研究院"讲座。中间又经"政府"第三次派遣出席联合国教科文组织大会。

1959 年，先生受亚洲基金会资助，赴美研究杜威教育哲学一年。

1960 年年初，先生受钱穆邀请，重返新亚书院出任副校长，辅佐钱穆主持校政，钱穆 1964 年休假期间则由先生代理校政，1965 年 7 月后任校长直至 1969 年 6 月退休为止。期间，先生曾于 1964 年秋赴夏威夷大学东西文化中心任资深专家，研究杜威教育哲学近半年。先生在新亚书院任职两次共十二年，新亚书院也是先生一生服务时间最长的大学。

先生自新亚书院退休之后，继续从事教育研究与著述，因为"研究教育"乃是先生的"最大兴趣所在"[①]。与此同时，先生继续担任新亚书院董事；参与发起新亚教育文化会；创办新亚中学，并被选为董事；支持新亚研究所的继续存在。

2000 年 2 月 5 日，先生在美国洛杉矶辞世。

先生是中国最早研究教育哲学的学者之一，有"中国杜威"之美誉。先生著作丰富，分别以中文、法文、英文发表。除《教育哲学大纲》和《教育概论》外，尚有《伦理学概论》《杜威之教育学说》《德育原理》《教

---

① 吴俊升. 教育生涯一周甲[M]. 北京：中华书局，2016：220.

育与文化论文选集》和诗文集《增订江皋集》等三十余种。此外，先生还擅长书法，笔法得柳体之骨，传赵体之神。

五、赵冰

先生字蔚文，广东新会人，1892 年出生于香港。

1905 年，先生加入同盟会，从事革命活动。

1906 年，先生考入北京交通传习所读书。

1911 年，先生遵照其夜校老师"继续读书"的教导赴美留学，并先后获得芝加哥大学哲学学士学位、哥伦比亚大学国际法硕士学位、哈佛大学法律学学士学位。

结束在美学业后，先生又赴英入伦敦大学深造，并于 1921 年获伦敦大学哲学博士学位。次年，先生取得大律师衔，在伦敦执业大律师。1923 年，先生又获牛津大学民律博士学位。

1924 年回国后，先生历任南昌、厦门、中山等地的地方法院院长、湖北省高等法院院长，有"再世包公"之美誉。

1926 年，先生担任广州国民政府高级顾问兼外交部法律顾问。后来又先后担任财政部机要秘书、铁道部顾问、外交部次长、代理部长等职。后转任湖南大学、中央政治大学、广西大学教授。

抗日战争期间，先生在广西率领三千抗日学生军，开展游击战打击敌人。

第二次世界大战后，先生在香港执业大律师。

先生曾协助拟定中国司法行政法及有关香港华人法律问题，并曾出版《报业法例》《中国继承法》《英国出版法》等法律专著。

1949 年，先生在广州私立华侨大学执教，与钱穆及唐君毅两先生同事。其后即参与新亚书院创办，为学校豁免商业登记事出力至多。先生为新亚书院首任董事长，直至 1964 年去世为止，对新亚书院之教育事业可谓鞠躬尽瘁。先生去世后，钱穆感念先生的高尚情操及为创建新亚书院所付出的辛劳，提笔为先生写下悼词与墓碣铭各一篇及两挽联。其墓碣对联曰：
"矞然污世操清节；卓尔高风与古俦。"①

六、牟润孙

牟润孙（1908—1988），原名傅楷，生于北京，祖籍山东省福山县。

先生中学毕业后，曾先后就读于中法大学和俄文法政专门学校。

1929 年，先生考入燕京大学国学研究所，指导教师为陈垣和顾颉刚。

1931 年，先生又从经学大家、负责总成《清史稿》的柯劭忞习经史
之学。

1932 年毕业后，先生先后任教于河南大学、辅仁大学、同济大学和暨
南大学。

1949 年，先生移居台湾，获聘为台湾大学中文系副教授，1953 年晋升
为教授。

1954 年，先生接受钱穆邀请，出任新亚书院文史系主任、新亚研究所
导师，同时兼任图书馆馆长。

1958 年，新亚书院文史系改组为中文系和历史系，先生转任历史系主
任，同时继续在新亚研究所担任导师。

1959 年，香港中文大学筹备成立，先生即负责新亚书院、崇基学院、
联合书院三校历史系的统一文凭考试及有关事务的统筹、协调工作。

1963 年，先生荣升香港中文大学历史系讲座教授并兼任系主任。

1966 年，先生担任新成立的香港中文大学研究院历史部主任导师，直
至 1973 年退休。

1957—1965 年间，新亚研究所共有九届、五十六名研究生毕业，其中
史学组毕业生共有四十三名。在这些史学组毕业生中，由先生指导撰写论

---

① 钱穆. 赵冰博士墓碣铭[M]//新亚遗铎. 钱宾四先生全集：第50册. 台北：联经出版
事业公司，1998：564.

文的就有三十二名（见表 5-2），接近史学组毕业研究生总数的四分之三。

表 5-2　牟润孙教授在新亚研究所指导学生论文情况汇总表

序号	论文题目	届别	年份
1	北宋役法制度之争议	1	1957
2	元代学术之地理分布	1	1957
3	北宋兵制之研究	1	1957
4	唐代户婚律溯源	2	1958
5	战国时代之战争地理研究	2	1958
6	宋代火葬风俗之研究	2	1958
7	两汉迄隋入居中国之蕃人研究	2	1958
8	北宋刑律研究	3	1959
9	北宋黄河河患之研究	3	1959
10	李岗年谱长编	3	1959
11	明初太监与厂卫制度之研究	4	1960
12	两宋之际民众抗敌史	4	1960
13	北宋之科举制度	4	1960
14	北宋管制之研究	4	1960
15	论两汉迄南北朝河西之开发与儒学释放进展	5	1961
16	明代矿务弊政之研究	5	1961
17	明代方士对于政治之影响	5	1961
18	西晋迄隋战乱之损害	5	1961
19	汉代儒法两家政争之研究	6	1962
20	唐代朔方军研究	6	1962
21	论三国时代之士族	6	1962
22	两晋南北朝人才地理分布	6	1962
23	乾隆朝征缅考	7	1963
24	贞观政要之研究	7	1963
25	论安史之乱及唐亡之经济变化	7	1963
26	论拓跋氏初期文化与其婚姻的演变	7	1963
27	李鸿章与清廷外交对日决策关系	7	1963

续表

序号	论文题目	届别	年份
28	宋代祠禄制度研究	7	1963
29	晚明流寇兴灭之原因	7	1963
30	宋神宗实录前后改修之分析	8	1964
31	明代中叶漕运之利弊	8	1964
32	隋文帝政治事功之研究	9	1965

据上表所示，先生的指导范围，由战国、两汉、三国、两晋南北朝、隋唐直至宋、元、明、清，其内容也涉及很多方面，可知先生的博学通识，非一般以专门名家的学者所可及。①

先生毕生从事文化教育事业，桃李满门；史学造诣颇深，著有史学论著多部，代表作《注史斋丛稿》尤其影响深远。

七、潘重规

潘重规（1908—2003），安徽徽州婺源（今属江西）人。本名崇奎，字石禅。

1925年，先生毕业于赣州中学。中学毕业前，先生即已点读完《十三经注疏》《史记》《汉书》等著作。

1926年秋，先生考入国立东南大学（1928年更名为中央大学）中文系，师从王伯沆、黄季刚等国学大师。黄季刚重经学、精于"小学"，王伯沆兼及《石头记》。此两人对潘先生后来治学影响较大。尤其是黄季刚，特别赏识先生，认为先生乃青年人中的"精金美玉"。

1929年，黄季刚前往上海为章太炎祝寿时，将先生引荐给章太炎，章太炎诲先生以"为学首重师法"的道理，并认为先生可以继承并发扬"章黄学术"，故而特意将先生原名"崇奎"改为音近之"重规"。黄季刚则为

① 李学铭. 牟润孙先生与新亚[G]//诚明古道照颜色——新亚书院55周年纪念文集. 香港：香港中文大学新亚书院出版社，2006：196–201.

先生易字"袭善",用铁线篆大书"重规袭善"予之,以示宠异。"石禅"乃先生自取之雅号。

1930 年,先生于中央大学毕业。后至武汉,任湖北高中教员。

1932 年夏,先生奉师命回中央大学中文系任黄季刚助教。不久,先生与黄季刚长女黄念容(怀萱)结婚。

1935 年,黄季刚病殁后,先生协助黄家安葬黄季刚先生。

1937 年抗日战争开始,中央大学西迁至重庆沙坪坝,潘先生随校入川。

1939 年,先生转任迁至三台的国立东北大学中文系任教。次年,先生被聘为教授。

1941 年,先生发表《敦煌唐写本尚书释文残卷跋》。此乃潘先生研究"敦煌学"的发轫之作,深受学界好评。

1943 年秋,先生至成都,任四川大学中文系教授,次年兼任中文系系主任。

1946 年 4 月,陶因受命为国立安徽大学校长,聘先生为教授、中文系系主任。5 月下旬,潘先生携眷至安庆就职。在安徽大学中文系,先生主讲训诂学、毛诗、陶谢诗等课程。

国共内战爆发,国民党退守台湾后,先生辗转流连,最后落脚台湾,任台湾师范学院(1955 年更名为大学)教授兼国文研究所所长。后受旧友佘雪曼邀请,于 1957 年移驾新加坡南洋大学。

1960 年,先生接受钱穆邀请,来新亚书院任教,并兼任新亚研究所导师,后出任中文系系主任兼文学院院长,直至 1972 年退休。在新亚期间,先生创设"《红楼梦》研究"课程,创办《红楼梦研究》与《敦煌学研究》两种杂志。

1973 年,先生应法国巴黎第三大学之聘,任博士班客座教授。

1974 年,法国法兰西学院颁赠先生汉学"茹莲奖"(Julian Price)。

1975 年,先生返台任中国文化大学中文研究所所长兼文学院院长。

1976 年，先生被韩国岭南大学赠予名誉文学博士学位。

1987 年，先生任东吴大学中文研究所讲座教授，台湾师范大学及中国文化大学兼任教授。

1992 年，中国敦煌研究院颁赠先生"荣誉院士"头衔。

1995 年，台湾"行政院"授予先生"中华文化奖"。

2000 年，国家文物局、甘肃省人民政府、敦煌研究院为庆祝敦煌藏经洞发现一百周年，特颁发先生"敦煌文物保护研究贡献奖"。

2003 年，先生病逝于台北。

先生继承"章黄学派"精神，以搜集文献、整理国故、光大中华文化为己任，在小学、经学、诸子、红学、敦煌学等领域卓有建树，其代表作有《瀛涯敦煌韵辑新编》《瀛涯敦煌韵辑别录》《释典释文韵编》等。先生在学术与教育方面的成就有目共睹，尽管如此，但先生仍然十分谦虚："我一生是教书，诚诚恳恳地教书，诚诚恳恳地做学问，不过没有甚么贡献。"[①]

八、曾克耑

曾克耑（1900—1975），福建闽侯人，生于四川，故字履川，号颂橘。

先生为曾巩后裔，世代书香。早岁学书，及冠赴京，受学于桐城吴汝纶哲嗣吴闿生（北江）先生之门，学诗与古文辞。复从游于诗坛前辈陈衍（石遗）、陈三立（散原）两先生，获益颇深。

先生卒业于北京财政商业专门学校后，自 1925 年至 1927 年任事于北京。1928 年任职于南京，至 1933 年，先生同时教授于上海国立暨南大学。

1939 年，先生旅重庆，与沈尹默相识。

南来香港后，先生先在珠海书院任教。

自 1951 年开始，先生转而执教于新亚书院。在新亚书院中文系，先生

---

① 柳存仁. 潘石禅先生纪念[G]//诚明古道照颜色——新亚书院55周年纪念文集. 香港：香港中文大学新亚书院，2006：184.

曾开设"诗选"《诗经》"《楚辞》"等课程。先生上课非常重视写作的实践。如在"诗选"的第一节课上，先生即在黑板上写下一句五言上联，让大家完成下联，他下课前会回来收取习作。此后，先生把粉笔随手一甩，就急步离开教室，或去喝咖啡，或去吃雪糕。先生虽然不讲体式，不讲词类，不讲平仄，也不讲撰写对联的方法，但最后，人人都在限时内交出了习作。

第二周上课，先生首先说明一下上周习作的表现，然后再板书两个七言句子作为上联，让大家对出下联。到了第三周，已经是作诗练习了。在作诗方面，先生也只是略做提示，其他有关诗歌的各种知识和作诗的窍门，大家只好自己翻检参考资料获取。不过，先生对大家习作的批改却很用心，也很见功力。先生这种"以不怎么教为教的授课方式"①，让大家在手足无措中去探索、去克服功课上的困难，最后却产生了意想不到的成效：原来不懂作诗的同学，不管用上聪明或笨拙的办法，后来也都学会了作诗；而原来已经懂得作诗的同学，也就苦心孤诣，努力把诗作好，希望能够赢得先生的青睐。

自 1957 年新亚书院创设艺术专修科，及后成立艺术系，先生即肩负书法课程的创设与筹划，直至 1975 年止。先生在四年制的学系里依次分授隶书、楷书、篆书、草书四体，包括汉碑摩崖庙堂、唐碑／魏碑、金文／小篆、今草／狂草，并旁及书法源流，碑帖之介绍。研习范本主要为《张迁》《石门》《礼器》《乙瑛》《张猛龙》《郑文公》《醴泉铭》《皇甫府君》《孔子庙堂碑》《雁塔圣教序》《盂鼎》《散盘》《毛公鼎》及智永《千文》、孙过庭《书谱》、怀素《自叙》等，务使学者对于书艺能有一个比较全面的认识与了解。

先生认为，"在中国人看来，字不仅是一种艺术，并是代表一个人学问、品节、抱负、气概的东西"，所以，"我们负有传播文化使命的人，不能不加以提倡。"

关于写字，先生建议道："为应用而写字的，先从楷书入手，然后再

---

① 李学铭. 追忆与悼念[G]//多情六十年——新亚书院的过去、现在与未来. 香港：香港中文大学新亚书院，2009：62.

学行书"；如果是"从根本上来学字的，先从汉隶入手，然后再学行楷。如果再学高一点的，那只有大篆入手"。但是，无论走哪一条路，"开始写字，如果不能写得笔笔平直，字字方正，那以后便甚么都不能学了。底子打好，然后可以多就其性之所近去学。"

先生认为，写字不仅仅需要外在的技巧，更重要的是要表现自己的内在美。因此，要想写好字，"第一步要有学问，'要多读书'"。这是因为，"一个人有了书卷气在胸中，那他的见解、胸襟，便自超乎流俗。所以他写出来的字，也便把他胸襟意度写出来。"与此同时，"书画气之外，还有更重要的人品人格，这更不是可以伪造的东西。如果一个人是忠臣义士，或高人逸士，因为他们有了忠肝义胆，亮节高风，所以在字里表现出来。忠臣义士所写出的字，多半是严正郁勃；幽人畸士所写的字，多是绝俗超尘；端正的人所写必纯谨的字，纵逸的人所写必飘荡的字，这是字足以代表个性的切实征验。"①

先生自信、率真，行迹脱略，随意所之，不大理会他人的感受，偶尔会弄青白眼，旁若无人。对学生和晚辈，尤为宽容、随和，稍有一善，就会人前人后揄扬不遗余力。

先生的著述主要有：《颂橘庐丛稿》六册、《曾氏家学》两册、《近代海内两大诗世家》一册、《福州曾氏十二世诗略》一册、《通州范氏十二世诗略》一册、《颂橘庐诗存》一册、《颂橘庐文存》一册。

九、丁衍镛

丁衍镛（1902—1978），字叔旦，广东茂名人。

1920 年，先生从四年制的茂名县立中学毕业后，获广东省政府保送资格，赴日留学，进修艺术。先生先学日文，并在川端画学校补习素描。

---

① 李润桓. 曾克耑先生的书法艺术[G]//诚明古道照颜色——新亚书院55周年纪念文集. 香港：香港中文大学新亚书院，2006：246—256.

1921 年，先生考入东京美术学校，就读西洋画科。该校即今日东京艺术大学美术科之前身，为日本最具规模的美术学校。在接受严格的学院派训练之余，先生于东京自由活泼的艺术风气中，选择了野兽派及马谛斯的画风作为自我探索的出发点。

1925 年，先生学成归国，活跃于上海艺坛，任立达学园美术科、神州女学艺术科及上海艺术大学之西洋画教授。后在蔡元培的支持下，参与创建中华艺术大学并任艺术教育科主任。

1927 年，先生参与筹划上海艺术协会，并被推选为常务委员。

1928 年，先生参与发起成立上海艺术俱乐部，并登报发表以艺术促进中国精神文明的宣言。后出任大学院（教育部前身）筹办之"第一届全国美术展览会甄审及筹备委员会"总务委员及西画部审查委员。秋天，先生返回广州，并应邀筹备广州市市立博物院，同时在广州市立美术学校及广东体育专门学校任教。

1929 年，广州市市立博物院成立，此乃广东省第一间博物馆。先生出任常务委员兼美术部主任，专责征集古今中外美术文物。

1930 年，先生参与发起创立广州艺术协会。

1932 年，先生再赴上海，任教于新华艺术专科学校及其他美术院校。

1942 年，太平洋战争爆发后不久，先生加入刚刚辗转迁徙至磐溪的国立艺术专科学校，继续他的西画教学生涯，其同事有林风眠、丰子恺、关良、庞薰琹、赵无极、潘天寿、陈之佛、吕凤子等人。

1945 年，先生重临上海，参加九人画会，定期聚会，研讨中西艺术。成员除先生外，还有关良、倪贻德、陈士文、周碧初、唐云、朱屺瞻、钱鼎及宋锺沅。

1946 年，先生重返广州，应聘为广东省立艺术专科学校校长。

1948 年，先生将个人珍藏美术图书捐献省立艺专，为此获国民党政府颁赠"启钥民智"匾额。

1949 年，先生只身移居香港，改名"丁鸿"。一如当时涌至香港的背井离乡的大批难民，先生的经济逐渐陷入困境，生活艰苦，在青山一尼姑庵赁房暂居。后来，先生在贫穷窘迫的情境下，将自己原名"丁衍镛"当中的"镛"，去掉"金"字旁，改成"庸"，以示自己一贫如洗、无财无势的现实境况。

1951 年，先生开始在德明中学任教美术科，并迁至该校宿舍居住。

1953 年，先生在香港举目无亲，孤独、寂寞不时"形诸笔墨"，牵挂家人时只能凭借书信、照片化解相思。尤其是在当时大陆的"土地改革运动"期间，丁家被划为地主，家人备受冲击，不仅被逐出祖居，先生前半生的创作和书画文物收藏亦遭浩劫。他的母亲、妻子和三女先后于是年病逝，更是令他伤痛不已。

1954 年，先生兼任珠海书院教授，担任土木工程学系"徒手画"课程教学任务至 1959 年。

1957 年，先生应钱穆邀请，与陈士文合作筹备新亚书院两年制艺术专修科。除两位创办人外，尚有王季迁及曾克耑，张碧寒、顾青瑶、吴因明等人随后加入。先生所授课程包括水彩、油画、花鸟、草虫、中国绘画史及艺术概论。自此年起，先生与新亚书院艺术系之关系即告开展，并一直持续至 1978 年为止。二十余年间，先生以新亚艺术系为基地，作育英才，推广艺术活动，除教授中西画主修科，并参与教授暑期艺术班，又参加每年一度之师生艺展，并于书院及学系的刊物发表作品。

先生认为，艺术工作者应具有民族意识，亦即具有中华民族之精神特质与内涵。比利时著名汉学家李克曼教授（Pierre Ryckmans）评论先生作品，认为其造型与意境表现了"中国艺术家独有的性格"，因此，"不管物质技术是东方的或西方的，其成果一贯是属于中国画——中国人所画的画"[①]。先生是将西方现代艺术传入中国的先驱，也是革新传统、开拓现代新

---

① 转引自罗明真. 丁衍镛先生之艺术[G]//诚明古道照颜色——新亚书院55周年纪念文集. 香港：香港中文大学新亚书院出版社，2006：243.

风的功臣。先生的创作兼擅油画及水墨，超越中西艺术的界限，调和融合而形成强烈的个人风格，有"东方马谛斯"及"现代八大山人"之誉。

十、赵鹤琴

赵鹤琴（1894—1971），字惺吾，晚号藏晖老人，浙江鄞县人，中国近代印坛宗师赵叔孺先生从侄。斋名曰藏晖庐、鹅池轩、陶真楼。

在绘画方面，先生擅长山水、人物、花卉，而以画马最为突出；书法则篆、隶、真、草四体皆精；先生尤以篆刻闻名于世。

先生不独长于艺术，其英文造诣也颇深。自壮年及中年，先生曾长期担任外交官王正廷先生幕友，襄办文牍。

四十年代后期，先生南走香港，任职南洋纱厂，专司棉花评选鉴定工作。

1959 年，新亚书院两年制艺术专修科扩展为四年制艺术系时，增设篆刻课程，敦聘先生负责该课程的教授。为了艺术，先生毫不犹豫地辞掉了纱厂中待遇丰厚的职务。新亚书院篆刻课程一直由先生负责，直至 1968 年退休。

1960 年 11 月，先生在香港圣约翰堂举行师生艺术展览会。参展作品除先生自作外，大部分都是先生在港学生的作品。先生举办该展览会的目的不是为了卖钱营利，而是希望能把学生们的作品拿出来供港九中外人士观摩，使后起的艺术家们能够得到社会的鼓励与贤达的宣传，从而更坚定他们在艺术上精益求精的决心，使中国的艺术能够发扬光大起来。[1]

十一、任国荣

任国荣（1907—1987），广东归善县（今惠州市惠阳区）人。

---

[1] 曾克耑. 纪念赵鹤琴先生[G]//诚明古道照颜色——新亚书院55周年纪念文集. 香港：香港中文大学新亚书院，2006：258—259.

1926 年，先生于广东大学[①]生物学系毕业后留校任教。期间，先生曾多次参加学校组织的采集队，赶赴瑶族居住的瑶山大森林中采集标本。赴外采集共发现 23 种新鸟类，其中包括一种以先生名字命名的"国荣鸟"。

1929 年，先生赴法留学，攻读生物学。

1930 年，先生的《中国鸟类丛书（第二集）——广西鸟类之研究（瑶山之部）》和《中国鸟类丛书（第三集）——广西瑶山鸟类之研究续集》两部著作被翻译成德文，这是"德人翻译国人近著科学论文之第一次"。

1933 年，先生获巴黎大学科学博士学位，旋返中山大学，被聘为教授，后历任中山大学生物系系主任（1944—1945）、理学院院长（1945—1946）等职。

1950 年，先生移居香港，任珠海书院教务长，并在浸会学院教授生物课程。

1960 年，先生应钱穆邀请，创办新亚书院生物系并任系主任，直至 1971 年自香港中文大学荣休。

先生在新亚书院工作期间，继承中国传统，不仅重视个人的学术研究，同时也十分重视人才的栽培。正是在这一思想的指导下，新亚书院生物系前十届毕业学生 152 人，其后取得博士学位的就有 43 人，占总数的 28.3%。[②]具体情况可参见表 5-3：

---

① 该校前身为成立于1923年的国立广东高等师范学校，于1924年9月改名为国立广东大学，于1926年8月再次更名为国立中山大学。

② 麦继强. 新亚生物系主任任国荣教授[G]//诚明古道照颜色——新亚书院55周年纪念文集. 香港：香港中文大学新亚书院，2006：261—264.

表 5-3　新亚书院生物系 1964—1973 年毕业生及后来获得博士学位者情况表

届别	年份	毕业人数	后来获得博士学位人数	后来获得博士学位人员名单
第一届	1964	17	4	区树勋、陈伯浩、熊重远、陶嘉龄
第二届	1965	16	6	陈超荣、陈广渝、冯礼森、冯荣彬、李鑫雄、曾广鋆
第三届	1966	15	10	张秀慧、朱宋明、何惠敏、江霞君、林洁贞、李贤祉、石崇生、辛世文、伍令霄、王植颐
第四届	1967	14	3	陈祖虞、朱祖荫、谭灼辉
第五届	1968	17	5	方宏勋、郭兆源、李祥麟、吴元湘、黄铭洪
第六届	1969	11	4	陈锡侨、蔡为能、李兆良、姚大卫
第七届	1970	13	3	黎应麟、梁伟材、戴玉珍
第八届	1971	11	5	陈坤扬、冯健港、许冠思、邝伯泉、胡绍燊
第九届	1972	21	2	潘伟丰、徐立之
第十届	1973	17	1	李斌

第二节　制度建设

一、对于"理想的大学新制度"之向往

关于学校制度，新亚书院在其初创时期即有一个创设"理想的大学新制度"的设想：

将来对于书院内部一切措施，采绝对民主方式，由全校教授同人时时密切商讨，以求教育精神之始终一致，与书院制度之不断改进，期于理想的大学新制度作一长期之研求与实验，将来粗有成绩，可供其他大学之参考。[1]

---

① 钱穆. 招生简章节录[M]//新亚遗铎. 钱宾四先生全集：第50册. 台北：联经出版事业公司，1998：4.

　　由上可知，新亚书院意欲创设的"理想的大学新制度"可谓古今并包、中西合璧。但是，鉴于初创时期的新亚书院规模简陋且经济拮据，因此，其制度的创设实际上仅仅处于设想阶段，很难付诸实施。如果说此一时期新亚书院在制度建设方面有什么成果的话，董事会的建立应该算是一个。

　　1952 年 7 月 7 日，新亚董事会成立，由钱穆在华侨大学的同事赵冰担任董事长，他同时也在学校上课。董事会里有梁寒操等为广东人所推敬的董事，而赵冰作为香港大律师，尤其受到香港人的重视。香港当时作为殖民地，除了英国法律之外，也兼行大清律例，赵冰系此一方面之专家。然而登门请求赵冰帮忙打官司的，如夫妇、父子等方面的诉讼，赵冰必先晓以大义，详述中国伦常大道，劝其自为和解。赵冰有时甚至会对来人当面加以训斥，而此一训斥对来人往往如一番教诲。钱穆那时经常前往赵冰的律师事务所，却发现事务所里通常只有赵冰一人，午餐吃的是盒饭，可谓门可罗雀。赵冰虽然因为自己的学识深受香港政府重视，但其家境清寒，不仅在香港律师中少有，在知识分子当中也少见。新亚书院董事会因此先与学校达成谅解，赵冰只专门负责学校法律方面的相关事宜，绝不承担学校经济方面的责任。

　　自 1954 年 10 月 16 日，新亚社员大学第一次全体会议召开起，新亚董事会即改由新亚社员大会产生，为全校最高机关，决定院长人选、教育方针以及为学校发展筹募资金。董事会成员通常由校内教授与校外人士两部分人员组成，此一人员构成显然十分有助于发挥校内与校外的沟通作用。

二、"行政制度化"的倡议

　　当新亚书院规模渐大，经济上来源比较稳定之后，新亚同人就不得不考虑其制度问题了。而在新亚同人当中，钱穆对筹建大学制度可谓情有独钟，这主要与其早年经历有关。

　　1959 年 9 月 5 日，新亚书院举办宴会欢送雅礼代表罗维德博士夫妇暨欢迎萧约先生。在此次宴会当中，钱穆在提请萧约先生担任新亚书院总务长时，曾经这样回忆起这样一件让他难以忘怀的事情："记得我从前在北京大学以及在燕京大学教书的时候，北大校役甚多，但地下的清洁总比不上燕大。"①

1959 年 9 月 16 日，新亚书院举行新学期开学典礼。在此次典礼中，钱穆谈及对待公物应当养成节俭的习惯时又说道："以前我在北大、燕大教书时，北大用钱就比燕大浪费。北大工友多，燕大工友少，然而燕大院舍反较整洁。"②

事实上，钱穆不仅在其担任新亚书院院长任内多次提及作为教会大学的燕京大学的制度建设与学校管理，离开新亚书院之后，钱穆在其晚年回忆录中又曾专门提及燕京大学的管理：在燕大校园当中，路上一砖一石，道旁一花一树，每天都派人整修清理，一尘不染，秩然有序，仿佛一座外国公园。而路旁的电灯，有月光的夜晚就关掉，没有月光的夜晚才打开，其中显然寓有企业经营必需的一种节约精神。即使放在现在，近百年前燕京大学对于校园清洁及路灯问题的管理也有值得中国很多大学学习的地方。

钱穆早年在燕京大学工作的时间虽然不长，但是，燕京大学的制度建设等方面却给钱穆留下了深刻的印象。尤其是钱穆后来到北京大学、清华大学等大学工作后，中西方不同的校园环境所产生的强烈对比更让钱穆对西方人在制度建设方面所取得的成绩羡慕不已。因此，当新亚书院基本解决了经济上的困难之后，钱穆便及时提出了将大学行政制度化作为新亚书院第二个十年发展的目标："我们学校今后所最需要者，亦即过去所最缺乏者，乃是学校之'制度化'。"③

---

① 钱穆. 友情的交流——欢送雅礼代表罗维德博士夫妇暨欢迎萧约先生[M]//新亚遗铎. 钱宾四先生全集：第50册. 台北：联经出版事业公司，1998：227.

② 钱穆. 开学致词[M]//新亚遗铎. 钱宾四先生全集：第50册. 台北：联经出版事业公司，1998：221.

③ 钱穆. 本校今后的理想与制度——欢迎吴副校长、程训导长、谢教务长、潘导师大会讲词[M]//新亚遗铎. 钱宾四先生全集：第50册. 台北：联经出版事业公司，1998：260.

三、"行政制度化"的推行

因为经济上的困难，新亚书院的很多教授都兼任了行政工作。尽管这是当时条件下不得已的举措，但是，对此举措的双重弊端，钱穆也是心知肚明的：在过去，我们的教授除授课外，仍须负担学校的行政工作，这样便牺牲了对学生的指导及个人的研究[①]，且对行政工作亦不能全力以赴[②]。

有鉴于此，新亚书院提出，从1959年秋季学期开始，学校便将行政与教学渐次分开，各自独立从事自己的系统工作。而就学校行政来说，又进一步分为教务、训导、总务三处。其中，教务长由唐君毅先生担任；训导长由程兆熊先生担任；总务长由萧约先生担任。

新亚书院以前的教学与行政通常由人兼任，这是经济困难下的不得已之举。现在则将教学与行政分开，而行政又由一分为三，如此安排，固然是为了教学与行政人员皆能安心工作，但与此同时，此一安排势必要增加行政人员的数目。人数增加了，经费必然随之增加。可见，行政制度化只能是学校经费有了一定保障之后才能采取的举措。也正因此，当新亚书院获得雅礼协会的援助之后，新亚书院同人才有可能正式将以前提出的创设理想制度的理想付诸实施。

事实上，新亚书院在迁入农圃道新校舍的初期即已开展行政制度化的推行工作。为此，学校在校务委员会之下专门设立了一个"章则委员会"，由张丕介先生出任主席，负责制订学校各项制度，使学校各项行政逐渐纳入制度的轨道。

而此次之所以聘请来自美国的萧约先生担任总务长，钱穆有他的考虑："我常觉得关于社会、团体、公众的事情，西方人治理似较东方人好一点，

---

① 钱穆. 友情的交流——欢送雅礼代表罗维德博士夫妇暨欢迎萧约先生[M]//新亚遗铎. 钱宾四先生全集：第50册. 台北：联经出版事业公司，1998：225.

② 钱穆. 开学致词[M]//新亚遗铎. 钱宾四先生全集：第50册. 台北：联经出版事业公司，1998：220.

这也许是我们的缺点。我们似乎尚未有一种经训练的现代群体生活。"①

新亚书院另外一个推进行政制度化的重要举措就是于 1960 年将吴俊升先生重新聘请回学校，并专门添设副校长岗位请其担任。为什么邀请吴俊升回校担任副校长，以推动行政制度化？因为在教育当中，"若我们求把理想融入于明日之未知中，此即需要一种学问。而此种学问则是活的，并不能专在书本上获得。此须事上磨炼，有人生事业之真实经验，才能接触到此项学问之真实境界。"②而吴俊升正是这样一位经过"事上磨炼"，具有丰富的"人生事业之真实经验"者：第一，他曾经做过北京大学教育系主任；第二，抗战期间，吴俊升曾经进入"教育部"担任高教司司长，负责战时全国高等教育工作；后来又两度进入"教育部"，担任"政务次长"。

对于新亚书院期待他能在行政制度化方面贡献出他的力量，吴俊升也是清楚的，故而其在 1960 年出席为他回校任职举办的欢迎会上指出：一方面，行政制度化是"关系全校全体的事"，故而需要各位同仁同学的合作指导；另一方面，"制度化本身有其积极义与消极义"③。而在当年的学校春季开学典礼当中，吴俊升又提及行政工作在全校工作中的地位："大学的一切实施，主要的是用来辅助教学和研究的，行政只是为辅助二者而设，所以居于次要的地位；但要获得教学和研究的良好效果，行政方面也是不能够忽略的，因此我觉得办理行政工作须要配合教学与研究二者而发挥其作用。"④

事实上，吴俊升在新亚书院副校长任内，行政制度化可以说他一以贯之重视的一个重要主题。而在钱穆辞去校长职务，吴俊升接替钱穆成为新

---

① 钱穆. 开学致辞[M]//新亚遗铎. 钱宾四先生全集：第50册. 台北：联经出版事业公司，1998：220.

② 钱穆. 本校今后的理想与制度——欢迎吴副校长、程训导长、谢教务长、潘导师大会讲词[M]//新亚遗铎. 钱宾四先生全集：第50册. 台北：联经出版事业公司，1998：260—261.

③ 吴俊升. 四十九年返校出席欢迎会讲词[M]//农圃讲录. 香港：香港中文大学新亚书院，1969：3—4.

④ 吴俊升. 四十九年春季开学典礼讲词[M]//农圃讲录. 香港：香港中文大学新亚书院，1969：7.

亚书院第二任校长任内，在行政方面更是提出了"公开、公平、公决"这一"三公原则"。吴俊升后来回忆自己在新亚书院任职的时候，认为新亚书院之所以能够成为"像样的一所高等学府"，能够"尊师重道"，能够成为一个"学人团体"，能够"以行政为教育与学术服务而不曾成为官僚机构"，原因有很多，他所提出的"三公原则"能够得到积极贯彻与遵守，也是一个不可或缺的重要原因。[①]

四、"行政制度化"推行中必须注意的问题

钱穆虽然高举弘扬中国文化的大旗，但他并没有因此而盲目排外。只要是我们自己真实的短处，他一概大方承认；只要是别人真实的长处，他也一概认真对待。西方重公德，重法制，这皆是针对公共空间而有的措施。相对而言，中国公共空间的发育不是很成熟，此一情况导致中国与公共空间相关的道德、法律、规范等方面的发展都不是很成熟，而这些方面的不成熟反过来又进一步限制了中国公共空间的发育。如何打破上述恶性循环？钱穆等新亚同人首先想到的就是制度的建设。

毋庸讳言，对于大学来说，制度确实非常重要。但是，制度不是万能的，不是有了制度之后就一定会万事大吉的。因此，在新亚书院将制度化提上议事日程的同时，钱穆又提请大家注意以下几个方面的问题：

第一，大学制度仅仅只是一种用以实现大学理想的工具。"只有一理想，纵然高，却不能平白地在事业行为上表现。"[②]可见，仅有理想却没有制度是不行的，没有制度支撑的理想实际上等于是空想。但是，大学也不能因此而走向另外一个极端，即只有制度而没有理想。制度确实非常重要，但我们切不可过分迷信制度的力量。孔子曰："其人存，则其政举；其人亡，

---

① 吴俊升. 教育生涯一周甲[M]. 北京：中华书局，2016：224.

② 钱穆. 本校今后的理想与制度——欢迎吴副校长、程训导长、谢教务长、潘导师大会讲词[M]//新亚遗铎. 钱宾四先生全集：第50册. 台北：联经出版事业公司，1998：260.

则其政息。"① 从根本上说，制度是由人制定的，也是靠人来实施与维护的。正是在这一意义上，孟子才指出，"徒善"固然"不足以为政"，但是，"徒法"同样"不能以自行"②。而荀子则说得更为直接："有良法而乱者有之矣；有君子而乱者，自古及今，未尝闻也。"③ 有君子，则良法可行；无良法，则君子作之。若有良法，但无行良法之君子，社会又怎能不陷入混乱呢？故此，对于新亚书院来说，在推进制度化的同时，一定要将以前的理想善加维护而不使其坠落。在大学当中，善即理想，法即制度。只有在善与法相互补充，理想与制度相携而行的条件之下，大学才能获得稳健的发展。

第二，大学制度必须体现出对人的尊重。对此，钱穆在 1961 年秋季开学典礼当中曾经这样说道："说到学校行政方面，我们盼望要能根据中国儒家人格教育与现代民主制度，两相配合推进。儒家教育理想，以尊重人格为主。在双方人格相互尊重下，就产生了中国传统的一种道德精神。这是我们一向所提倡的。无论在教务训导方面，学校当尽量尊重各同学的人格。但诸位同学，亦须了解学校的行政与课程方面之种种规章与制度。当知，学校每一制度的成立，都是一种师生相互人格尊重的表现。"④ 如果学校制度离开了对于学校师生的尊重，那么，这样的制度要之何用？钱穆之所以特别提出此一点，同样与其早年经历有关。钱穆在燕京大学工作时，其管理与制度化虽然让钱穆深羡不已，但细心的钱穆却发现，燕京大学的制度化却给人一种冷冰冰的感觉，这恐怕是钱穆在燕京大学任职一年之后，即使在未先有别处接洽的情况下仍然匆匆离去的重要原因之一。北京大学的制度化虽然比不上燕京大学，但是，其管理在有些方面却颇具人性化："在北大任教，有与燕京一特异之点。各学系有一休息室，系主任即在此办公。

---

① 中庸[M].

② 孟子·离娄上[M].

③ 荀子·致士[M].

④ 钱穆. 秋季开学典礼讲词[M]//新亚遗铎. 钱宾四先生全集：第50册. 台北：联经出版事业公司，1998：366.

一助教常驻室中。系中各教师，上堂前后，得在此休息。初到，即有一校役捧上热毛巾擦脸，又泡热茶一杯。上堂时，有人持粉笔盒送上讲堂。退课后，热毛巾、热茶依旧，使人有中国传统尊师之感。"[①] 捧上一条热毛巾，献上一杯热茶，这样的事虽小，但却能让人感觉到自己作为一个人、一名教师受到了尊重，因此，即便是到了晚年，钱穆对此依然津津乐道。在此方面，中西双方文化似有相互学习、相互补充的需要。

第三，大学有了制度，还得尊重自己的制度。不尊重既有的制度，则再好的制度也必将形同虚设。所以，在新亚书院推进制度化的开始阶段，钱穆便谆谆告诫新亚师生："法与制度是空洞的、呆板的，亦可说是死的，它自己迈不开步，不能自己往前。"[②] 唯有尊重自己的制度，制度才能产生它应有的效力。但是，尊重制度，并不意味着我们只能墨守成规。因此，在制度实施的过程中，制度的创新是必不可少的。不言而喻，制度的创新并不是对制度的全盘否定，它只能是尊重基础上的创新。有鉴于此，当新亚书院快要加入中文大学时，对于学校今后的前途，钱穆展望道："制度是自律的，律人的。此后学校进展，必是在制度中进展。现有制度当然可以随时修改，但不该加以蔑视。"[③]

"行政制度化"是推进大学现代化进程的重要举措之一。对于并不十分重视制度建设的中国大学来说，情况尤其迫切。但是，在理想与工具、理性与情感、保守与创新的二元对立当中，如何保持两端之间的适当张力，同时又能妥善维护好其间的平衡，这是积极推进中国大学"行政制度化"过程中必须密切注意的问题。

---

① 钱穆. 八十忆双亲师友杂忆合刊[M]. 钱宾四先生全集：第51册. 台北：联经出版事业公司，1998：180.

② 钱穆. 本校今后的理想与制度——欢迎吴副校长、程训导长、谢教务长、潘导师大会讲词[M]//新亚遗铎. 钱宾四先生全集：第50册. 台北：联经出版事业公司，1998：261.

③ 钱穆. 秋季开学典礼讲词[M]//新亚遗铎. 钱宾四先生全集：第50册. 台北：联经出版事业公司，1998：485.

第六章　校园文化

　　关于校园文化的分类，目前最通常的做法是采用三分法，即将其分为物质文化、制度文化与精神文化。所谓物质文化，通常指的是校园的建筑与设施，具体来说，包括室外环境的营造与室内环境的装点；所谓制度文化，主要指的是学校的规章制度；所谓精神文化，通常指为学校师生所认同的价值观念，是一个学校的本质、个性、精神面貌的集中反映，主要体现在校风、班风、学风、教风、学校中的人际关系当中。

　　上述对校园文化的分类方法虽然为大家所普遍采用，但是，这一方法实际上存在诸多问题，其中最大的问题就是含混不清。不言而喻，文化都是形式载体与精神实质的统一。没有离开外在形式的文化，也没有只有外在形式但缺乏内在精神的文化。此种分类当中的物质文化与制度文化难道就没有精神实质了吗？如果没有的话，还能称其为文化吗？如果有的话，为什么又不能称其为精神文化呢？就第三种类型中的精神文化来说，难道它就没有形式载体了吗？如果有的话，为什么它不能归入物质文化当中呢？

　　另外，也有将校园文化划分成显性文化与隐性文化的。显性文化包括校园的物质环境，如校园场地布置、校园活动仪式等。隐性文化则包括校风、班风、人际关系等。这一分类来自课程当中的显性课程与隐性课程的分类。但是，在校园文化中的分类与在课程中的分类一样，隐性文化一旦为人所觉知，它对人来说实际上就称不上是隐性文化，而已转变成显性文化了。反之，如果隐性文化不为教师所觉知，则教师就谈不上对这些文化的研究与改进；若不为学生所觉知，则这些文化虽然存在，但实质上等于不存在。

鉴于上述两种常见的对于校园文化的分类都或多或少存在一些问题，本章在讨论新亚书院校园文化时不采用上述分类，而是将其划分成静态的校园文化与动态的校园文化两种类型。所谓静态的校园文化，指校名、学规、校徽、校训、校歌等静态的校园事物，它们对于学生来说通常都是一些既成的东西；而所谓动态的校园文化，则主要指学校所举办的一些活动，学生只有在参与这些活动的过程中才会受到它们的影响。当然，上述分类也只是相对的，而并非绝对的。

第一节　静态校园文化

一、校名

当年钱穆因为顾颉刚的推荐而进入燕京大学的时候，意外地发现在这所号称中国教会大学里面最为中国化的大学当中，学校大楼几乎全部采用英文字母命名，几乎看不到一点点中国化的痕迹。对此，钱穆建议应该采用中国名称命名。燕京大学听完钱穆的建议之后，专门为此召开了校务会议，并最终将"M"楼改成了"穆"楼，"S"楼改成了"适"楼，"贝公"楼改成了"办公"楼，其他建筑也都取了相应的中国名称。

燕京大学的建筑物本来都是用美国捐款人的姓名命名的，如"M"楼、"S"楼、"贝公"楼等都是这种情况。虽然最后被翻译成了中文，但就其实质，钱穆认为反映的仍然是西方的精神。比如"果育"这样的校名，"乐在"这样的斋名，钱穆认为这才是中国的传统。然而无锡明代有"东林书院"，后来在其遗址上建立了一座新式学校，刚开始的时候也取名"东林"，后来却改名为县立第二高等小学。想要从这样的校名里面寻求"东林精神"，这实在是渺不可得的事情。再比如说"紫阳书院"，后来改称江苏省立苏州中学，以前"紫阳书院"的精神，同样也被抛到了九霄云外。钱穆认为，通过当时的校名可以看出，全国新式学校及其教育精神，其实都已西化。这是时代潮流，让人有一种无可奈何的感觉。

以上是钱穆对于他校校名的评骘。由此可以设想的是，当钱穆南来香港创办学校的时候，其对所创学校的名字一定不会等闲视之，一定是花了一番心思的。钱穆为什么会将自己主创的学校命名为"新亚书院"，概而言之，主要有以下两个方面的原因：

第二，"新亚书院"为什么没有像其他很多学校一样，被称作"大学"或"学院"，而是被命名为"书院"？

1949年10月10日，钱穆在新亚书院的前身——亚洲文商夜校的开学典礼上曾经这样说道："我们的大学教育是有其历史传统的，不能随便抄袭别人家的制度。中国的传统教育制度，最好的莫过于书院制度。"[①] 由此可知，当时的学校虽然尚未以书院命名，但学校创办人对于中国古代的书院制度是十分垂青的，所以这才表示，要借鉴中国古代书院制度，以"培养通才"的方式来呵护"国家民族历史文化的生命"。

1950年3月，学校更名为"新亚书院"后向外发布了《招生简章》[②]。学校为何以"书院"命名，其原因正如该《招生简章》所说的，希望学校师生能够"上溯宋明书院讲学精神，旁采西欧大学导师制度，以人文主义之教育宗旨，沟通世界中西文化，为人类和平社会幸福谋前途"。[③]

---

① 钱穆. 亚洲文商学院开学典礼讲词摘要[M]//新亚遗铎. 钱宾四先生全集：第50册. 台北：联经出版事业公司，1998：1—2.

② 钱穆. 招生简章节录[M]//新亚遗铎. 钱宾四先生全集：第50册. 台北：联经出版事业公司，1998：3—4.

③ 钱穆. 招生简章节录[M]//新亚遗铎. 钱宾四先生全集：第50册. 台北：联经出版事业公司，1998：3.

第二，"新亚书院"当中的"新亚"到底是什么意思？

1989 年，新亚书院成立四十周年，钱穆应新亚书院林聪标院长和新亚校庆特刊编辑委员会主席唐端正邀请，写了一篇《新亚四十周年纪念祝辞》的文章。在该文章当中，钱穆透露了自己当年为何为学校取名"新亚"的缘由："我不能安身国内，只身流亡到香港，这近百年来既属中国而又不算中国的土地。一个流浪者的心情，是很难描述的。我不敢暴露中国人身份的心情来要求有一个'新香港'，遂转而提出'新亚洲'。我当时只能希望英国人对亚洲殖民地采取较开放的新姿态，使来香港的中国人能获较多自由，所以我为我们的书院取'新亚'为名，寄望我们将有一个稍为光明的未来。"①

今天的香港早已回到了祖国的怀抱，今天的我们也很难感受到当时身处香港的钱穆所感受到的那种复杂微妙的心理。但通过钱穆的回忆可知，在当时作为殖民地的香港，中国人的地位实际上是十分低下的。那一种殖民地的气氛，深深地压迫着在港的每一个中国人。正是为了改变这一种气氛，改变中国人的地位，钱穆才将初创的学校命名为"新亚"。

可见，在"新亚书院"这一校名当中，"新亚"的曲折用意在于提高中国人在殖民地香港的地位，终极追求则在于中华民族之复兴。民族复兴不仅仅只是经济与政治的复兴，最基础的应该是文化的复兴。没有文化复兴的民族复兴是没有根基的复兴，因而是不可持续的，也绝不是真正的民族复兴。"新亚书院"即以文化复兴作为自己的大任。中国文化博大精深，书院制度当然是其中的一项重要内容。因此，复兴中国传统文化，自然是复兴包括书院制度在内的所有优秀文化。以传统文化的形式来复兴传统文化的内容，此即"新亚书院"之所以取"书院"的微意所在。

---

① 钱穆. 新亚四十周年纪念祝辞[M]//新亚遗铎. 钱宾四先生全集：第50册. 台北：联经出版事业公司，1998：681—686.

二、学规

1953 年 3 月，新亚书院发布了《新亚学规》。该学规全文如下：

凡属新亚书院的学生，必先深切了解新亚书院之精神。下面列举纲宗，以备本院诸生随时诵览，就事研玩。

一　求学与做人，贵能齐头并进，更贵能融通合一。

二　做人的最高基础在求学，求学之最高旨趣在做人。

三　爱家庭、爱师友、爱国家、爱民族、爱人类，为求学做人之中心基点。对人类文化有了解，对社会事业有贡献，为求学做人之向往目标。

四　祛除小我功利计算，打破专为谋职业、谋资历而进学校之浅薄观念。

五　职业仅为个人，事业则为大众。立志成功事业，不怕没有职业。专心谋求职业，不一定能成事业。

六　先有伟大的学业，才能有伟大的事业。

七　完成伟大学业与伟大事业之最高心情，在敬爱自然，敬爱社会，敬爱人类的历史与文化，敬爱对此一切的智识，敬爱传授我此一切智识之师友，敬爱我此立志担当继续此诸学业与事业者之自身人格。

八　要求参加人类历史相传各种伟大学业、伟大事业之行列，必先具备坚定的志趣与广博的智识。

九　于博通的智识上，再就自己才性所近作专门之进修；你须先求为一通人，再求成为一专家。

十　人类文化之整体，为一切学业事业之广大对象；自己的天才与个性，为一切学业事业之最后根源。

一一　从人类文化的广大对象中，明了你的义务与责任；从自己个性的禀赋中，发现你的兴趣与才能。

一二　理想的通才，必有他自己的专长；只想学得一专长的，必不能具备有通识的希望。

一三　课程学分是死的、分裂的。师长人格是活的、完整的。你应该转移自己目光，不要仅注意一门门的课程，应该先注意一个个的师长。

一四　中国宋代的书院教育是人物中心的，现代的大学教育是课程中心的。我们的书院精神是以各门课程来完成人物中心的，是以人物中心来传授各门课程的。

一五　每一个理想的人物，其自身即代表一门完整的学问。每一门理想的学问，其内容即形成一理想的人格。

一六　一个活得完整的人，应该具有多方面的智识，但多方面的智识，不能成为一个活得完整的人。你须在寻求智识中来完成你自己的人格，你莫忘失了自己的人格来专为智识而求智识。

一七　你须透过师长，来接触人类文化史上许多伟大的学者，你须透过每一学程来接触人类文化史上许多伟大的学业与事业。

一八　你须在寻求伟大的学业与事业中来完成你自己的人格。

一九　健全的生活应该包括劳作的兴趣与艺术的修养。

二〇　你须使日常生活与课业打成一片，内心修养与学业打成一片。

二一　在学校里的日常生活，将会创造你将来伟大的事业。在学校时的内心修养，将会完成你将来伟大的人格。

二二　起居作息的磨炼是事业，喜怒哀乐的反省是学业。

二三　以磨炼来坚定你的意志，以反省来修养你的性情，你的意志与性情将会决定你将来学业与事业之一切。

二四　学校的规则是你们意志的表现，学校的风气是你们性情之流露，学校的全部生活与一切精神是你们学业与事业之开始。敬爱你的学校，敬爱你的师长，敬爱你的学业，敬爱你的人格。凭你的学业与人格来贡献于你敬爱的国家与民族，来贡献于你敬爱的人类与文化。①

---

① 钱穆. 新亚学规[M]//新亚遗铎. 钱宾四先生全集：第50册. 台北：联经出版事业公司，1998：扉页，3—6.

关于《新亚学规》的作者，目前主要有两种说法。第一种说法来自钱穆。在 1955 年 3 月写的一篇文章当中，钱穆曾经这样说过："我在拟定的《新亚学则》中，已经把我这一篇文章中要说的我们新亚的宗旨与理想，最扼要地述说了。我盼望我们新亚的新旧同学们，大家时时注意研读这二十几条学则。"[①] 第二种说法来自张丕介。1969 年 9 月 28 日是新亚书院二十周年校庆的日子，张丕介在应邀为校庆特刊写的一篇文章当中这样忆及《新亚学规》："学规产生于学校迁入新校舍不久之后，参与学规起稿者除钱、唐、张三人外，尚有吴俊升先生。"[②] 在第一种说法当中，钱穆虽然说了"拟定"，但并非明确表示《新亚学规》系由自己拟定。而据张丕介的回忆，《新亚学规》则由钱、唐、张、吴四先生合作完成。综合上述两种说法，《新亚学规》实际上系由上述四人协商而成。但鉴于钱穆在创办新亚书院当中的核心地位以及他的教育思想可知，钱穆作为《新亚学规》的主创者这一点是没有疑问的。

综观《新亚学规》可知，此学规当中的第一至第三条讲的是"求学"与"做人"两者之间的关系；第四至八条谈论的主要是"职业"与"事业"两者间的区别与联系；第九至十二条讨论的是"专门"与"博通"之间的关系；第十三至十五条分析的是"课程"与"师长"之间的关系；第十六至二十四条是给学生的具体建议与谆谆告诫，主要涉及"知识"与"人格"之间的关系。

上述讨论当中实际上蕴含着两种截然不同的大学生活：一种生活是以专心谋求"职业"作为自己进大学的目标，故而其在大学期间必然努力求"专门"之学，努力求"智识"，重视"课程"。另一种生活则是以成就"事业"作为自己进大学的目标，故而其在大学期间必然既注重"求学"，又

---

① 钱穆. 校风与学风[M]//新亚遗铎. 钱宾四先生全集：第50册. 台北：联经出版事业公司，1998：62.

② 张丕介. 新亚书院诞生之前后[G]//宋叙五. 张丕介先生纪念集：张丕介先生·人师的楷模. 香港：和记印刷有限公司，2008：71.

注重"做人"；既注重"智识"，又注重"人格"；既关注"课程"，又关注"师长"；而就"求学"来说，不仅注重求"专门"之学，同时也注重求"博通"之学。前者在现实当中为很多学生所遵循，后者则为《新亚学规》以及以钱穆为首的新亚书院创校先贤们所倡导。

在此需要补充说明的是，《新亚学规》着重探讨的上述五对关系自然并非大学生活的全部，但无疑属于大学生活的重要内容。另外，上述五对关系主要是针对像新亚书院这样的研究型大学的学生而言的，但对于其他类型大学的学生也具有参考价值。

中国大学生在学规模名列世界前茅，大学生们如何度过自己的大学生活，这不仅涉及数千万大学生及其家庭，同时也关涉中国的未来发展。因此，钱穆等人在《新亚学规》当中所提出的大学生活建议不仅值得中国大学生们关注，同时也是值得中国高等教育从业者们参考与借鉴。

新亚书院是以弘扬中国文化为职志的大学，其创办人中很多都是儒家的知识分子，因此，《新亚学规》主要反映了儒家的教育思想，其对"求学"与"做人""职业"与"事业""专门"与"博通""课程"与"师长""智识"与"人格"这五对关系的处理，所秉持原则实际上主要来自儒家教育思想。为了证明这一结论，此下将析而论之：

新亚书院是以弘扬中国文化为职志的大学，其创办人中很多都是儒家的知识分子，因此，《新亚学规》主要反映了儒家的教育思想，其对"求学"与"做人""职业"与"事业""专门"与"博通""课程"与"师长""知识"与"人格"这五对关系的处理，所秉持原则实际上主要来自儒家教育思想。为了证明这一结论，此下将析而论之：

第一，做人为本。孔子曰："人而不仁，如礼何？人而不仁，如乐何？"[①]可见，在孔子那里，人是绝对不能没有"仁"的；做人，就一定要做一位"仁"人。《大学》有言："自天子以至于庶人，壹是皆以修身为

---

① 论语·八佾[M].

本。"《中庸》则曰："尊德性而道问学"。今天这个时代，人与人早已没有了高低贵贱之别，从人格与尊严上说，大家都是平等的，而今天的问学之道也早已阔过了以前，但是，变化之中也有不变者：以修身为本，以德性为尊，过去如此，现在亦然，将来也不应当变。在上述五对关系当中，"求学"与"做人"及"知识"与"人格"这两对关系只是名称不同而已，实质上是一样的。《新亚学规》以对"求学"与"做人"这一对关系的探讨始，而以对"知识"与"人格"这一对关系的论述终，新亚书院对于"做人"及"人格"的重视由此可见一斑。由上可知，《新亚学规》在处理"求学"与"做人"及"知识"与"人格"这两对关系时，所秉承的就是讲究"做人"、重视"人格"的儒家传统。

第二，崇尚立志。孔子将"志于道"置于"据于德""依于仁""游于艺"之前[①]，可见孔子对"志于道"的重视。孔子又曰："士志于道，而耻恶衣恶食者，未足与议也。"[②] 由此可知，孔子所倡导的志向并非仅关涉一己之衣食。他所说的"志于道"，实际上即"志于仁"[③]，是"仁以为己任"[④]，其内容正像他在回答子路"愿闻子之志"的请求时所说的，"老者安之，朋友信之，少者怀之。"[⑤] 追寻孔子的这一思想，孟子也特别提出"尚志"与"持志"的思想，而其所尚与所持之"志"，正如他自己所解释的，"仁义而已矣"。循此志向而行之人自然就是"大人"："居仁由义，大人之事备矣。"[⑥] 这是因为，"从其大体为大人，从其小体为小人。"而"先立乎其大者，则其小者弗能夺也。此为大人而已矣。"[⑦] 在处理"职业"与"事业"的关系时，《新亚学规》告诫大家要立志追求"敬爱自然，敬爱社会，敬爱

① 论语·里仁[M].
② 论语·里仁[M].
③ 论语·里仁[M].
④ 论语·泰伯[M].
⑤ 论语·公冶长[M].
⑥ 孟子·尽心上[M].
⑦ 孟子·告子上[M].

人类的历史与文化"之伟大"事业"，这一点显然与儒家崇尚立志的精神是一致的。

第三，顺应天性。在顺应自己的天性方面，孔子可谓世人的典范。孔子曾经这样介绍自己："述而不作，信而好古，窃比于我老彭。"[①] 并说："我非生而知之者，好古，敏以求之者也。"[②] 孔子多次说到自己"好古"，可见，对于自己的兴趣，孔子有着清醒的认识。"认识自己"其实并不是一件容易的事情，孔子对于自己天性的自觉是如何得来的呢？对此问题，达巷党人或许无意当中向我们透露了其中的信息："大哉孔子！博学而无所成名。"[③] 可见，孔子正是在"博学"当中才逐渐对自我有了清晰的认知的。孔子又说："富而可求也，虽执鞭之士，吾亦为之；如不可求，从吾所好。"[④] 孔子在"博学"的过程中获悉自己的天性在于"好古"之后，便明确了自己的人生方向："从吾所好"[⑤]。此话说来容易，但真正做到却很困难，正是因为此一原因，孔子才感叹道："古之学者为己，今之学者为人。"[⑥]《中庸》曰："致广大而尽精微"。"致广大"是"博学"，"尽精微"是对自己"所好"有了觉知之后的"从吾所好"。"致广大"是为了"尽精微"，且为了"尽精微"，还需要不断地"致广大"。"天命之谓性，率性之谓道，修道之谓教。"《中庸》当中开宗明义的这句话，便是认为每个人都有自己的天性，尊重人的天性、遵循人的天性，这便是人应该走的道，而教育的使命应当是修明和修正这一条人人该走的道。《新亚学规》对于"专门"与"博通"这一关系的处理，反映的便是儒家教育思想当中顺应人的天性的一面。

---

① 论语·述而[M].
② 论语·述而[M].
③ 论语·子罕[M].
④ 论语·述而[M].
⑤ 论语·述而[M].
⑥ 论语·宪问[M].

第四，亲近师长。在中国儒家传统当中，"求学"往往离不开"求师"，甚至"求师"更重于"求学"。孔子曰："有朋自远方来，不亦乐乎？"① 此章当中所言之"自远方来"之"朋"，实际上不是别人，而是当孔子"学"有所成时前来向其请教的弟子。对于此事，孔子表示自己"不亦乐乎"，可见孔子是支持向别人请教的。孔子不仅是这样说的，他更是这样做的：孔子周游列国十四年，门弟子紧跟不舍；晚年归鲁开坛设教，门弟子又环伺左右。在此方面，孟子同样如此："后车数十乘，从者数百人，以传食于诸侯"②。对于孔孟的这一做法，荀子更是将其明确概括为以下主张："学莫便乎近其人"与"学之经莫速乎好其人"③。鉴于现代教育有越来越重视"课程"而忽略"师长"的趋势，《新亚学规》认为，学生们固然要重视"课程"，但同时也应该重视传授"课程"的"师长"。《新亚学规》在处理"课程"与"师长"关系时所秉持的原则与现代教育思想当中的隐性课程理念相近，但其来源显然非国外，而是中国儒家教育思想当中学重亲师的传统。

第五，学重于教。《论语》以"学而时习之，不亦说乎？"开篇，可见孔子以及《论语》的编辑人员对于"学"的重视。事实上，正因为孔子十分看重"学"，他才对自己"好学"的品质深感自豪："十室之邑，必有忠信如丘者焉，不如丘之好学也。"④ 也是因为同一原因，当鲁哀公问起"弟子孰为好学？"时，孔子才这样回答他："有颜回者好学，不迁怒，不贰过。不幸短命死矣！今也则亡，未闻好学者也。"⑤ 可见，除了自己最喜欢的弟子颜回之外，孔子并没有将"好学"这一品质轻易许人。孔子对"学"的重视由上可知。孟子曰："人之患在好为人师。"⑥ 孟子反对"好为人师"，

---

① 论语·学而[M].

② 孟子·滕文公下[M].

③ 荀子·劝学[M].

④ 论语·里仁[M].

⑤ 论语·雍也[M].

⑥ 孟子·离娄上[M].

实际上是通过这一方式间接地对"学"进行了肯定。荀子在很多方面与孟子不同，但他对于"学"的重视却一如孟子。如果荀子不重视"学"的话，他怎么会在自己亲手编订的《荀子》一书当中将《劝学》作为起始第一篇呢？同样，如果不重视"学"的话，《学记》这一中国古代最早专门讨论教育教学问题的著述又怎么会被命名为"学记"呢？①毋庸赘言，儒家对于"学"的重视是显而易见的。《新亚学规》在"求学"与"做人"等上述五对关系方面所给出的建议正如其名称为"学规"一样，实际上主要是站在"学"的立场上所给出的建议。

由上可知，《新亚学规》的内容所蕴含的教育思想主要源自儒家。新亚书院办学的成功固然是多方面原因所致，其中自然也包含了《新亚学规》的贡献。因此，新亚书院的成功，从某种程度上也可以说是《新亚学规》的成功，是《新亚学规》背后的儒家教育思想的成功。在全球化日益彰显的时代，以钱穆为首的新亚书院创校先贤们在吸收中国传统教育思想、建设具有自己民族特色的中国大学教育方面的思考与实践值得我们认真学习。

三、校歌

1953 年 7 月，新亚书院第二届毕业生②行将毕业之际，钱穆在兴奋与感慨当中创作了一首歌词。③一天之后，香港著名音乐家黄友棣教授为歌词

---

① 杜成宪. 以"学"为核心的教育话语体系——从语言文字的视角谈中国传统教育思想的重"学"现象[J]. 华东师范大学学报（教育科学版），2010（3）：78.

② 新亚书院第二届毕业典礼于1953年7月11日举行，唐先生在当天的日记当中表达了自己参加毕业典礼时的感慨："此班学生乃此校开办时所招，亦对学校情意最厚者，今日毕业颇有惜别之感。"唯先生将此届毕业同学记为第三届，有误。参见唐君毅. 唐君毅日记：上[M]. 唐君毅全集：第三十二卷. 北京：九州出版社，2016：101.

③ 1952年7月7日（唐君毅. 唐君毅日记：上[M]. 唐君毅全集：第三十二卷. 北京：九州出版社，2016：81），新亚书院举行第一届毕业典礼，包括余英时在内一共有三名毕业生。但钱穆当时由于还在台湾养伤，因而未能赶回香港参加此次毕业典礼。参见余英时. 犹记风吹水上鳞——敬悼钱宾四师[M]//钱穆与现代中国学术. 桂林：广西师范大学出版社，2006：10.

作了谱。新亚书院校歌在钱穆和黄友棣的合作之下终于诞生了。[①]其中，钱穆创作的歌词如下：

> 山岩岩，海深深，地博厚，天高明，人之尊，心之灵，
> 广大出胸襟，悠久见生成。
> 珍重珍重，这是我新亚精神。
>
> 十万里上下四方，俯仰锦绣，
> 五千载今来古往，一片光明。
> 五万万神明子孙。
> 东海西海南海北海有圣人。
> 珍重珍重，这是我新亚精神。
>
> 手空空，无一物，路遥遥，无止境。
> 乱离中，流浪里，饿我体肤劳我精。
> 艰险我奋进，困乏我多情。
> 千斤担子两肩挑，趁青春，结队向前行。
> 珍重珍重，这是我新亚精神。[②]

"新亚精神"一词随着校歌的传唱迅速流传开来。任何一所学校，若没有精神，那就好比一个萎靡不振的人，而一个萎靡不振的人能做成什么样的事情呢？同样，一所萎靡不振的学校也绝不会是一所有希望的学校。因此，就像一个人一定要有精神一样，一所学校也一定要有自己的精神。既

---

① 校闻一束·校歌之诞生[M]//新亚遗铎. 钱宾四先生全集：第50册. 台北：联经出版事业公司，1998：33.

② 钱穆. 新亚校歌[M]//新亚遗铎. 钱宾四先生全集：第50册. 台北：联经出版事业公司，1998：扉页，9—10.

如此，则新亚书院一定要有一种精神灌注到学校的每一个角落里，一定要有一种精神流淌在每一个新亚人的心中，一定要有一种精神洋溢在每一个新亚人的脸上。唯有这样的新亚书院才是有力量的学校！也唯有这样的新亚书院才是有未来的学校！

精神是一种内在的东西，它实际上主要通过"理想的提出"与"理想的追求"这两个方面表现出来。无前者，自然不会有后者。前者直接决定着后者的价值。反之，后者是使前者逐渐变成现实的工具与手段。无后者，前者不过是镜中花、水中月。因此，对于精神来说，上述两个方面是不可或缺的。《新亚学规》号召新亚书院学生通过"随时诵览，就事研玩"的方式来"深切了解新亚书院之精神"。若要"深切了解新亚书院之精神"，事实上同样离不开上述两个方面。

钱穆在写于 1954 年 2 月的最早阐释"新亚精神"的一篇文章当中说到的"吃苦奋斗"与"自讨苦吃"[①]，实际上是就"理想的追求"这一个方面来说的。但是，并非所有的"吃苦奋斗"与"自讨苦吃"都是有价值的，它们的价值取决于想要通过"吃苦奋斗"与"自讨苦吃"来实现一种什么样的理想。因此，在"理想的提出"与"理想的追求"当中，"理想的提出"，换言之，到底提出了一种什么样的理想，这是更为根本的问题。这也正是钱穆提醒大家，应该更深一层来了解新亚书院的宗旨与目标，更深一层来反思自己进校求学的动机与理想的用意所在。

事实上，综合《新亚学规》与校歌歌词，我们可以将"新亚书院之精神"或"新亚精神"简单地概括为"重视做人的精神"。到底应该如何做人？钱穆在新亚校歌的歌词当中直接给出了答案。人，正因为其心中有那么一点灵明，所以才成为天地之间最为尊贵的东西。圣人如此，普通人亦然。以自己内心的灵明为基础，循此而上，则普通如我者也可以成为圣人，

---

① 钱穆. 新亚精神[M]//新亚遗铎. 钱宾四先生全集：第50册. 台北：联经出版事业公司，1998：28—31.

一定可以成为圣人。只是需要注意的是，成"人"的道路不会一帆风顺，更不会一蹴而就，更不会一劳永逸，因此，一方面，应该"艰险我奋进，困乏我多情"；另一方面，我们应该互帮互助，"趁青春，结队向前行"。此之谓"新亚精神"！

四、校训

1955 年秋，钱穆为新亚书院郑重选定《中庸》当中的"诚明"两个字作为校训。关于校训产生之经过，钱穆在该年 9 月 16 日写给徐复观的信件当中曾经有所提及："因新亚设计校徽与校训，弟提起'诚明'二字作校训，一切通过了"①。由上可知，新亚书院校训之产生，乃由钱穆提出并经集体认可的结果。

"诚明"两字源自《中庸》：

> 诚者，天之道也；诚之者，人之道也。
>
> 自诚明，谓之性；自明诚，谓之教。诚则明矣，明则诚矣。

关于"诚明"校训，钱穆曾专门写过一篇文章来解释自己对它们的认识②。在此文章当中，钱穆认为，"诚"字是属于德性行为方面的，是一项实事，一项真理；"明"字是属于知识了解方面的，是一番知识，一番了解。可见，新亚书院采用此两字作为自己的校训，应该说是和《新亚学规》当中所倡导的"求学与做人，贵能齐头并进，更贵能融通合一"的精神是一脉相承的。

在此基础上，钱穆进一步提出，"诚"有依次递升的四种境界；或者

---

① 黄祖植. 校徽的故事——校友黄祖植先生致唐端正先生函两通[G]//诚明古道照颜色——新亚书院55周年纪念文集. 香港：香港中文大学新亚书院，2006：270—271.

② 钱穆. 新亚校训诚明二字释义[M]//新亚遗铎. 钱宾四先生全集：第50册. 台北：联经出版事业公司，1998：75—79.

说，要做到"诚"，须有逐渐加深的四步工夫：

第一，"言行合一"或"内外合一"。什么叫"言行合一"或"内外合一"？"口里说的、心里想的、外面做的、内心藏的，要使一致，这始叫作'诚'。"

第二，"人我合一"。何谓"人我合一"？"譬如我们在独居时，该如在群居时。我们在人背后，该如在人面前。我们不欺骗自己同时也不欺骗别人。我们不把自己当工具，同时也不把别人当工具。循此渐进，便到人我合一的境界。这样的人，别人自会说他是一位诚实人。"

第三，"物我合一"。如何叫"物我合一"呢？"我有我的真实不虚，物有物的真实不虚。要把此两种真实不虚，和合成一，便也是诚了。如我饮食能解饥渴，这里有实事、有实效，便是诚。但是有些物，饮食了能解饥渴；有些物，饮食了不能解饥渴，不仅不能解饥渴，而且会生病，这里便有物的真实。所以人生便是这人的真实和物的真实之和合。试问：做人如何能不真实，对物又如何能不真实呢？"

第四，"天人合一"或"神我合一"。"天人合一"或"神我合一"到底是什么意思？"你若问：天地间何以有万物，何以有人类？我处在此人类中、万物中，何以能恰到好处，真真实实，完完善善地过我此生？你若懂从此推想，从此深思，你便会想到天、想到神，你便会想到这里面纯是一天然，或说是一神妙呀！因此你只要真能真真实实，完完善善地做一人，过一生，那你便可到达于'天人合一''神我合一'的境界了。"

由上可知，上述四步功夫或四种境界当中，其对象由内而外不断扩大，不断攀升，但是，变化之中也有不变者，即要做到"诚"的每一步工夫里面都有一番"诚实不虚的真理"。

与"诚"有依次递升的四步功夫或四种境界相对应，"明"也有依次递升的四步功夫或四种境界：

第一，"若你明白得第一番真理，你便能言行合一、内外合一，你便养成了一个真人格，有了一个真人品。否则，你言行不一致，内外不一致，好像永远戴着一副假面具，在说假话、做假事，你将会自己也不明白自己究竟是怎样一个人，在做怎样一回事。因此，不诚便会连带地不明，不明也会连带地不诚。"

第二，"你若要诚诚实实真做一人，你若要决心不说假话、不做假事，你自会懂得人我合一的第二项真理。你自会懂得有人在前和无人在前，有人知道和无人知道，全该是一样。这便是对人如对己，对己如对人。我如何样对人，我如何样做人，你该明白，这原是一件事。因此，你先该懂得人，才懂得如何样对人和做人。但反过来说，你若懂得如何样对人和做人，也自会懂得如何才是一人了。于是你该懂得要明人情。"

第三，"你要做人，便又该懂得对物。如你饥了要吃，冷了要穿。你若不懂得对物，便会饿死，便会冻死，又如何能做人呢？你若要对物，你当知物无虚伪，天地间一切万物尽是一个诚。全有它们一番真实不虚的真理。天地间万物，全把它们的诚实与真理来对你，试问：你如何可把虚伪来对物？于是你该得要明物理。"

第四，"你必通达人情，明白物理，才懂得如何真真实实、完完善善地做一人。由此再通达明白上去，便是天和神的境界了。"

在分别分析与阐释"诚"与"明"的四步功夫或四种境界之后，钱穆最后总结说："第一项真理，是人格真理，道德真理。第二项真理，是社会真理，人文真理。第三项真理，是自然真理，科学真理。第四项真理，是宗教真理，信仰真理。人生逃不出此四项真理之范围，我们全都生活在此四项真理中，我们要逐步研寻，分途研寻，来明白此四项真理。我们并要把此四项真理，融通会合，明白这四项真理，到底还是一项真理。我们便得遵依着这一项真理来真真实实、完完善善地做一人。这便是《中庸》所谓'诚则明，明则诚'的道理了。"

五、校徽

1955 年，新亚书院向全校公开征求校徽。新亚书院文史系学生黄祖植模仿古镜背面图案，以汉墓出土石像人物，两相对立，中间镶上"人文"两字，作成圆形图案应征。学校初审之后，沈燕谋先生给出两条建议：第一，将原有人物换成汉墓出土之"孔子见老子"图；第二，将原有的"人文"两字改为"诚明"校训。该方案最终获得通过，黄祖植也因此设计获得两百元奖金。

新亚校徽的设计洋溢着鲜明而又浓厚的中国文化气息：校徽的正中间为篆书"诚明"校训，汉墓出土之"孔子见老子"图则分列校训之两侧（如图6-1）。

图6-1　新亚书院校徽

关于"孔子见老子"事，钱穆经过考证指出："孔子适周问礼于老聃，其事不见于《论语》《孟子》。《史记》所载盖袭自《庄子》。而《庄子》寓言十九，固不可信。"同时又指出："孔子见老聃问礼，不徒其年难定，抑且其地无据，其人无征，其事无信。"[①] 由上可知，"孔子见老子"问礼，历史上是否实有其事，此在学界至今依然是一没有定论的公案。

另外，也有当代学者根据考证指出，"孔子见老子"画像所描绘的实际上是《礼记·曾子问》中孔子协助老子"助葬于巷党"的场景，意在表达

---

① 钱穆. 孔子与南宫敬叔适周问礼老子辨[M]//先秦诸子系年. 钱宾四先生全集：第5册. 台北：联经出版事业公司，1998：5—10.

"巷党"家丧葬礼制规格的严正与宏大。这里的"巷党"就是立于孔子与老子之间的"项橐"。《论语》中的"达巷党"其实就是"大项橐"。①

尽管如此，但正如校徽的设计者黄祖植所说，因为"礼"是维系社会秩序非常重要的一种方式，因此，我们尽可从象征的意义上去着眼，而不必追究此事的真假。②

第二节　动态校园文化

一、开学典礼

一年之计在于春，一日之计在于晨。对于大学来说，则一学期之计在于学期初。因此，很多大学每个学期都要举行开学典礼，以示对此阶段的重视。且在这样的典礼当中，往往都有教师对于学生的讲话，其内容通常以建议学生应当如何度过自己的大学生活为主。在此方面，新亚书院也不例外。

兹以钱穆为例，1949年新亚书院创办时钱穆即任院长，直至1965年6月正式辞任。实际上，钱穆1964年下半年即已开始休假。因此，钱穆作为院长实际在任15个学年30个学期。当然，新亚书院开学时，钱穆有可能正好有事外出，不在香港，或者因为身体原因，不能出席开学典礼。据《新亚遗铎》的记录，在此期间，钱穆在开学典礼上共发表演讲13次。详情见表6-1：

---

① 陈东. 汉画像石"孔子见老子"其实是孔子助葬图[J]. 孔子研究，2016（3）：50—61.
② 黄祖植. 校徽的故事——校友黄祖植先生致唐端正先生函两通[G]//诚明古道照颜色——新亚书院55周年纪念文集. 香港：香港中文大学新亚书院出版社，2006：271.

表 6-1　新亚书院开学典礼钱穆演讲汇总表

序号	日期	主题
1	1949 年 10 月 10 日	亚洲文商学院开学典礼讲词摘要
2	1953 年 3 月	告新亚同学们
3	1955 年 3 月	校风与学风
4	1956 年 4 月	新亚理想告新亚同学
5	1957 年 9 月 11 日	第九届开学典礼讲词
6	1958 年 9 月	告本届新同学
7	1959 年 9 月 16 日	开学致词
8	1961 年 2 月 22 日	关于新亚之评价——春季开学典礼暨第三十八次月会致词
9	1961 年 9 月 18 日	秋季开学典礼讲词
10	1962 年 9 月 10 日	秋季开学典礼讲词
11	1963 年 2 月 22 日	衡量一间学校的三个标准——春节开学典礼及五十八次月会
12	1963 年 9 月 9 日	秋季开学典礼讲词
13	1964 年 2 月 21 日	事业与职业——开学典礼讲词

　　另外，在 1949 年 10 月 10 日亚洲文商学院唯一的一次开学典礼上，除了钱穆致辞谈书院制度及学校所负的文化使命之外，尚有唐君毅谈及"中国文化及其遭受的危机"，张丕介则聚焦于"武训行乞兴学的意义"①。

　　而据《新亚精神与人文教育》一书所载，自学校创始自 1965 年止，唐君毅在学校开学典礼上共有《一个堂堂正正的中国人——新亚书院一九五九年度开学典礼致词》（1959 年 9 月）、《办学的三大义与教学的三大事——新亚书院一九五九年春季开学典礼会上讲词》（1960 年 3 月）、《新亚书院一九六〇年度开学典礼讲词》（1960 年 9 月）三次致辞。

　　据《农圃讲录》一书所载，同一时期，吴俊升在开学典礼上的讲话则有《四十九年春季开学典礼讲词》（1960 年 3 月）与《五十三年秋季开学典礼讲词》（1964 年 9 月）两次。

　　① 张丕介. 新亚书院诞生之前后[G]//宋叙五. 张丕介先生纪念集：张丕介先生·人师的楷模. 香港：和记印刷有限公司，2008：65.

二、毕业典礼

在现实当中，有些学校将学生的人生划分成"在校"与"离校"两个不同的阶段，且认为自己负责的是前一个阶段，至于学生在后一个阶段的表现，那是学生自己的事，与学校无关。

与这种想法截然不同的是，新亚书院并不认为学生毕业了，自己对他们的责任就此了结了。实际上在很多新亚师长心目当中，学生之毕业，新亚的责任只是暂告一个阶段，下面只是又开启了另外一个崭新的阶段。在此阶段，新亚的责任不是减轻了，而是加重了。因为新亚书院的教育效果到底如何，新亚书院是否为学生的终身可持续发展打下了扎实的基础，此下将是正式检验的时候。

正是基于此一考虑，新亚书院不仅重视每个学期的开学典礼，而且也异常重视每年的毕业典礼。且新亚书院对毕业典礼的重视并非仅仅只是一种形式上的重视，实际上是想利用这样一种隆重的形式来表达学校对学生完成学业的祝贺以及对其未来的期盼。也正因此，每年的毕业典礼上都有学校师长对毕业学生的谆谆告诫。

以钱穆为例，其在任院长期间共有 15 届毕业典礼，钱穆只要有可能，都会出席典礼并发表演讲，给即将离校进入社会的新亚学子们上好在校期间的"最后一课"。有的时候，除了演讲之外，钱穆还会另写一篇致毕业同学的临别赠言之类的文章。据《新亚遗铎》的记录，钱穆的毕业典礼讲话与临别赠言共有 14 篇。详情见表 6-2：

表 6-2　新亚书院毕业典礼钱穆演讲与临别赠言汇总表

序号	日期	主题
1	1953 年 7 月 11 日	敬告我们这一届的毕业同学们
2	1955 年 7 月 2 日	本院第四届毕业典礼
3	1957 年 7 月	告本届毕业同学
4	1957 年 7 月 15 日	第六届毕业典礼讲词

续表

序号	日期	主题
5	1958 年 7 月	责任和希望——给本届毕业生
6	1958 年 7 月 15 日	第七届毕业典礼讲词
7	1959 年 7 月 3 日	第八届毕业同学录序——代毕业训词
8	1961 年 7 月	欢祝本届毕业同学
9	1961 年 7 月 15 日	第十届毕业典礼致辞
10	1962 年 7 月 14 日	对十一届毕业诸君临别赠言
11	1963 年 7 月 8 日	对十二届毕业同学之临别赠言
12	1964 年 7 月	对新亚第十三届毕业同学赠言
13	1964 年 7 月 11 日	有关穆个人在新亚书院之辞职——新亚毕业典礼中讲词

实际上，除了钱穆经常在毕业典礼上讲话或发表临别赠言外，唐君毅也特别重视学生的毕业这一环节。据《新亚精神与人文教育》一书所载，在钱穆长校期间，唐先生所写与学生毕业有关的文章计有《告新亚第六届毕业同学书》（1957 年 10 月 15 日）、《告第九届毕业同学书》（1960 年 7 月）、《告第十届新亚毕业同学书》（1961 年 10 月）、《告新亚第十一届毕业同学书》（1962 年 7 月）四篇。

另外，据《农圃讲录》一书所载，在同一时期，吴俊升先生在新亚书院毕业典礼上的讲话有《第九届毕业典礼讲词》（1960 年 7 月）一篇。

新亚书院的毕业典礼到底是如何举行的？兹以新亚书院第一、二、四共三届毕业典礼为例，来说明新亚书院早期毕业典礼的大致情形。

1952 年 7 月 7 日，新亚书院在湾仔六国饭店二楼的西餐厅举行第一届毕业典礼。毕业生一共有三人，余英时与张德民两位毕业生参加了仪式。全体师生及眷属朋友共五六十人，典礼隆重而热烈。钱穆因在台养伤，非常遗憾地未能参加此次典礼。[①]

---

① 何仁富，汪丽华. 唐君毅年谱[M]. 唐君毅全集：第三十四卷. 北京：九州出版社，2016：153.

1953 年 7 月 11 日下午四时，新亚书院第二届毕业典礼借九龙青山道陆军华员俱乐部举行。该届毕业生共有 9 名，有三百余人出席了这届典礼。除新亚书院教师、学生及学生家长外，特别邀请的来宾有珠海书院院长唐惜分，香港大学教授罗香林、刘百闵、饶宗颐，人生杂志社社长王道夫妇，主流月刊社社长罗梦册夫妇，中国学生周报社社长余德宽夫妇，美国耶鲁大学教授卢定，基督教信义会牧师胡雅各，山东信义会总监督袁柏定，香港宣道会牧师白克等人。

正是在此次毕业典礼上，新亚校歌第一次由学生集体正式开始唱出。校歌有钢琴伴奏，大家唱得格外起劲。在听大家唱完了他自己新作的校歌后，钱穆穿着一件绸长衫，微笑地站到台上，开始了他的讲话。说到中国文化的前途时，钱穆慷慨激昂；说到"新亚书院绝不会关门"时，甚至使有的同学激动地流下了热泪。[①]钱穆一边感谢社会关心人士对学校精神上的鼓励与物质上的帮助，一边训勉在校同学，同时也希望毕业同学能继续不断地将新亚精神传播到世界的每一个角落。[②]

1955 年 7 月 2 日，新亚书院第四届毕业典礼假座协恩中学大礼堂举行。师生来宾济济一堂，共有两百五十余人。列席的董事有赵冰博士、凌道扬博士、布克礼先生、郎家恒先生、沈燕谋先生。来宾有协恩中学校长陈仪贞女士、港大教授刘百闵、饶宗颐诸先生。学生家长有王惕亚先生等。

整个会场中充满着肃穆、宁静而又和谐的气氛。主席和董事长、来宾登台就座后，庄严的校歌随即唱响。嘹亮的歌声结束后，钱穆首先起来致辞。他说，在学校物质条件改善的同时，希望"新亚精神"能够继续保持下去，希望大家不仅要保存好的"校风"，更要创造好的"学风"，不要辜

---

① 苏庆彬. 飞鸿踏雪泥——从香港沦陷到新亚书院的岁月[M]. 香港：中华书局，2018：186.

② 校闻一束·第二届毕业典礼[M]//新亚遗铎. 钱宾四先生全集：第50册. 台北：联经出版事业公司，1998：33—34.

负了社会人士对新亚书院的期望。

当院长颁发毕业证书完毕后，接下来致辞的是董事长赵冰大律师。赵冰勉励毕业同学不要自满，应在原有基础上再确立自己的理想；毕业后仍应继续努力，以完成学业与事业。接下来由雅礼代表郎家恒教授致辞。他用流利的中国话说，他对雅礼与新亚一年以来的合作表示非常满意，并对将来的发展也抱有极大的信心。

来宾中分别有谢恩女中陈仪贞校长与刘百闵教授致辞，他们对新亚书院在艰苦中创立与成长，及提倡中国固有文化精神表达了自己的敬意与褒奖。王惕亚先生代表毕业学生家长致辞，向学校师长及校董致谢，并勉励毕业同学。古梅代表毕业同学致辞。礼成摄影散会。①

三、校庆、孔子诞辰纪念、教师节

新亚书院的建校日是 1949 年 10 月 10 日，因此，学校早期的校庆日都选在每年的 10 月 10 日。此一日期同时又是"中华民国"之"国庆日"。为了避免外界误会新亚书院"太过富于政治性"②，从而影响了学校的前途，新亚同人于 1960 年议定，自 1961 年开始，将校庆日改定在 9 月 28 日。此一日期不仅是孔子的诞辰日，同时也是港台地区的教师节。因此，从 1961 年起，这一天对于新亚书院来说就具有了三重含义：校庆日、孔子诞辰纪念日、教师节。众所周知，孔子乃中国文化的代表与象征，因此，这一改定事实上也更加符合新亚书院"弘扬中国文化"的办学旨趣。

校庆日对于每一所学校来说无疑都具有十分重要的价值，而对新亚书院这样一所从苦难中走来的学校来说，尤其具有特殊的纪念意义。另外，在 1961 年之前，因为弘扬中国文化的关系，新亚书院一直重视每年的孔子

---

① 校闻一束·本院第四届毕业典礼[M]//新亚遗铎. 钱宾四先生全集：第50册. 台北：联经出版事业公司，1998：80-83.

② 钱穆. 孔诞与校庆讲词[M]//新亚遗铎. 钱宾四先生全集：第50册. 台北：联经出版事业公司，1998：371.

诞辰日。而从 1961 年开始，9 月 28 日这一天对于新亚书院来说更加具有了不凡的意义。因此，每逢孔子诞辰或校庆日，新亚书院都要举办庆典，由师长发表演讲或撰写文章来表达纪念。兹以钱穆为例，据《新亚遗铎》的记载，其历年发表之演讲或文章详情可参见表 6-3：

表 6-3　新亚书院校庆日及孔子诞辰日钱穆演讲与撰文汇总表

序号	日期	主题
1	1957 年 9 月 11 日	孔子诞辰纪念讲词
2	1958 年	孔子思想和现实世界问题
3	1958 年 9 月 28 日	孔道要旨——孔子诞辰日讲词
4	1958 年 10 月 10 日	"国庆"与校庆
5	1959 年 10 月 6 日	中国传统思想中几项共同的特点——一九五九年十月六日十周年校庆学术讲座演讲辞
6	1959 年 10 月 9 日	珍重我们的教育宗旨——新亚书院成立十周年纪念演讲辞
7	1959 年 10 月 10 日	让我们来负担起中国文化的责任——"国庆"纪念暨第二十二次月会讲词
8	1961 年 9 月	《论语》读法
9	1961 年 9 月 28 日	孔诞与校庆讲词
10	1962 年 9 月	校庆日劝同学读《论语》并及《论语》之读法
11	1962 年 9 月 28 日	孔诞、校庆及教师节讲词
12	1963 年 9 月	漫谈《论语新解》——一九六三年九月为庆祝孔诞校庆与教师节而作
13	1963 年 9 月 28 日	孔诞暨校庆纪念会讲词
14	1964 年 9 月 28 日	校庆日演讲辞——创校十五周年纪念

另外，在钱穆执掌学校时期，据《新亚精神与人文教育》一书所载，唐君毅直接在校庆上致辞有一次，即《国庆、校庆、月会——在新亚第十二次月会上的讲词（摘要）》（1958 年 10 月）。

四、月会

早期新亚书院的规模到底有多大，当时全校学生人数的统计①（见表6-4）可以回答这一问题。

表6-4　1949—1957年新亚书院历年注册学生人数统计表

时间	人数
1949 年秋季	42
1950 年秋季	48
1951 年秋季	35
1952 年秋季	63
1953 年春季	111②
1954 年秋季	129
1955 年春季	135
1956 年春季	190
1956 年秋季	249
1957 年春季	299

观上表可知，1953 年之前，新亚书院的学生往往只有几十人，而随着经济基础的渐趋稳固，特别是新亚书院于 1954 年获得雅礼协会的赞助后，新亚书院各年注册学生数越来越多。学生人数的增加势必导致师生共处时间的减少，而师生共处时间的减少则必然导致教师引导作用的减弱。此一情况正如钱穆基于学生立场所说的，原本为"我是在新亚书院读书"，而现在则几乎变成了"我读书"③。换言之，在此过程中，新亚书院的特色没有得到有效彰显，新亚师长在学生成长过程中的引领作用没有得到很好地发挥。

---

① 校闻辑录·增加辟艺术专修科[M]//新亚遗铎. 钱宾四先生全集：第50册. 台北：联经出版事业公司，1998：126.

② 校闻一束·全校学生人数[M]//新亚遗铎. 钱宾四先生全集：第50册. 台北：联经出版事业公司，1998：33—34.

③ 钱穆. 第一次月会讲词摘要[M]//新亚遗铎. 钱宾四先生全集：第50册. 台北：联经出版事业公司，1998：143.

有鉴于此，新亚书院从 1957 年 12 月开始，每月举行一次月会，"一方是由先生跟同学们讲话，或报告校务；同时亦可借此机会，大家聚集一堂，彼此见面，使师生间或同学与同学间，互相了解，增进情谊。"[①]

以钱穆为例，其受邀在历次月会上发表讲话情况可见表 6–5 所示：

表 6–5　新亚书院月会钱穆演讲汇总表

序号	日期	主题
1	1957 年 12 月 3 日	第一次月会讲词摘要
2	1958 年 3 月 6 日	第四次月会讲词摘要
3	1958 年 9 月 13 日	变动中的进步——第十届月会报告摘要
4	1959 年 3 月 2 日	知识、技能与理想人格之完成——第十七（十六）次月会暨艺术专修科第一届毕业授凭讲辞
5	1959 年 4 月 8 日	介绍董之英先生讲词——本院第十八（十七）次月会
6	1959 年 6 月 1 日	通情达理敬业乐群——第二十一（十九）次月会讲词
7	1959 年 10 月 10 日	让我们来负担起中国文化的责任——"国庆"纪念暨第二十二（二十三）次月会讲词
8	1960 年 1 月 4 日	新亚书院十年来的回顾与前瞻——第二十六次月会
9	1960 年 10 月 25 日	三十四（三十五）次月会讲词
10	1961 年 1 月 20 日	课程学术化生活艺术化——第三十七（三十八）次月会
11	1961 年 2 月 22 日	关于新亚之评价——春季开学典礼暨第三十八（三十九）次月会致词
12	1961 年 3 月 27 日	关于丁龙讲座——第三十九（四十）次月会
13	1961 年 6 月 26 日	竞争比赛和奇才异能——第四十二（四十三）次月会讲词
14	1961 年 10 月 24 日	欢迎罗维德先生——第四十四（四十七）次月会讲词
15	1962 年 6 月 13 日	回顾与前瞻——第五十二（五十五）次月会
16	1963 年 2 月 22 日	衡量一间学校的三个标准——春季开学典礼及五十八（六十三）次月会
17	1963 年 6 月 19 日	月会讲词——第六十一（六十七）次月会
18	1964 年 1 月 10 日	校风与学风——第六十四（七十四）次月会讲词

注：《新亚遗铎》中关于月会序次的记录比较凌乱，如果新亚书院自 1957 年 12 月每月皆开月会的话，则上表括号内当为正确的月会序次。

---

① 唐君毅. 国庆、校庆、月会——在新亚第十二次月会上的讲词（摘要）[M]//新亚精神与人文教育. 唐君毅全集：第十六卷. 北京：九州出版社，2016：52.

在钱穆长校时期，据《新亚精神与人文教育》一书所载，唐君毅先生在月会上致辞有两次，分别为《国庆、校庆、月会——在新亚第十二次月会上的讲词（摘要）》（1958 年 10 月）与《对未来教育方针的展望——在新亚第十六次月会上的讲词》（1959 年 3 月）。

据《农圃讲录》所记，同一时期，吴俊升在月会上致辞四次，分别为《第三十二次月会讲词》（1960 年 7 月）、《第五十四次月会讲词》（1962 年 11 月）、《第五十七次月会讲词》（1963 年 1 月）、《第五十九次月会讲词》（1963 年 3 月）。

五、新亚研究所学术演讲讨论会

钱穆认为，近现代中国社会之混乱，最主要的原因在于我们"太过重视了外面，而忽忘了自己"。基于此一认识，为了将中国从混乱当中拯救出来，钱穆指出，最主要的力量应该来自"中国民族本身自有的历史文化的基本意识与基本观念之复苏"[1]。为了使得此一理想与信念通过"纯粹性的学术研究"而"获得深厚坚实的证明和发挥"，在亚洲协会的帮助下，钱穆及其同事于 1953 年秋筹办了新亚研究所。

新亚研究所实际上早就是新亚书院预定事业计划中的一部分。在筹备阶段，主持人为钱穆，参加研究的教授有余协中、张丕介、唐君毅三位先生。另聘有研究生四人，即余英时、叶时杰、唐端正、列航飞四位。

亚洲协会虽然租下了九龙太子道一层楼宇，供新亚研究所筹办使用。但由于主持亚洲协会与新亚书院之间合作的艾维不久之后就离开了亚洲协会，这件事也没有再往下发展。直至 1955 年 9 月，受到哈佛大学燕京学社的资助之后，新亚书院研究所才算是正式开始创办。钱穆继续兼任研究所所长，张葆恒教授任教务长。导师除钱穆、张葆恒外，尚有唐君毅、牟润

---

① 钱穆. 研究所计划纲要[M]//新亚遗铎. 钱宾四先生全集：第50册. 台北：联经出版事业公司，1998：72.

孙两位教授。

9 月初公开招生，经严格考试之后，共录取研究生五名：柯荣欣、罗球庆、孙国栋、余秉权、石磊。除罗球庆毕业于新亚书院之外，其他同学皆毕业于外校。研究所规定研究生毕业年限为两年，毕业后由台湾"教育部"颁给硕士学位。在此两年内，研究生必须修满 36 个学分，精习一门外国语文，完成论文一篇。课程计有中国思想、中国历史、中国文学与文字、英文等。规定指导阅读书目包括《论语》《孟子》《老子》《庄子》《通鉴》《诗经》《楚辞》《宋元学案》《明儒学案》《史记》《汉书》《左传》《礼记》等。课外阅读书目则包括《近思录》《日知录》《读史方舆纪要》《文史通义》《廿二史札记》《经学通论》等。

新亚研究所自 1953 年 10 月 1 日筹办直至 1957 年，期间毕业研究生多名：出国者中，余英时在美国哈佛大学攻读博士学位，萧世言在比利时攻读博士学位；章群、何佑森留所编纂清史稿索引；研究生成立后第一届毕业生有唐端正、柯荣欣、罗球庆、孙国栋、余秉权、石磊六位。

为了增进研究所的学术性，同时也给在所研究生提供更好的指导，新亚研究所后来举办了学术演讲讨论会，邀请各位导师出席演讲。钱穆任院长期间出席讨论会并发表演讲情况见表 6-6 所示：

表 6-6 新亚研究所月会钱穆演讲汇总表

序号	日期	主题
1	1959 年 4 月 21 日	研究生报告指导摘要——研究所月会金中枢同学报告"董仲舒的思想"
2	1959 年 6 月 22 日	研究生报告指导摘要——研究所月会某生报告"陆象山思想研究"
3	1961 年 11 月 10 日	关于学问方面之智慧与功力——研究所第六次学术演讲讨论会
4	1962 年 1 月 12 日	学问与德性——研究所学术演讲讨论会
5	1962 年 4 月 10 日	中国历史上关于人生理想之四大转变——研究所学术演讲讨论会

续表

序号	日期	主题
6	1962 年 5 月 18 日	有关学问之道与术——研究所学术演讲讨论会
7	1962 年 9 月 21 日	有关学问之系统——研究所第二十四次学术演讲讨论会
8	1962 年 11 月 2 日	学术与风气——研究所第三十九次学术演讲讨论会
9	1963 年 3 月 8 日	学问之入与出——研究所第三十七次学术演讲讨论会
10	1963 年 5 月 10 日	推寻与会通——研究所第四十五次学术演讲讨论会
11	1963 年 10 月 3 日	我如何研究中国古史地名——研究所第五十三次学术演讲讨论会
12	1963 年 11 月 22 日	大学格物新义——研究所第五十八次学术演讲会
13	1964 年 3 月 6 日	谈《论语新解》——研究所第六十三次学术演讲讨论会

注：《新亚遗铎》中关于新亚研究所月会序次的记录同样比较凌乱，上表所载序次很多都不准确。

六、文化讲座

香港一向为一商业社会，文化空气比较稀薄，以至于曾有"文化沙漠"之称。为了改善此一状况，同时也为了满足社会公众与青年学生对知识与思想的急切要求，新亚书院自 1950 年冬季设立了一个自由学术讲座，由唐君毅主持，邀请校内外专门学者及儒、佛、耶、回等各方面人士作有系统的学术讲演，所讲范围涉及整个人文科学之各部门。该讲座通常于星期日在新亚书院举行，每周一次，免费招待听讲，讲后热烈讨论，充分彰显了学术自由与思想自由的精神。听众来自四面八方，除了新亚学生之外，亦有很多社会人士参加。

截至 1952 年，这一文化讲座已先后举办了七十余次，甚获听众欢迎。而截至 1956 年冬季，已先后举行了一百四十六次。其中，1957 年第一学期一共举办了九次①，各次主讲人及其讲题如表6-7所示：

表6-7　新亚书院1957年第一学期文化讲座汇总表

序次	主讲人	讲题
第一百四十七次	罗香林教授	法国汉学研究及其影响
第一百四十八次	达林博士（Dr. David Dallin）	苏联与匈牙利
第一百四十九次	刘若愚教授	中国诗之情、景、境
第一百五十次	施高德教授（Prof. Scotte）	中国戏剧中丑角之地位
第一百五十一次	郑吉士博士	近代西方史学的趋向
第一百五十二次	休漠教授（Prof. Hulme）	The Writer：The Bensorand Society
第一百五十三次	葛壁教授（Prof. Kirby）	今日大陆之经济趋势
第一百五十四次	董作宾教授	殷墟
第一百五十五次	康尔博士（Dr. Korn）	今日之美国外交政策

在该讲座的听众当中，孙鼎宸可谓"每讲必至，历数年不缺席者"。孙鼎宸后来以两年之功，搜集当时之笔录，并请原讲者修正补充后，于1962年编成《新亚书院文化讲座录》一书。正如钱穆在为该书所写序言当中所说，"唐君毅先生长新亚教务，始终主其事。匪唐先生不能有此讲座，匪孙君不能有此记录。"②

在新亚书院的这个文化讲座当中，主讲次数最多者当属钱穆、唐君毅、张丕介。③除上述三位主讲人之外，文化讲座主讲者尚有罗香林、饶宗颐、林仰山、牟润孙、简又文、吴克、张莼沤、黄天石、杨宗翰、刘百闵、徐

---

① 钱穆. 新亚书院沿革旨趣与概况[M]//新亚遗铎. 钱宾四先生全集：第50册. 台北：联经出版事业公司，1998：11；校闻辑录·文化讲座[M]//钱穆. 新亚遗铎. 钱宾四先生全集：第50册. 台北：联经出版事业公司，1998：附录，122—123. 关于新亚书院文化讲座举办时间，前文记为"一九五〇年冬季"，而后文则记为"一九五〇年秋季"，因前文离文化讲座开设时间较短，故关于新亚书院文化讲座开设时间，此处从前文。

② 钱穆. 新亚书院文化讲座录序[M]//新亚遗铎. 钱宾四先生全集：第50册. 台北：联经出版事业公司，1998：393.

③ 张丕介. 新亚书院诞生之前后[G]//宋叙五. 张丕介先生纪念集：张丕介先生·人师的楷模. 香港：和记印刷有限公司，2008：72.

庆誉、谢扶雅、印顺法师、融熙法师、彭福牧师、张性人、梁寒操、吴俊升、王书林、何福同、章辑五、曾克耑、余雪曼、罗梦册、余协中、沈燕谋、伍镇雄、张云、程兆熊、张公让、张君劢等人。讲座内容遍及新旧文学、中西哲学、史学、经学、理学、各大宗教思想、中国传统艺术、戏剧、绘画、诗歌、社会学、经济学等诸多方面。[①]

七、同学服务

新亚书院创办初期，前来就读的学生大多家境清寒，而与此同时，学校本身也经济困难，因此，学校里的很多事情都由同学自己办理，而参与此事的同学借此也可以获得一定的报酬。这一做法后来也变成了新亚书院的传统与特色。如1954年前后有一个学期，为学校服务的同学主要分成了以下四组：

（1）注册组：胡栻昶、雷一松、罗秋庆；

（2）抄录及讲义组：陈建人、胡咏超、郭大晔；

（3）清洁组：王健武、苏庆彬、徐子贞、钱其瀚；

（4）收费记账及代售书刊组：姜善思、刘秉义、马德君。[②]

除了上述四组同学以外，还有不固定服务性质的同学多人为学校服务。因为大家都把学校当成了自己的家，所以做起事来也都非常热心，非常认真。

八、新亚夜校

鉴于深水埗区失学儿童众多，新亚书院哲教系学生秉持知行合一之原则，发起成立了新亚夜校。该校以服务社会为目的，同时借此增进同学的

---

① 何仁富，汪丽华. 唐君毅年谱[M]. 唐君毅全集：第三十四卷. 北京：九州出版社，2016：143.

② 校闻一束·同学服务[M]//新亚遗铎. 钱宾四先生全集：第50册. 台北：联经出版事业公司，1998：34—35.

实际教学经验。学校之教育宗旨为："使学生在幼年即逐渐习知为学做人，同属一事"。"孝父母""敬师长""爱同学""勤学业"为学校四大校训。[①] 学校系夜校性质，利用学校午后空隙教室办学。

夜校除低年级学生完全免费外，各级另设全免、半免学额，以资鼓励；家境困难者，如品学俱优，则可申请免费入学。学费收入，除校务开支外，全部用于添置教材、教具及图书。香港政府因此批准学校免办商业登记。[②]

学校于 1952 年 2 月开课，经费全由同学自筹，教师也全由同学义务担任。学校内部最初分为教导和总务两个部门，而从第二学期开始，则将教导部门进一步分成了教务和训导两个部门。

学校教师在授课之余，常将我国古圣先贤，如孔子、孟子、文天祥、岳飞等人的事迹以故事的方式讲给学生听，使他们对我国由古至今的圣贤能有一些最基本的了解与认识，使他们从小知晓一些品德修养的知识，知道"为学做人"的基本要求，将来不至于成长为一个只偏于求知的人，使他们知道人生不应只是单求物质享受，而应有为社会、为人类的幸福而贡献的伟人精神。

学校一直办到 1971 年，为深水埗区贫穷儿童免于失学做出了重大贡献。

九、同乐会

早年的新亚书院，教师和学生大多皆来自内地，更有只身在港者，因此，每逢节假日，往往倍感孤寂。为了驱除寂寞，慰藉思乡之情，同时也为了增进情谊，新亚书院往往举办师生之间的同乐会。此种同乐会主要有四种类型：第一种是学校举办的联欢晚会；第二种是学校举行的旅游观光；

---

① 胡栻昶. 我们的夜校[G]//多情六十年——新亚书院的过去、现在与未来. 香港：香港中文大学新亚书院，2009：132.

② 夏仁山. 桂林街时期的新亚同学[G]//多情六十年——新亚书院的过去、现在与未来. 香港：香港中文大学新亚书院，2009：134.

第三种是在教师住处过年过节，此一活动或出于学生自发，或由教师主动邀请。

1950年春，来香港探亲的余英时听从父亲余协中的建议，从燕京大学历史系转入新亚书院文史系。初次见面，余英时感觉钱穆是一个"十分严肃、不苟言笑"的人。钱穆的这一"严肃印象"最初使余英时对钱穆有点"敬而远之"。但新亚师生之间常常有同乐集会，"像个大家庭一样"，师生之间慢慢地也就熟悉了起来。而熟悉了以后，余英时却发现钱穆实际上是个"即之也温"的典型。①

1954年新历年除夕，同学们发起了一个联欢晚会。钱穆在挤着一百二十多人的肃穆的会场中，用沉重的语句再三叮嘱大家：物质条件的改善不一定能把"新亚精神"发扬光大；反之，物质条件的改善还可能阻碍了"新亚精神"的发扬光大。钱穆希望大家能够永远记着校歌里的"手空空，无一物，路遥遥，无止境"，珍重"新亚精神"。②

对于新亚书院的同乐会，很多新亚书院的学生，尤其是早期的学生，都记忆十分深刻，如有同学曾经这样回忆道：张丕介与唐君毅"两位老师，都有一特点，特别是对自己系的同学，犹如子弟一般。每逢有大时节的日子，便邀请没有家室的同学共享佳节，目的是减少他们离乡背井的伤感"。③

---

① 余英时. 犹记风吹水上鳞——敬悼钱宾四师[M]//钱穆与现代中国学术. 桂林：广西师范大学出版社，2006：5—15.

② 校闻一束·除夕晚会[M]//新亚遗铎. 钱宾四先生全集：第50册. 台北：联经出版事业公司，1998：36—37.

③ 苏庆彬. 飞鸿踏雪泥——从香港沦陷到新亚书院的岁月[M]. 香港：中华书局，2018：198.

结　语

一、资源是大学运转之基础

此处所谓的资源，主要指办学所需的人力、财力、物力。任何学校，如果要想生存与发展，都少不了这些资源。新亚书院起初作为一所由囊中羞涩的书生创建的私立但不牟利的学校，它对上述资源的需求显然更甚于其他学校。而新亚书院之所以能够从一所随时有关门之忧的学校迅速崛起为"海内外中国文化之重镇"[①]，与其获取的资源密不可分。既如此，则在钱穆执掌学校的 1949—1965 年期间，新亚书院在人、财、物等方面主要获得了哪些资源呢？

我们首先来看新亚书院所聘请到的人力资源。对于学校的发展来说，人自然是最宝贵的资源。在新亚书院的前身——亚洲文商学院——时期，学校的校长为钱穆，监督为刘尚义，教务长为崔书琴，唐君毅任哲学方面之课务，张丕介任经济方面之课务，罗梦册、程兆熊等人随后加入。

一个学期之后，亚洲文商学院更名为新亚书院，钱穆继续任校长兼文史系主任，唐君毅改任教务长兼哲教系主任，张丕介改任总务长兼经济系主任，杨汝梅任会记长兼商学系主任，赵冰、吴俊升、任泰、刘百闵、罗

---

① 金耀基. 序二　怀忆在新亚的一段岁月[M]//多情六十年——新亚书院的过去、现在与未来. 香港：香港中文大学新亚书院，2009：viii.

香林、饶宗颐、张维翰、梁寒操、卫挺生、陈伯庄、余天民、余协中、孙祁寿、曾克耑、徐泽予、凌乃锐、沈燕谋、张葆恒、谢幼伟、牟润孙、潘重规、陈士文、丁衍庸、赵鹤琴、顾青瑶、黄华表、李祖法、严耕望等人于此后源源不断地加入进来。

因为时空等多方面的关系，今天的中国人，尤其是内地的中国人，对于新亚书院所聘请到的这些师资不是很了解，有些人甚至感觉特别陌生。这些人，实际上正如当时香港教育司的一位秘书所言，"均系国内政界学界知名负时望者"①。作为当时香港唯一的一所大学的香港大学，其中文系的教师阵容实际上也远不能与其相比。发表于1952年的《新亚书院沿革旨趣与概况》一文的最后一部分为"本院教授简历"②，现全文照录如下：

钱　穆　曾任北大、燕大、西南联大、川大、云大、齐鲁、华西、江南、华侨等校教授，著有《先秦诸子系年》（商务）、《中国近三百年学术史》（商务）、《国史大纲》（商务）、《中国文化史导论》（正中）等。

唐君毅　曾任川大、华西、中大、江南、金大、华侨等校哲学教授，著作有《中西哲学之比较》（正中）、《道德自我之建立》（商务）、《人生之体验》（中华）、《人类文化道德理性基础》（理想与文化社）等。

张丕介　德国经济学博士，曾任南通学院、西北农学院、贵州大学、政治大学、中国地政研究所教授、系主任、院长等职。著有《土地经济学导论》（中华）、《经济地理学导论》（商务）、《垦殖政策》（商务），并译有《国民经济学原理》（商务）、

---

① 钱穆. 八十忆双亲师友杂忆合刊[M]. 钱宾四先生全集：第51册. 台北：联经出版事业公司，1998：317.

② 钱穆. 新亚书院沿革旨趣与概况[M]//新亚遗铎. 钱宾四先生全集：第50册. 台北：联经出版事业公司，1998：17—20.

《土地改革论》（建国）等。

卫申父　曾任南高、中大、北高、交大、燕大、政大等校教授及复旦银行系经济系主任，著有《南美三强利用外资兴国事例》（商务）、《中国今日之财政》（世界）、《中国财政制度》（文化服务社）等。

杨汝梅　美国密歇根大学经济学博士，历任上海、暨南、光华、交通、沪江等大学教授。

余天民　国立北京大学毕业，留学日本东北帝大及东京帝大专门研究思念，历任各大学教授及"中央研究院"秘书，兼专任研究，暨商务印书馆特约编辑等职。

余协中　美国考尔格大学硕士、哈佛大学研究生，曾任南开大学教授、河南大学文史系主任、东北中正大学文学院院长，著有《世界通史》。

孙祁寿　美国州立华盛顿大学硕士，曾任国立西北大学、中央政治学校教授。著有《中国货币制度》（英文）、《地方财政学大纲》（南京书店）。

罗香林　清华大学研究院毕业。曾任中山大学教授、广东文理学院院长，现任香港大学及本院教授，著有《唐代文化史研究》（商务）、《国父家世源流考》（商务）、《颜师古年谱》（商务）、《客家研究导论》（希山书藏印日本文有二种译本）、《中夏系统中之百越》（独立出版社）、《国父之大学时代》（独立出版社）、《本国史》三册（正中书局）、《刘永福历史草》（正中书局）等。

曾克耑　曾任上海暨南大学教授，著有诗词选集。

赵　冰　美国芝加哥大学政治学士、哥伦比亚大学外交硕士、哈佛大学法律学士、英国伦敦大学哲学博士、牛津大学民律博士，Inner Temple 英国大律师、国立广西大学教授、国立湖南大学教授、国立政治大学教授、华侨大学教授。

任　泰　清华学校毕业、美国渥卜林大学学士、哈佛大学研究员，曾任政大教授、贵大教务长，著有《英文诗集》《长恨歌英译》《生之原理英译》。

刘百闵　日本法政大学毕业，曾任南京中央大学、中央政法学校、复旦大学、大夏大学教授，著译有《中国行政学》（中国文化服务社）、《中国行政法学》（中央政治学校讲义）、《儒家对于德国政治思想之变迁》（商务印书馆）、《日本政治制度》（日本研究会）等。

徐泽予　美国哥伦比亚大学毕业，管理硕士，曾任纽约新社会科学院特约讲师、亚洲学院访问教授。

凌乃锐　比国布鲁塞尔大学毕业、英国伦敦大学哲学博士，曾任国立西北联合大学、四川大学、复旦大学教授，现应聘赴美国任 Notre Dame 大学教授。

上述各位教师的"简历"确实十分简略，有些介绍在细节方面也未必准确，但据此基本上可以看出新亚书院创办初期师资队伍的大概情况。难怪当时香港教育司对于新亚书院特别重视：不仅"甚少为难"新亚书院，且能给予新亚书院"特多通融"。

另外，新亚"文化讲座"也聘请到了很多专家学者及社会人士，新亚书院后来不仅有专任教师，还聘请到了很多兼任教师，这些人也都或多或少为新亚书院的发展做出了自己应有的贡献。

其次，我们来看新亚书院在 1949—1965 年期间所受到的财力及物力方面的支援。按照时间顺序，新亚书院获得的援助主要有：

第一，亚洲文商学院创办时，创校先贤四人每人各拿出二百元，一共八百元来创办此学校。①

第二，出于对中国传统文化的热爱及对钱穆等人艰难办学的同情，来自上海的从事建筑的商人王岳峰对学校的支援主要分三个方面：其一，租下北角公寓安顿程兆熊自台北招来的学生；其二，顶下九龙深水埗桂林街61、63、65 号楼的三四两层作为改组后新亚书院的新校舍；其三，提供了新亚书院改组后一两个月的日常经费。非常遗憾的是，王岳峰后来因为自己的企业遭到致命打击而被迫中断了对新亚书院的支援。

第三，自 1950 年 12 月至 1954 年 5 月，蒋介石每月自其"总统府"办公经费中省下港币三千元，无条件支援新亚书院。新亚书院成立四十周年时，钱穆忆及此事时曾经这样说道："新亚所得台湾之补助，乃蒋公私人对新亚之同情，与政府政治皆无关。"②后因获得雅礼协会的支持，新亚书院才致函辞谢了"总统府"的这笔赠款。

第四，1953 年 7 月 4 日，美国耶鲁大学历史系主任卢定教授受雅礼协会委派，来到香港与钱穆见面，以便决定是否援助新亚书院。两个月后的一次特别会议当中，雅礼董事会诸位董事一致通过，决定自 1954 年起，雅礼协会每年补助新亚书院两万五千美金。

第五，1953 年秋，亚洲协会租下九龙太子道一层楼宇，供筹办之初的新亚研究所使用。除了补助房租外，亚洲协会还补助了新亚研究所的研究生及图书等费用。另外，亚洲协会还曾捐赠港币两万七千五百元，为新亚书院购置实验室设备；美金九千元，为学校购置国立北京图书馆善本书缩小影片；港币一万零四十元，为学校购置旧中文杂志缩小影片及缩小影片

① 在1963年秋天的开学典礼上，钱穆曾经有过这样的回忆："新亚初开办时，只有四个人，每人拿出二百元，合八百元来创办此学校。"拿出八百元的，除了钱穆之外，另外三人是谁，钱穆没有提及，有待考证。参见钱穆. 秋季开学典礼讲词——一九六三年九月九日[M]//新亚遗铎. 钱宾四先生全集：第50册. 台北：联经出版事业公司，1998：482.

② 钱穆. 新亚书院创办简史[M]//新亚遗铎. 钱宾四先生全集：第50册. 台北：联经出版事业公司，1998：677—678.

阅读机。① 随主持此事之亚洲协会驻港代表艾维的离去，此事遂告终止。

第六，1955 年，哈佛燕京学社协款补助新亚研究所。主要内容如下：为研究所研究生设立奖学金、从日本购买一批中国书籍、资助新亚研究所学报之出版。

第七，在雅礼协会的帮助下，新亚书院获得了福特基金会援建农圃道第一期新校舍的捐款。

第八，新亚书院农圃道第一期新校舍的地皮由香港政府所拨。

第九，自 1959 年起，香港政府直接资助新亚书院，列为政府补助的专上学校之一，且协助新亚书院积极准备参加筹设中的"香港中文大学"。

第十，1960 年，洛克菲勒基金会捐赠新亚书院美金四万七千五百元，其中一万元指定为学校购置西文图书，其余分别资助新亚研究所（两名研究员前往哈佛大学研究院深造、三名研究员在新亚研究所深造）及新亚书院（教职员赴海外进修及考察）。②

第十一，1960 年 11 月落成之新亚书院农圃道第二期新校舍，其建筑经费全部由雅礼协会捐赠。

第十二，英国文化协会捐赠三千英镑，为新亚书院购置英国作家所著各类书籍；另外又捐一百英镑购买英国出版之学术性杂志。③

第十三，1963 年 4 月落成之新亚书院农圃道第三期新校舍，其建筑经费由香港政府拨付。

除了上述大额捐赠之外，新亚书院曾还收到很多零星捐赠，特别是在新亚书院失去王岳峰的支持之后，新亚书院的生存陷入低谷之际，钱穆、

---

① 钱穆. 我和新亚书院[M]//八十忆双亲师友杂忆合刊[M]. 钱宾四先生全集：第51册. 台北：联经出版事业公司，1998：462.

② 钱穆. 我和新亚书院[M]//八十忆双亲师友杂忆合刊[M]. 钱宾四先生全集：第51册. 台北：联经出版事业公司，1998：461—462.

③ 钱穆. 我和新亚书院[M]//八十忆双亲师友杂忆合刊[M]. 钱宾四先生全集：第51册. 台北：联经出版事业公司，1998：462.

唐君毅、张丕介等人不断撰写文章，用其微薄的稿费维持学校生存之外，还有很多虽然自身生存也很困难但仍然热心支持学校发展的人士，或者捐出现金，或者捐出几百或一千的支票。[①] 正是有赖于上述私人或机构的支持，新亚书院作为一株文化幼苗才侥幸闯过了寒冬，并逐渐迎来了百花齐放的春天。

　　从新亚书院所聘请到的人力资源、所筹集到的财力资源、所获得的物力资源来看，新亚书院实际上是一个"共业"。这样说，并不意味着大家对于新亚书院的发展所做出的贡献都是一样的，更没有丝毫抹杀钱穆、唐君毅、张丕介三位"创校元老"的巨大贡献的意思。实际上正如很多新亚校友所说，"新亚之所以能够成功，是靠着钱校长的名望、唐先生的理想及张先生的实践。"[②] 徐复观则在纪念唐君毅的一篇文章当中说得情真意切："一九四九年，唐先生来港，与钱宾四张丕介两先生，合力创办新亚书院，有一个共同的志愿，即是要延续中国文化的命脉于海外。因为我和张唐两先生是好友，而对钱先生又敬之以前辈之礼，大家的志愿相同，来往密切，当时的情形，我了解得最清楚；他们三个人，真可谓相依为命，缺一不可。"[③]

　　在新亚书院的创校先贤当中，尤其是钱穆，其对新亚书院的贡献更是有目共睹。别的不说，单看其为新亚书院命名、拟定学规、创作校歌、倡设校训以及在新亚书院的开学典礼、毕业典礼、校庆、月会、文化讲座等场合所发表演讲可知，他为新亚书院的存在及发展付出了多少心血！但是，一个人的能力再强，名望再大，再努力，如果得不到其他人的支持，他也

---

　　① 钱穆. 我和新亚书院[M]//八十忆双亲师友杂忆合刊[M]. 钱宾四先生全集：第51册. 台北：联经出版事业公司，1998：460.

　　② 宋叙五. 说《新亚生活双周刊》的创办及张丕介先生在农圃道时期对新亚的贡献[G]//多情六十年——新亚书院的过去、现在与未来. 香港：香港中文大学新亚书院，2009：15.

　　③ 徐复观. 悼唐君毅先生[J]. 鹅湖月刊，1978（3）：6.

是成就不了任何事业的，尤其是像办学这样的事情。[①]

作为一所私立学校，新亚书院为什么能够赢得众多热心个体与机构的大力支持呢？

二、旨趣是大学存在之灵魂

如前所述，新亚书院的办学旨趣主要有两个：一是弘扬中国文化，二是培养中国青年。此两项旨趣实质上是统一的：一方面，弘扬文化归根结底要靠人去弘扬，因此，弘扬文化必然要落实到培养人才；另一方面，培养人才自然需要通过文化去培养，而培养弘扬中国文化的人才自然需要通过中国文化去培养，因此，培养人才必然涉及弘扬文化。在倡导学术自由的现代社会，大学的旨趣必然是多元的。新亚书院为何在多元纷呈的众多旨趣里面选择了"弘扬中国文化"与"培养中国青年"这样的旨趣呢？

不言而喻，新亚书院之所以选择这样的办学旨趣，与学校的创建者钱穆密不可分。钱穆出生于1895年，也就是甲午战败后中国被迫与日本签订下丧权辱国的《马关条约》的那一年。因此，正如钱穆本人所说，"我之一生，即常在此外患纷呈，国难深重之困境中。"[②] 败于西方之后，很多中国人都将中国的失败归结于中国文化。而现在又败于学习西方的日本，这一点似乎更加证明了中国文化的落后。中国人对自己文化的信心也因此次失

---

① 在我们说起新亚书院的辉煌，谈论各人对于新亚书院的贡献的时候，有个人往往会被忽略，但实际上是最不应该被忽略的一位，这个人就是张晓峰。正如钱穆在新亚书院创校四十周年之际撰写的《新亚书院创办简史》当中所说，"新亚前期亚洲文商学院之创办，主张自张其昀晓峰先生"，钱穆以及谢幼伟、崔书琴等人也只是为其所邀，方才加入创校事宜当中。张晓峰自己后来虽然受蒋介石电召去了台北，根本没有到香港。虽然如此，但是，鉴于创校主张源自张晓峰，包括钱穆在内的几位创校先贤也由其所邀，因此，钱穆为避世人误解，才实事求是地宣告道："无晓峰，即无亚洲文商；无亚洲文商，亦不可能有新亚。"参见钱穆. 新亚书院创办简史[M]//新亚遗铎. 钱宾四先生全集：第50册. 台北：联经出版事业公司，1998：677.

② 钱穆. 序[M]//中国文化精神. 钱宾四先生全集：第38册. 台北：联经出版事业公司，1998：4.

败而几乎臻达崩溃的边缘。既然中国文化不行，那就必须学习西方文化，而且要全盘学习西方文化。由此，全盘西化论在中国迅速成为流行一时的论调。作为时代中人，钱穆自然逃不掉这一时代思潮的冲击。

1904年，尚在果育小学堂初级班读书的钱穆因为读《三国演义》而被其体操先生钱伯圭告诫道："此等书可勿再读。此书一开首即云天下合久必分，分久必合，一治一乱，此乃中国历史走上了错路，故有此态。若如今欧洲英法诸国，合了便不再分，治了便不再乱。我们此后正该学他们。"此一"耳提面令"，对年幼的钱穆来说，不啻如"巨雷轰顶"，使其"全心震撼"。此后读书，钱伯圭的这段话便常常萦绕在钱穆的心头，其对钱穆的影响正如钱穆自己所说，"东西文化孰得孰失，孰优孰劣，此一问题围困住近一百年来之全中国人，余之一生亦被困在此一问题内。"①

1910年，梁启超有一篇题为《中国前途之希望与国民责任》的长文刊于《国风报》上。此文主要以"沧江"与"明水"两人一问一答的方式写成："明水"提出中国随时都有灭亡的危险，而"沧江"则针对"明水"的观点逐条进行反驳，认为中国绝无灭亡之理。其中，"沧江"实际上是梁启超本人，"明水"则是同为康有为弟子的汤觉顿。梁启超的这篇文章当年曾经激发出无数中国人的爱国情感，其中就包括少年钱穆在内。多年以后，钱穆在新亚书院向学生演讲时，还曾数次提到梁启超的"中国不亡论"在他少年的心灵上激起的巨大震动这件事。②

钱伯圭与汤觉顿对于中国历史与文化持有悲观论，甚至可谓绝望论，此一论派在当时占据着主流位置。而梁启超则正好相反，他所持的观点可谓乐观论。处在两种相反观点论战当中的钱穆，既没有轻信与盲从钱伯圭与汤觉顿的观点，同时也没有轻信与盲从梁启超的观点，而是义无反顾地

---

① 钱穆. 八十忆双亲师友杂忆合刊[M]. 钱宾四先生全集：第51册. 台北：联经出版事业公司，1998：36.

② 余英时. 一生为故国招魂——敬悼钱宾四师钱穆与现代中国学术. 桂林：广西师范大学出版社，2006：17—18.

投入到亲自寻求答案的过程当中。在一本根据自己的演讲改定的著作的序言当中，钱穆曾经这样自述道："我之演讲，则皆是从我一生在不断的国难之鼓励与指导下困心衡虑而得。"① 事实上不仅此一著作如此，钱穆的其他撰著同样如此。也正因此，余英时才这样评价自己的老师钱穆："他承继了清末学人的问题，但是并没有接受他们的答案。他的一生便是为寻求新的历史答案而独辟路径。"②

纵观钱穆一生的治学，我们可以将钱穆寻找"中国到底会不会灭亡"这一问题的答案的过程划分为前后两个不同的时期：前期，钱穆主要是从中华民族所走过的历史当中去寻找答案；后期，他则主要转入中华民族所创造的文化当中去寻找答案。在源远流长的中国历史当中，钱穆只眼独具地找到了"中国历史精神"；而在博大精深的中国文化当中，钱穆则发现了"中国文化精神"。无论是"中国历史精神"，还是"中国文化精神"，它们实际上都可谓中华民族之"民族精神"，其实质是一种"道德精神"。中华民族一路走来，靠的就是这一种精神。钱穆认为，只要我们能够将中华民族历经数千年所传成的历史精神体之于身，能够将潜藏于博大精深的中华文化当中的精神发扬光大，则中华民族无论面临多大的困难，终有贞下起元，再铸辉煌之一日；反之，则无论拥有怎样繁荣的经济、发达的科技、强大的军事，中华民族也必将日益沉沦下去。

正是怀抱着上述信念，钱穆南来香港之后，即使处在"手空空，无一物"的艰难状况下，他也要发挥武训乞讨兴学的精神来创办新亚书院，并为新亚书院选定了"弘扬中国文化"与"培养中国青年"这样的办学旨趣。可见，钱穆为新亚书院选定的办学旨趣，尽管寄托着一种强烈的情感表达，但其背后实质上有着深厚的理性支撑，而这一支撑主要源自钱穆对于中国

---

① 钱穆. 序[M]//中国文化精神. 钱宾四先生全集：第38册. 台北：联经出版事业公司，1998：4.

② 余英时. 一生为故国招魂——敬悼钱宾四师[M]//钱穆与现代中国学术. 桂林：广西师范大学出版社，2006：20.

历史与文化的深入研究，源自钱穆一生在不断地国难之鼓励与指导下困心衡虑之所得。

当然，尽管钱穆对于自己的发现有着极大的自信，但是，钱穆并非简单地想要把自己"困心衡虑"得来的答案直接灌输给前来求学的同学，而是希望大家能够跟随他一起去寻找，就像当初他在钱伯圭、梁启超等人的引导下自己去寻找一样。也正因此，钱穆在一篇阐述自己为什么会在赤手空拳的情况下创办起新亚书院的文章当中这样说道："中国文化有其五千年悠久传统，必有其极可宝贵的内在价值，我们应该促使中国青年，懂得爱护这一传统，懂得了解这一传统的内在价值，而能继续加以发扬光大。"[①]

早期加入新亚书院的各位老师，其性格或许不同，观点容有差异，但是，绝大多数老师对于中国传统文化的热爱是共同的，对于新亚书院"弘扬中国文化"与"培养中国青年"的办学旨趣也是深表赞同的。

如唐君毅先生 1948 年在给母亲的一封信中，曾经表示自己要继承先父遗志，"必以发扬中华文教为归"[②]。而离开大陆十二年后，唐君毅针对很多"自动自觉地向外国归化"与"被动受迫的归化"现象指出，"此风势之存在于当今，则整个表示中国社会政治、中国文化与中国人之人心，已失去一凝摄自固的力量，如一园中大树之崩倒，而花果飘零，遂随风吹散；只有在他人园林之下，托荫蔽日，以求苟全；或墙角之旁，沾泥分润，冀得滋生。此不能不说是华夏子孙之大悲剧。"[③] 面对此一"大悲剧"，唐君毅指出，"实则我个人对中华民族之前途，从不悲观。"[④] 为什么？因为他清楚地

---

① 钱穆. 我和新亚书院[M]//八十忆双亲师友杂忆合刊[M]. 钱宾四先生全集：第51册. 台北：联经出版事业公司，1998：462.

② 何仁富，汪丽华. 唐君毅年谱[M]. 唐君毅全集：第三十四卷. 北京：九州出版社，2016：135.

③ 唐君毅. 中华人文与当今世界：上[M]. 唐君毅全集：第十三卷. 北京：九州出版社，2016：4.

④ 唐君毅. 中华人文与当今世界：上[M]. 唐君毅全集：第十三卷. 北京：九州出版社，2016：52.

知道如何自此"大悲剧"当中走出来："一切人们之自救，一切民族之自救，其当抱之理想，尽可不同，然必须由自拔于奴隶意识，而为自作主宰之人始。而此能自作主宰之人，即真正之人。此种人在任何环境上，亦皆可成为一自作主宰者。故无论其飘零何处，亦皆能自植灵根，亦必皆能随境所适，以有其创造性的理想与意志，创造性的实践，以自作问心无愧之事，而多少有益于自己，于他人，于自己国家，于整个人类之世界。"① 由此可见，唐君毅虽对中华民族之花果飘零抱有切肤之痛，但他并非一位狭义的民族主义者，正如他自己所说，只要中国人能够"自拔于奴隶意识"，做一个堂堂正正的、顶天立地的人，那么，二十一世纪就一定是中国的世纪："我所谓中国的世纪，只是以中国文化之中心观念之'人'为本的世纪；即人的世纪，或人文的世纪。而二十一世纪之中国，亦即人的中国或人文的中国。"② 先生去世后，孙国栋在回忆先生的一篇文章当中称先生为"一位最坚贞的中国文化卫士"③；唐端正则在怀念先生的一篇文章当中指出，"君毅师一生的志业，尽瘁于中国文化的返本与开新。"④ 苏庆彬则在自己的回忆录里这样谈及先生："唐老师一生辛劳致力学术，维护中国传统文化而不懈"⑤。

张丕介先生 1955 年暑假当中曾经对自己在大学任职二十年、在新亚书院任职六年的经过进行了细致的回顾。在此篇长文的最后，先生这样结束道："我只能说，在香港的六年，加强了我对自由的信仰，对教育的决心，

---

① 唐君毅. 中华人文与当今世界：上[M]. 唐君毅全集：第十三卷. 北京：九州出版社，2016：50.

② 唐君毅. 中华人文与当今世界：上[M]. 唐君毅全集：第十三卷. 北京：九州出版社，2016：52.

③ 孙国栋. 一位最坚贞的中国文化卫士——记君毅师病中二三事[G]//诚明古道照颜色——新亚书院55周年纪念文集. 香港：香港中文大学新亚书院出版社，2006：101-103.

④ 唐端正. 哲人日已远，典型在宿昔——纪念唐君毅先生逝世周年[G]//诚明古道照颜色——新亚书院55周年纪念文集. 香港：香港中文大学新亚书院出版社，2006：109.

⑤ 苏庆彬. 飞鸿踏雪泥——从香港沦陷到新亚书院的岁月[M]. 香港：中华书局，2018：368.

和对祖国文化之更大更深的爱慕与崇拜。——我没有宗教信仰，这就算是我的宗教罢。如果可能，我愿终身为这信仰而努力。"① 先生去世后，先生以前在内地时期的学生、后来在新亚书院又成为同事兼先生十八年私人秘书的伍镇雄曾经这样描述先生："张老师在人格上、个性上和行为上，给我最深刻的印象，是一个'忠'字。他对中华民族尽忠，对文化教育尽忠，对新亚书院尽忠，对朋友对同事对同学尽忠，对学问对工作尽忠。"②

赵冰先生曾经这样解释校歌歌词"千斤担子两肩挑"的含义："我们的担子，一头挑的（是）民族思想，一头挑的（是）传统文化。这才是我们的真正的桂林街精神呢。"在庆祝新亚书院成立十五周年的一篇献词当中，先生这样解释新亚书院的使命："本校的使命是在保存中国文化、发扬中国文化、促进中西文化交流，与创造新的中国文化。这一连串的使命，是本校全体同人在过去十五年中奋力以赴的"③。

1960 年，吴俊升先生在钱穆的邀请下重返新亚书院。在学校为先生等人举办的欢迎会上，先生指出："我们对于中国文化，应负有一承先启后之责任，此即新亚书院在此时此地创办的特殊意义与使命。"④ 另外，先生退休后在自己的回忆文字当中，根据自己几十年的实际体验指出："在教育上我们固然要发挥青年和儿童的个性与自由，也要尊重世界大同的理想，但是发扬爱国精神，重视本国文化，仍是求存的根本要图，不可为了任何美妙的教育理论和高超的世界远景而牺牲的。"⑤

---

① 张丕介. 粉笔生涯二十年[G]//宋叙五. 张丕介先生纪念集：张丕介先生·人师的楷模. 香港：和记印刷有限公司，2008：61.

② 伍镇雄. 吊张丕介老师[G]//诚明古道照颜色——新亚书院55周年纪念文集. 香港：香港中文大学新亚书院出版社，2006：122.

③ 转引自张丕介. 纪念故友赵冰先生[G]//诚明古道照颜色——新亚书院55周年纪念文集. 香港：香港中文大学新亚书院出版社，2006：135-140.

④ 吴俊升. 四十九年返校出席欢迎会讲词[M]//农圃讲录. 香港：香港中文大学新亚书院，1969：2.

⑤ 吴俊升. 自序[M]//教育生涯一周甲. 北京：中华书局，2016：117.

新亚书院"弘扬中国文化"与"培养中国青年"的办学旨趣不仅得到了创校同人的积极响应，同时也得到了其赞助人与赞助机构的认同。

如王岳峰先生，钱穆在自己的回忆录中曾经这样谈及其人："余在港又新识一上海商人王岳峰，彼对余艰苦办学事甚为欣赏，愿尽力相助。"①张丕介在一篇文章当中的介绍则更加全面："王先生慨然以发展海外文化教育事业自许"；"王先生来自上海，为一建筑企业家，富于资财，对中国的传统文化，极为热心。"②

再比如开启了雅礼协会与新亚书院合作之门的卢定教授。正如钱穆所说，东西方这两个机构之间的合作是一"极慎重"之举。就卢定来说，他之来到香港实际上是有备而来的："当时在耶鲁历史系的理察·瓦克尔教授（Prof. Richard L. Walker）于五二年来过香港，他提及钱穆教授及新亚书院，推崇备至。"自己同事的推荐实际上只是一面之词，真实与否还需要经过自己的实地考察与实际印证。卢定来到香港与钱穆接触之后，又去了新亚书院及其他学校访问，后来又前往台湾进行考察。在考察新亚书院时，卢定参加了学校毕业典礼的午餐会："钱穆的声望、他对教育比赚钱更高的兴趣、由我参加毕业典礼所体验出的学生精神、教师对他们领袖的敬与爱、他们对他的忠诚，我在一个与他们会面的午餐席上体会到了。"③后来在与香港教育司署磋商时，卢定获知钱穆曾为香港大学做过许多事，"极受激赏与尊崇"；又听说新亚书院为街坊贫苦大众办义务小学；且大家都称道新亚书院不是一家商业机构。有了上述准备之后，卢定回到了美国，将自己此行的所见所闻报告给雅礼董事会，最后，董事会众董事一致通过了援助新

---

① 钱穆. 八十忆双亲师友杂忆合刊[M]. 钱宾四先生全集：第51册. 台北：联经出版事业公司，1998：291.

② 张丕介. 新亚书院诞生之前后[G]//宋叙五. 张丕介先生纪念集：张丕介先生·人师的楷模. 香港：和记印刷有限公司，2008：66.

③ 卢鼎. 一九五三年东西之会[G]//诚明古道照颜色——新亚书院55周年纪念文集. 香港：香港中文大学新亚书院出版社，2006：48.

亚书院的决定。另外，卢定又帮助新亚书院申请到福特基金会的资金，农圃道新建校舍即由此资金建成。可想而知，假如卢定不认同新亚书院的办学旨趣，他会如此积极地替新亚书院奔走效劳吗？

接下来我们再来看亚洲协会及哈佛燕京学社对新亚研究所的援助。卢定离开香港之后，亚洲协会驻港代表艾维来到了新亚书院，并咨询钱穆：“新亚既得雅礼协款，亚洲协会亦愿随份出力，当从何途，以尽绵薄。”① 1955 年春，哈佛雷少华教授来新亚书院拜访钱穆，当听到钱穆谈及“科学经济等部分优秀学生，可以出国深造，惟有关中国自己文化传统文学、哲学、历史诸门，非由中国人自己尽责不可”，故而想要扩充研究所规模时，雷少华告知钱穆：“君有此志，愿闻其详，哈佛燕京社或可协款补助。”② 正是在雷少华的帮助下，新亚研究所最终获得了燕京学社的协款。

由上可知，与雅礼协会一样，亚洲协会及哈佛燕京学社也都属于主动捐助新亚书院者。这些机构之所以积极支持新亚书院，与其对新亚书院“弘扬中国文化”与“培养中国青年”的办学旨趣的认同有很大关系。因为“对有价值的社会功能的贡献与筹款能力是相称的”。③ 试想一下，如果一所学校的办学旨趣得不到别人的认同，甚至为其所反对，他们还会积极主动地去支持它的发展吗？

新亚书院“弘扬中国文化”与“培养中国青年”的办学旨趣为什么能够得到广泛的认同，原因或许有很多，但最主要的原因应是新亚书院办学旨趣的认同者们在对中西文化的了解、体验、比较的过程中发现，全盘西化派的思维方式太过简单、片面、极端，因为文化当中固然包括可以是非

---

① 钱穆. 八十忆双亲师友杂忆合刊[M]. 钱宾四先生全集：第51册. 台北：联经出版事业公司，1998：313.

② 钱穆. 八十忆双亲师友杂忆合刊[M]. 钱宾四先生全集：第51册. 台北：联经出版事业公司，1998：319.

③ [美]T·帕森斯. 现代社会的结构与过程[M]. 梁向阳，译. 北京：光明日报出版社，1988：145.

论者，同时也包括很多不可以是非论者。前者属于价值领域，后者则属于情感领域，与价值无关。即就价值领域来说，正像全盘西化派所推崇之西方文化并非全盘皆是一样，为全盘西化派所贬斥之中国文化也并非全盘皆非。文化问题岂会如此简单？绵延数千年之中国文化自有其不随外界之褒贬而增减处，其中有些内容甚至至今都闪烁着耀眼的光芒。这些光芒，不仅中国过去依靠它走过了漫漫长夜，现在和将来仍然需要它们来驱除黑暗与寒冷，世界其他地方也将会因为它们的存在而变得更加光明与温暖。西方有过一个流行广泛的谚语：不要在倒洗澡水时将孩子也一起倒掉了。全盘西化派在文化建设上完全遗忘了西方人的这一忠告。因此，新亚书院办学旨趣的认同者们愿意成为中国文化的"义勇兵"，愿意在他们力所能及的情况下助中国文化一臂之力。通过这一方式，他们不仅是替中国，实际上同时也是替世界守护着、光大着这一份宝贵的精神遗产。

三、维护是大学发展之关键

一所大学，有了资源，它才能生存；而唯有有了自己独特的办学旨趣，它才可能获得别样的生存。之所以说"可能"，是因为大学不能仅只有一个孤立的办学旨趣，它还必须将自己的办学旨趣贯彻、融化到学校的规章制度与日常生活当中，必须在遭遇问题与危机时能够迅速地解决问题，并顺利地从危机当中走出来。因此，此处所谓的维护，其含义主要包括两个方面：一是维护办学旨趣在学校当中的统摄地位，二是在遭遇困难与挫折时能够维护自己的办学旨趣不变。

就维护办学旨趣在学校当中的统摄地位来说，新亚书院在这一方面做得可谓非常成功。如为了推进学校行政的制度化，钱穆在为吴俊升回校任副校长举办的欢迎会上号召大家，"要将新亚理想加以具体化，即是一步步走向制度化"；同时又提醒道："我们自今以此（后）要逐步走向制度化，中国文化并不是不看重制度，无宁说更看重能有一大制度。即是能与理想配合的大制度。"① 可见，新亚书院所追求的制度，不应是对其他学校制度的直接移植，而应是源自本校的办学旨趣与办学理想，应是为实现自己的办学旨趣与办学理想服务的制度。

事实上，不仅新亚书院的制度建设是密切配合学校的办学旨趣而推进的，课程设置、教学理念、校园文化建设等方面无不如此。尤其是校园文化建设，其校名、学规、校歌、校徽、校训，可以说都体现出新亚书院鲜明的办学特色。

此下我们将重点讨论维护的第二个义项，即新亚书院在遭遇困难、挫折与危机时是如何悉心维护自己的办学旨趣的。

新亚书院在其发展过程中遭遇到的第一次危机无疑为失去了王岳峰的支持。原本一直在困境当中挣扎的新亚书院，因为王岳峰的参加而顿时让人感觉到前途无限。但是，就在大家满怀豪情，准备大展手脚的时刻，没想到却传来了王岳峰的企业遭受致命打击的消息。新亚书院因此立刻陷入了深渊。或许有人会说，新亚书院原本就没有外在的大力支持，现在失去了王岳峰的支持，只不过又回到了原来状态而已。因为新亚书院开办时，"除去一个教育理想外，它竟是一无所有的！没有政府的支持，也没有社会的援助。学生既是流亡青年，又都是当然免费生（免费是他们入学的首要条件）。一切最低开支，只赖零星的捐款。大乱之余，又在一向不特别重视文化教育的地方，这种募捐办法之少所收获，自在意中。"②

但是，由于学校改组之后，学校规模增大了，学生人数增加了，学校的困难自然也就大大超过了以前。教授薪金可以暂缓支付，但房租必需按月支付，工读生的生活费不可减，更不能停。怎么办？钱穆、唐君毅、张丕介等创办者本身就是一贫如洗的书生，因此，唐君毅说新亚书院之创办

① 钱穆. 本校今后的理想与制度——欢迎吴副校长、程训导长、谢教务长、潘导师大会讲词[M]//新亚遗铎. 钱宾四先生全集：第50册. 台北：联经出版事业公司，1998：262—263.

② 张丕介. 粉笔生涯二十年[G]//宋叙五. 张丕介先生纪念集：张丕介先生·人师的楷模. 香港：和记印刷有限公司，2008：57.

是个"偶然的无中生有"①，而张丕介则说，"新亚书院之诞生可以说是少数书生的冒险"②。现在这些贫穷书生的选择不外乎"坚持"或"放弃"。"放弃"或许是最容易做出的选择，但是，新亚书院的创办者们却自讨苦吃般地选择了"坚持"。既然选择了"坚持"，可是如何才能"坚持"下去呢？出路无非两条：第一，学习武训行乞兴学的方式，四处劝人募捐，一百不嫌少，一千不嫌多。第二，发挥书生的优长，不停地撰文投稿，以换取零星稿费。虽然微不足道，但也聊胜于无。就这样苦撑苦熬了大约半年时间，直至山穷水尽之绝境的时候，钱穆才在全校同人的敦促下前往台北寻求援助。

新亚书院遭遇到的第二次危机当为1952年的商业登记事件。当时的香港政府为了征收工商业税，颁布了新的商业登记条例，要求辖区内所有的私立学校都要前往工商署登记为营利企业。与此同时，香港政府又提出声明：只要能提出证据，不以牟利为目的，即可免向工商署登记。此一消息传至新亚书院，立刻引起了轩然大波。面对此事，当时正在台湾养病的钱穆在给张丕介的回信中指出，宁为玉碎，不为瓦全，更不可造成中国文化的污点，必要时，宁可关门大吉！③而唐君毅则撰文指出："中国的文化传统，自始认定教育与牟利不可得兼。"同时呼吁香港教育界与社会人士"共同设法支持赞助非学店的学校"④。

新亚书院以"为教育而教育"为原则，这是社会所公认的，也是新亚同人所自豪的，但是，要拿出证据来获得法律上的认可，却很费周折。学

---

① 唐君毅. 新亚的过去、现在与将来——一九七三年六月十七日新亚道别会演讲词[M]//新亚精神与人文教育. 唐君毅全集：第十六卷. 北京：九州出版社，2016：156.

② 张丕介. 粉笔生涯二十年[G]//宋叙五. 张丕介先生纪念集：张丕介先生·人师的楷模. 香港：和记印刷有限公司，2008：56.

③ 张丕介. 新亚书院诞生之前后[G]//宋叙五. 张丕介先生纪念集：张丕介先生·人师的楷模. 香港：和记印刷有限公司，2008：70.

④ 唐君毅. 私立学校登记与社会人士心理[M]//新亚精神与人文教育. 唐君毅全集：第十六卷. 北京：九州出版社，2016：5—7.

校总务长张丕介四处奔走，学校董事长兼法律顾问赵冰扶病工作，经过整整一年的时间，新亚书院最终如愿以偿地被最高法院认可为"纯正的教育事业"，以"法人"而非"商人"完成登记手续。这一荣耀的结果，既为新亚书院正了名，同时也维护了中国文化传统。

新亚书院与雅礼协会等机构的合作可以看成学校在其发展过程中所遇到的第三次危机。中西合作创办教育事业在中国近现代教育史上并不是没有先例，教会大学就是西方宗教团体与中国合作的一种成果。实事求是地说，教会大学虽然为中国教育提供了一种新的发展模式，并在一定程度上促进了中国教育和社会的现代化，但是，由于中国方面在这种合作当中基本上没有什么话语权，特别是在蔡元培、余家菊等人发起的"收回教育权运动"之前，很多学校都"以发展教徒为鹄的，强调对学生进行宗教教义的灌输，强行组织学生参加各种宗教活动，粗暴干预学生的思想和信仰"；与此同时，尽管教会大学办在中国，招收的主要也是中国青年，但却"排斥对中国语言文字和历史的教学"[①]。可见，中西之间的这种合作并非是平等的、相互尊重的合作。

对于处于危难之际的新亚书院来说，自然是迫切希望能够获得外在的援助。双方合作之后，会将新亚书院办成什么样的学校呢？会不会因为历史的先例和惯性而将新亚书院办成了以前的教会大学呢？新亚书院会不会因为需要援助而将自己的办学旨趣牺牲掉呢？就上述问题来说，幸运的是，雅礼协会等援助机构自始就非常开明，非常尊重新亚书院的办学旨趣，他们与新亚书院的合作完全是一种平等的合作。更重要的是，双方在合作伊始，作为新亚书院创始人的钱穆就明确了自己的立场：如钱穆应约与卢定第一次见面时就曾不卑不亢地告知对方，他"对各宗教均抱一敬意"，但他"决不愿办一教会学校"；另外，雅礼协会派驻新亚书院的代表"不当预问

---

① 孙培青，杜成宪. 中国教育史[M]. 第三版. 上海：华东师范大学出版社，2009：404.

学校之内政"①。后来钱穆在欢迎雅礼协会郎家恒代表的讲话当中更是宣布了双方合作的两条原则："第一，雅礼尊重新亚的教育宗旨和计划，并希望我们以后还是照旧的继续保持下去，力求发挥与贯彻。第二，新亚接受雅礼的经济协助，来实现双方的目的：新亚办中国式的教育事业，雅礼协助中国青年获得良好的教育。"② 所以，当后来郎家恒袖来三四封介绍信时，钱穆则直接提醒他："学校聘人必经公议。外界或误会新亚与雅礼之关系，凡来向君有所请托，君宜告彼径向学校接头，俾少曲折。"③

　　新亚书院因为雅礼协会、亚洲协会等机构的援助而使得学校的经济条件大为改善可以看成学校所遇到的第四次危机。或许有人会提出质疑，新亚书院能够获得上述机构的援助，这对新亚书院来说是求之不得的好事，怎么能说成是危机呢？实际上，此事我们应该辩证地来看待。获得援助之后，物质条件肯定会大为改观，与受到援助之前的条件相比，甚至会有霄壤之别。在此情况下，他们的内心会不会因外在条件的改善而发生变化？还能不能保持原先的精神于不堕？还能不能坚持原先的办学旨趣？上述问题实际上也是钱穆等人非常担心的问题。新亚书院在获得雅礼援助之前，其状况确实如其校歌当中所描述的，"手空空，无一物"。正是这一极度的窘迫将新亚师生"吃苦奋斗"的精神、"苦撑苦熬"的精神激发得淋漓尽致。新亚精神如果仅仅局限于这一方面，那么，在新亚书院获得雅礼的经济援助之后，新亚精神必将因为外在条件的改善而消失殆尽。

　　事实上，新亚精神不仅体现在"吃苦奋斗"的过程中，更体现在"吃苦奋斗"所为的理想上。后者才是新亚精神的本质之所在。为了防止大家

---

　　① 钱穆. 八十忆双亲师友杂忆合刊[M]. 钱宾四先生全集：第51册. 台北：联经出版事业公司，1998：311.

　　② 钱穆. 欢迎雅礼协会代表讲词摘要[M]//新亚遗铎. 钱宾四先生全集：第50册. 台北：联经出版事业公司，1998：46.

　　③ 钱穆. 八十忆双亲师友杂忆合刊[M]. 钱宾四先生全集：第51册. 台北：联经出版事业公司，1998：317.

忽忘了这一点，在新亚与雅礼合作之始，钱穆便撰文提醒大家，"外面帮助我们，也只限在一些物质的营养上，我们却万不该只在营养上打算，而忽略了所要营养的生命之本身。"① 与钱穆一样，在为新亚书院获得雅礼协会的援助而高兴的同时，张丕介也有着深深的忧虑。在有了自己的新校舍，即将搬离桂林街的最后一天，张丕介曾经语重心长地对苏庆彬说："新亚书院在这些年来，虽然经历了无数的艰辛岁月，但同时亦难得培育有新亚师生的奋斗精神。如今要迁移到一所有独立图书馆、演讲室、宿舍等等俱备的新校舍，在焕然一新的环境中，我颇担心新亚书院师生孕育出来那种奋发精神，是否能保存？"②

物质条件大为改善后，新亚书院师生在"艰辛岁月"里面孕育出来的"奋发精神"是否还能继续保存下去呢？新亚书院"生命之本身"会不会因为"物质的营养"而变质呢？为了回答这一问题，我们可以简单考察一下新亚书院农圃道新校舍规划设计的特点：第一，图书馆在全校建筑中占地面积最大，教室次之，各办公室最小，校长办公室尤其小；第二，香港房租虽然很贵，但是，学校只有学生宿舍，没有教师宿舍。即此可见，学校并没有在经济条件改善的同时而出现精神倒退的迹象。也正因此，福特基金会来人在巡视完学校之后指出："即观此校舍之建设，可想此学校精神及前途之无限。"③

新亚书院所遇到的第五次危机当为是否接受香港政府补助加入新大学。对于香港政府的邀请，新亚书院的选择或者是接受，或者是拒绝。当时新亚书院很多老师都不愿意加入新大学，是钱穆最终力排众议，与崇基及联合一起组成了现在的香港中文大学。因为香港政府资金也是源自香港居民

---

① 钱穆. 新亚五年[M]//新亚遗铎. 钱宾四先生全集：第50册. 台北：联经出版事业公司，1998：40—41.

② 苏庆彬. 飞鸿踏雪泥——从香港沦陷到新亚书院的岁月[M]. 香港：中华书局，2018：204.

③ 钱穆. 新亚书院创办简史[M]//新亚遗铎. 钱宾四先生全集：第50册. 台北：联经出版事业公司，1998：665.

的税收，这一点没有违背"取之有道"的中国传统，故钱穆这样说道："以中国人钱，为中国养才，受之何愧。"①

尽管历史不存在假设，但是，我们现在仍然可以试想一下，假如当初钱穆顺应了校内部分同人的意见，选择了拒绝，后面的情况会是怎样的：第一，有了新大学，不管其办学质量如何，必然会吸引一部分学生前往就读，因为有香港政府支持的新大学，其办学条件必然远远超过新亚书院，学生的就业也必然更佳。第二，新大学必然会因为其优厚的待遇而吸引一部分人才前往工作，这势必会给新亚书院增聘新教师带来相当大的困难。因此，新大学成立后，必然会从师生两个方面进一步压缩新亚书院的生存空间。如果新大学的办学质量很好的话，新亚书院的生存空间必然更加狭窄。加入新大学固然会像很多校内同人所当心的，或许会给新亚书院的发展带来一些限制以及其他难以预测的变数，但是，外在的条件并不必然会限制内心理想的追求，关键还是看你怎样应对。因此，从新亚书院师生可能的处境来看，从正反两个角度来看，钱穆最终还是带领大家选择了成为新大学的一员。

加入新大学后发现有些事情与新亚书院的办学旨趣不合可看成是钱穆长校期间所发生的最后一次危机。香港中文大学于 1963 年成立之后，钱穆和当时的校长李卓敏之间为聘请教授而发生了争执。此次争执主要涉及新亚书院商学院院长杨汝梅及理学院院长张仪尊两人。

鉴于当时大学延聘教授并未规定年龄限制，杨汝梅虽然超过了 60 岁的退休年龄，但是仍然提出了申请。评审结果认为，杨汝梅堪任教授。其中有一位英国专家甚至认定杨汝梅的一部著作为"第一流学术著作"，主张在其未退休前，应该予其以教授之名位。李卓敏却当面告知杨汝梅，若担任教授，一年后必须退休；若依然留新亚为高级讲师，则可多留几年。钱穆

---

① 钱穆. 新亚书院创办简史[M]//新亚遗铎. 钱宾四先生全集：第50册. 台北：联经出版事业公司，1998：670.

在为杨汝梅争取的过程中被李卓敏函告，政府方面不同意以逾龄人当教授，但在外地聘请著名访问学者则属例外。

关于张仪尊所应聘之职位，两位英国专家认为包括张仪尊在内，是科应征者无一在学术上有特殊优异之表现而堪当 Chair 者，但由于张仪尊在所有应征者中经验最富，资历最佳，因此，大学若根据当地特殊情形而聘其为 Chair，他们也不反对。同时，两位英国专家又指出，大学可聘其为任何等级之教员。但李卓敏一方面坚称专家意见至上，不可更易，另一方面却又拒绝考虑聘张仪尊为教授，而仅拟聘其为 Reader。

站在合理立场，为杨汝梅与张仪尊争取公平待遇无果之后，钱穆最终做出了"辞职"的决定："穆自问只有辞去新亚校长一职，只有退出中文大学，始可于心无愧。否则即为自欺，非撤回其抗议，即应自承其抗议之不当，但此均非穆所愿为。"[①] 但李卓敏却认为，钱穆只该"退休"，不该"辞职"。"退休"与"辞职"的区别在于，前者可获得一笔丰厚的退休金，而后者则一无所有。对此区别，钱穆自然是心知肚明，但正如钱穆所说，"徒受厚薪，一切缄默"，这样做，既对不起新亚书院，也对不起香港中文大学。可见，"退休"这种方式绝非钱穆所愿意做出的选择。在此形势之下，以钱穆一贯的做人与做事的原则，他必然会选择"辞职"："我之辞职乃正为表示一种总抗议，不仅为反对征聘教授措施之不当，有关创办一所大学之理想与宗旨，有关创办一所大学之一切应有的向前的步骤，乃及其他种种较重大的问题，至少李校长没有和我商讨过。我从旁观察，有许多该向李校长进忠告的，也没法进言。"[②]

可见，钱穆之主动选择辞职，不仅与此次聘请教授有关，更与学校"弘扬中国文化"的办学旨趣有关。事实上，"弘扬中国文化"绝不能只是

---

① 钱穆. 上董事会辞职书[M]//新亚遗铎. 钱宾四先生全集：第50册. 台北：联经出版事业公司，1998：542—543.

② 钱穆. 上董事会辞职书[M]//新亚遗铎. 钱宾四先生全集：第50册. 台北：联经出版事业公司，1998：543.

一种口头上的说教，关键时刻一定要见诸行动，且必须要见诸行动。孔子曰："富与贵，是人之所欲也，不以其道得之，不处也；贫与贱，是人之所恶也，不以其道得之，不去也。"[①] "富与贵"当前，钱穆却主动选择了"贫与贱"。钱穆的这一选择，牺牲的是个体的私利，成全的却是中国传统文化之大"道"，而这也正是新亚书院"弘扬中国文化"的办学旨趣所在。与此同时，钱穆也通过这一方式正告世人：个人的名利皆可抛弃，而新亚书院的办学旨趣与办学理想无论如何都不能动摇。

综上可知，新亚书院之所以能够作为一所大学得以存在与发展，首先是因为它拥有一批优良的师资以及王岳峰、雅礼协会、香港政府等众多个人与机构的大力支持。而新亚书院之所以能够聘请到上述师资，之所以能够赢得上述个人与机构的热心支持，与这些学者、私人、机构对新亚书院"弘扬中国文化"与"培养中国青年"的办学旨趣的认同密不可分。没有人或机构会支持一所自己并不认同的大学的发展，此理至为明显。更加难能可贵的是，上述学者、私人、机构对新亚书院的支持并不是短期的，而是长期的、持续的行为，这主要源于以钱穆为首的新亚书院创校先贤们通过发挥自己的聪明才智，将新亚书院独树一帜的办学旨趣融化进学校的制度、课程、教学、文化等方方面面，使得新亚书院的办学旨趣对于新亚书院来说并不只是一种外在的、空洞的口号，而变成了一种灵魂性存在；源于以钱穆为首的新亚书院创校先贤们团结协作，高瞻远瞩，使得新亚书院每一次遇到危机时都能顺利地化险为夷，而新亚书院的办学旨趣反过来也因为上述考验而变得更为坚实，更加挺立！

不言而喻，作为一所学校，人、财、物等资源是其生存的基础。但是，学校，尤其是私立学校，如何才能获得维持其生存必需的资源，此一问题的解决实际上与学校的办学旨趣密切相关。因为任何社会都有自己需要解决的问题，任何社会都需要特定的人才为其服务，在此需求之下，如果学

---

① 论语·里仁[M].

校的办学旨趣能够获得社会的认可，那么，这一学校迟早必定会从社会那里获得它所希望获得的资源。可见，有了旨趣，学校才能获得资源；而有了资源，学校才能获得生存与发展。但是，任何学校的生存与发展都不会一帆风顺，都会遇到一些意想不到的困难与挫折。在此关键时刻，学校同人必须齐心协力维护自己的办学旨趣于不坠，因为办学旨趣的偏离与动摇势必会祸及靠其凝摄的资源。易言之，伴随着办学旨趣的分崩离析而来的必然是办学资源的烟消云散。而在办学资源的烟消云散当中，学校关门也就是早晚的事情了。但是，相反，如果学校在自己的发展过程中能够不断战胜前来挑战的危机，那么，学校必将因为每一次这样的胜利而越发稳固，越加长久。

如果将学校视作一个系统，则学校这个小系统与其所在的社会这个大系统之间必然存在着如下交换关系：社会这个大系统提供学校这个小系统用以维持其生存的资源，而学校这个小系统则反过来服务于为其提供了生存资源的社会。当然，社会不会无条件地将自己的资源提供给任何学校，它只会为那些能够提供自己所需要的服务的学校提供资源。学校能为社会提供怎样的服务，这自然主要取决于学校的办学旨趣。由此可见，学校的办学旨趣事关学校的生死存亡。因此，学校的办学旨趣应该是学校的创办者或主事者必须重点关注的核心问题。但是，学校办学旨趣的存在不是一劳永逸的事情：第一，学校的办学旨趣应该贯穿到学校的课程、教学、制度、校园文化等方方面面，如此，它才能在学校当中扎下根来，也只有这样的办学旨趣才会转变成学校的内在生机与活力，否则，它便仅仅只是一个孤立的、空洞的口号而已；第二，学校的发展不可能一帆风顺，任何学校在发展过程中一定会不断遭遇危及其办学旨趣的问题。学校同人唯有同心同德，团结起来战胜危机，它才能维持自己的独特存在，才能源源不断地从社会那里获取资源，而社会才能因为学校的服务而越来越美好。如此，则学校与社会之间才会产生一种良性循环关系，这才是理想的学校与社会之间的关系。

参考文献

一、钱穆全集

钱穆.钱宾四先生全集：第 1~54 册 [M].台北：联经出版事业公司，1998.

（一）甲编书目

1.国学概论

2.四书释义、论语文解

3.论语新解

4.孔子与论语、孔子传

5.先秦诸子系年

6.墨子、惠施公孙龙、庄子纂笺

7.庄老通辨

8.两汉经学今古文平议

9.宋明理学概述

10.宋代理学三书随劄、阳明学述要

11.朱子新学案（一）

12.朱子新学案（二）

13.朱子新学案（三）

14.朱子新学案（四）

15.朱子新学案（五）朱子学提纲（存目，不占册）

16. 中国近三百年学术史（一）

17. 中国近三百年学术史（二）

18. 中国学术思想史论丛（一）

19. 中国学术思想史论丛（二）

20. 中国学术思想史论丛（三）

21. 中国学术思想史论丛（四）

22. 中国学术思想史论丛（五）

23. 中国学术思想史论丛（六）

24. 中国思想史、中国思想通俗讲话、学籥

25. 中国学术通义、现代中国学术论衡

（二）乙编书目

26. 周公、秦汉史

27. 国史大纲（上）

28. 国史大纲（下）

29. 中国文化史导论、中国历史精神

30. 国史新论

31. 中国历代政治得失、中国历史研究法

32. 中国史学发微、读史随劄

33. 中国史学名著

34. 史记地名考（上）

35. 史记地名考（下）

36. 古史地理论丛

（三）丙编书目

37. 文化学大义、民族与文化

38. 中华文化十二讲、中国文化精神

39. 湖上闲思录、人生十论

40. 政学私言、从中国历史来看中国民族性及中国文化

41. 文化与教育

42. 历史与文化论丛

43. 世界局势与中国文化

44. 中国文化丛谈

45. 中国文学论丛

46. 理学六家诗抄、灵魂与心

47. 双溪独语

48. 晚学盲言（上）

49. 晚学盲言（下）

50. 新亚遗铎

51. 八十忆双亲师友杂忆合刊

52. 讲堂遗录

53. 素书楼余沈

54. 总目

二、唐君毅全集

唐君毅 . 唐君毅全集：第一～三十九卷 [M]. 北京：九州出版社，2016.

第一编：早期文稿（思想萌芽之作）〔两种两卷〕

第一卷《早期文稿》

第二卷《中西哲学思想之比较论文集》

第二编：道德人生（立人极之作）〔九种六卷〕

第三卷《人生之体验》

第四卷《道德自我之建立》《智慧与道德》

第五卷《心物与人生》

第六卷《爱情之福音》《青年与学问》

第七卷《人生之体验续编》《病里乾坤》

第八卷《哲思辑录与人物纪念》

第三编：人文精神（立皇极之作）〔九种八卷〕

第九卷《中国文化之精神价值》《中国文化与世界》

第十卷《人文精神之重建》

第十一卷《中国人文精神之发展》

第十二卷《文化意识与道德理性》

第十三卷《中华人文与当今世界》（上）

第十四卷《中华人文与当今世界》（下）

第十五卷《东西文化与当今世界》

第十六卷《新亚精神与人文教育》《宗教精神与人文学术》

第四编：思想体系（立太极之作）〔九种十三卷〕

第十七卷《中国哲学原论·导论篇》

第十八卷《中国哲学原论·原性篇》

第十九卷《中国哲学原论·原道篇》（一）

第二十卷《中国哲学原论·原道篇》（二）

第二十一卷《中国哲学原论·原道篇》（三）

第二十二卷《中国哲学原论·原教篇》

第二十三卷《哲学概论》（上）

第二十四卷《哲学概论》（下）

第二十五卷《生命存在与心灵境界》（上）

第二十六卷《生命存在与心灵境界》（下）

第二十七卷《中国古代哲学精神》

第二十八卷《中西哲学与理想主义》

第二十九卷《英文论著汇编》

第五编：书简日记（生命实践之作）〔三种四卷〕

第三十卷《致廷光书》

第三十一卷《书简》

第三十二卷《日记》（上）

第三十三卷《日记》（下）

第六编：著作附编（生命印证之作）〔七种六卷〕

第三十四卷《年谱》

第三十五卷《图传》

第三十六卷《亲人著述》

第三十七卷《纪念集》（上）

第三十八卷《纪念集》（下）

第三十九卷《著述年表》《唐学研究文献索引》《总目》

三、其他著作

[1] [德] 格哈特. 帕森斯学术思想评传 [M]. 李康，译. 北京：北京大学出版社，2009.

[2] [加] 许美德（Ruth Hayhoe）. 中国大学 1895—1995：一个文化冲突的世纪 [M]. 许洁英，译. 北京：教育科学出版社，1999.

[3] [美] 塔尔科特·帕森斯. 社会行动的结构 [M]. 张明德，夏遇男，彭刚，译. 北京：译林出版社，2012.

[4] [明] 王守仁. 阳明传习录. 杨国荣，导读. 上海：上海古籍出版社，2000.

[5] [美]T·帕森斯. 现代社会的结构与过程 [M]. 梁向阳，译. 北京：光明日报出版社，1988.

[6] [美] 塔尔科特·帕森斯，尼尔·斯梅尔瑟. 经济与社会 [M]. 刘进，林午，等，译. 北京：华夏出版社，1989.

[7] 贝奈戴托·克罗齐. 历史学的理论和实际 [M]. 道格拉斯·安斯利，英译. 傅任敢，译. 北京：商务印书馆，1982.

[8] 陈鹤琴. 陈鹤琴教育论著选 [M]. 吕静，周谷平，编. 北京：人民教育出版社，1994.

[9] 陈平原. 大学何为 [M]. 北京：北京大学出版社，2008.

[10] 陈平原. 大学小言 [M]. 北京：生活·读书·新知三联书店，2014.

[11] 陈平原. 大学新语 [M]. 北京：北京大学出版社，2016.

[12] 陈寅恪. 陈寅恪集·金明馆丛稿二编 [M]. 北京：生活·读书·新知三联书店，2001.

[13] 陈勇. 国学宗师钱穆 [M]. 北京：北京大学出版社，2007.

[14] 陈勇. 钱穆传 [M]. 北京：人民出版社，2001.

[15] 诚明古道照颜色——新亚书院 55 周年纪念文集 [G]. 香港：香港中文大学新亚书院，2006.

[16] 邓尔麟. 钱穆与七房桥世界 [M]. 蓝桦，译. 社会科学文献出版社，1998.

[17] 狄百瑞. 儒家的困境 [M]. 黄水婴，译. 北京：北京大学出版社，2009.

[18] 丁钢. 声音与经验：教育叙事探究 [M]. 北京：教育科学出版社，2008.

[19] 杜成宪，邓明言. 教育史学 [M]. 北京：人民教育出版社，2004.

[20] 杜成宪，丁钢. 20 世纪中国教育的现代化研究 [G]. 上海：上海教育出版社，2004.

[21] 多情六十年——新亚书院的过去、现在与未来 [G]. 香港：香港中文大学新亚书院，2009.

[22] [德] 恩斯特·卡西尔. 人论 [M]. 甘阳，译. 北京：西苑出版社，2003.

[23] [德] 恩斯特·卡西尔. 人文科学的逻辑 [M]. 沉晖，等，译. 北京：中国人民大学出版社，2004.

[24] [法] 让 – 保罗·萨特. 存在主义是一种人道主义 [M]. 周煦良，汤宽，译. 上海：上海译文出版社，1988.

[25] 费孝通. 文化的生与死 [M]. 刘豪兴，编. 上海：上海人民出版社，2009.

[26] 冯友兰. 三松堂自序 [M]. 北京：人民出版社，2008.

[27] 甘阳，陈来，苏力. 中国大学的人文教育 [G]. 北京：生活·读书·新知三联书店，2006.

[28] 甘阳. 古今中西之争 [M]. 北京：生活·读书·新知三联书店，2006.

[29] 韩复智. 钱穆先生学术年谱 [M]. 台北：五云图书出版公司，2005.

[30] 洪明. 现代新儒学教育流派研究 [M]. 广州：广东教育出版社，2009.

[31] 晦庵先生朱文公文集 [M]. 上海，合肥：上海古籍出版社，安徽教育出版社，2003.

[32] 江苏省陶行知研究会，南京晓庄师范学校. 陶行知文集 [M]. 修订本. 南京：江苏教育出版社，2008.

[33] 蒋天枢. 陈寅恪先生编年事辑 [M]. 增订本. 上海：上海古籍出版社，1997.

[34] 金生鈜. 规训与教化 [M]. 北京：教育科学出版社，2004.

[35] 金耀基. 大学之理念 [M]. 2 版（增订版）. 北京：生活·读书·新知三联书店，2008.

[36] 金耀基. 敦煌语丝 [M]. 北京：中华书局，2011.

[37] 金耀基. 海德堡语丝 [M]. 增订本. 北京：中华书局，2016.

[38] 金耀基. 剑桥语丝 [M]. 增订本. 北京：中华书局，2013.

[39] 柯林伍德. 历史的观念 [M]. 增补版. 何兆武，张文杰，陈新，译. 北京：北京大学出版社，2010.

[40] 李木妙. 国史大师钱穆教授传略 [M]. 台北：扬智文化事业股份有限公司，1995.

[41] 梁启超. 清代学术概论 [M]. 朱维铮，导读. 上海：上海古籍出版社，1998.

[42] 梁启超. 中国近三百年学术史 [M]. 北京：东方出版社，2004.

[43] 梁漱溟. 东西文化及其哲学 [M]. 上海：上海人民出版社，2006.

[44] 刘军宁. 保守主义 [M]. 北京：东方出版社，2014.

[45] 刘述先. 中国文化的检讨和前瞻——新亚书院五十周年金喜纪念学术论文集 [C]. 台北：八方文化企业公司，2001.

[46] 刘梦溪. 陈寅恪的学说 [M]. 北京：生活·读书·新知三联书店，2016.

[47] 鲁洁. 回望八十年 [M]. 北京：教育科学出版社，2014.

[48] 陆九渊. 陆九渊集 [M]. 钟哲，点校. 北京：中华书局，1980.

[49] 陆玉芹. 未学斋中香不散：钱穆和他的弟子 [M]. 广州：广东教育出版社，2007.

[50] 孟宪承. 孟宪承教育论著选. 周谷平，赵卫平，编. 北京：人民教育出版社，1997.

[51] 钱宾四先生逝世十周年纪念专刊 [G]. 台北：台北市立图书馆钱穆先生纪念馆馆刊（8），2000–12.

[52] 钱穆，叶龙. 讲学札记 [M]. 北京：北京联合出版公司，2014.

[53] 钱行. 七里山塘风 [M]. 上海：上海社会科学院出版社，2018.

[54] 钱行. 思亲补读录——走近父亲钱穆 [M]. 北京：九州出版社，2011.

[55] 钱逊.《论语》读本 [M]. 北京：中华书局，2007.

[56] 任苏民. 教育与人生：叶圣陶教育论著选读. 上海：上海教育出版社，2004.

[57] 石中英. 教育学的文化性格 [M]. 太原：山西教育出版社，2007.

[58] 石中英. 知识转型与教育改革 [M]. 北京：教育科学出版社，2001.

[59] 宋叙五. 张丕介先生纪念集 [G]. 香港：和记印刷有限公司，2008.

[60] 孙培青，杜成宪. 中国教育史 [M]. 第三版. 上海：华东师范大学出版社，2009.

[61] 陶行知. 中国教育改造 [M]. 北京：商务印书馆，2014.

[62] 汪学群，武才娃. 钱穆 [M]. 昆明：云南教育出版社，2008.

[63] 王文岭. 陶行知年谱长编 [M]. 成都：四川教育出版社，2012.

[64] 王震邦. 独立与自由：陈寅恪论学 [M]. 上海：上海人民出版社，2011.

[65] 韦政通. 中国思想史方法论文选集 [G]. 上海：上海人民出版社，2009.

[66] 魏兆锋. 钱穆教育生涯的历史考察 [M]. 北京：九州出版社，2018.

[67] 魏兆锋. 执"两"用"中"：钱穆教育思想研究 [M]. 北京：九州出版社，2016.

[68] 吴俊升. 教育生涯一周甲 [M]. 北京：中华书局，2016.

[69] 吴俊升. 农圃讲录 [M]. 香港：香港中文大学新亚书院，1969.

[70] 吴康宁. 教育社会学 [M]. 北京：人民教育出版社，1998.

[71] 吴康宁. 重新发现大学 [M]. 南京：南京师范大学出版社，2017.

[72] 希尔斯. 论传统 [M]. 傅铿，吕乐，译. 上海：上海人民出版社，2014.

[73] 香港中文大学新亚书院新亚学术期刊编辑委员会. 钱宾四先生百龄纪念会学术论文集 [C]. 北京：中华书局，2003.

[74] 徐复观. 中国学术精神 [M]. 陈克艰，编. 上海：华东师范大学出版社，2004.

[75] 徐国利. 一代儒宗——钱穆传 [M]. 武汉：湖北人民出版社，2011.

[76] 许美德，潘乃容. 东西方文化交流与高等教育 [G]. 南京：南京师范大学出版社，2003.

[77] 许美德. 思想肖像：中国知名教育家的故事 [M].周勇，等，译. 北京：教育科学出版社，2008.

[78] [德] 雅斯贝尔斯. 大学之理念 [M]. 邱立波，译. 上海：上海人民出版社，2007.

[79] [德] 雅斯贝尔斯. 什么是教育 [M]. 邹进，译. 北京：生活·读书·新知三联书店，1991.

[80] 严耕望. 治史三书 [M]. 上海：上海人民出版社，2008.

[81] 杨树达. 积微翁回忆录 [M]. 北京：北京大学出版社，2007.

[82] 伊曼努尔·康德. 道德形而上学原理 [M].苗力田，译. 上海：上海人民出版社，2005.

[83] 印永清. 百年家族：钱穆 [M]. 石家庄：河北教育出版社，2003.

[84] 余英时. 钱穆与现代中国学术 [M]. 桂林：广西师范大学出版社，2006.

[85] 余英时. 中国文化的重建 [M]. 北京：中信出版社，2011.

[86] 余英时. 中国文化史通释 [M]. 北京：生活·读书·新知三联书店，2012.

[87] 约翰·杜威. 民主主义与教育 [M]. 王承绪，译. 北京：人民教育出版社，1990.

[88] 约瑟夫·列文森. 儒教中国及其现代命运 [M]. 郑大华，任菁，译. 桂林：广西师范大学出版社，2009.

[89] 张华. 课程与教学论 [M]. 上海：上海教育出版社，2000.

[90] 中国人民政治协商会议江苏省无锡县委员会. 钱穆纪念文集 [G]. 上海：上海人民出版社，1992.

[91] 周洪宇. 陶行知大传：一位文化巨人的四个世界 [M]. 北京：人民教育出版社，2016.

[92] 周勇. 大师的教书生活 [M]. 上海：华东师范大学出版社，2008.

[93] 周育华. 从无锡七房桥走出的文化大家：君子儒钱穆评传 [M]. 南京：凤凰出版社，2011.

[94] 朱传誉. 钱穆传记资料 [M]. 台北：天一出版社，1979.

[95] 朱高正. 中华文化与中国未来 [M]. 上海：华东师范大学出版社，2004.

[96] 朱熹. 四书章句集注 [M]. 点校本. 北京：中华书局，1983.

[97] 邹进. 现代德国文化教育学 [M]. 太原：山西教育出版社，1992.

[98] 苏庆彬. 飞鸿踏雪泥——从香港沦陷到新亚书院的岁月 [M]. 香港：中华书局，2018.

[99] 陈流求，陈小彭，陈美延. 也同欢乐也同愁：忆父亲陈寅恪母亲唐篔 [M]. 北京：生活·读书·新知三联书店，2010.

四、期刊论文

[1] 杜成宪. 试论中国教育史本科教学 [J]. 河北师范大学学报（教育科学版），2017，19（6）：12—18.

[2] 杜成宪. 以"学"为核心的教育话语体系——从语言文字的视角谈中国传统教育思想的重"学"现象 [J]. 华东师范大学学报（教育科学版），2010（3）：75—80.

[3] 杜成宪. 中国教育思想史研究散论 [J]. 河北师范大学学报（教育科学版），2016，18（2）：5—11.

[4] 杜成宪. 中华民族有哪些教育传统可以传承 ?[J]. 河北师范大学学报（教育科学版），2017，19（4）：5—11.

[5] 何方昱. 高扬"文化教育""人才教育"——钱穆中等教育思想及实践述要 [J]. 历史教学，2005（4）：54—58.

[6] 洪明. 中国传统教育的精义是什么？——简论钱穆的人文主义教育思想 [J]. 湖南师范大学教育科学学报，2009（2）：46—50.

[7] 李政涛. 文化自觉、语言自觉与"中国教育学"的发展 [J]. 华东师范大学学报：教育科学版，2010（2）：9—16.

[8] 刘建平. 为往圣继绝学：唐君毅与吴宓教育思想比观 [J]. 孔子研究，2015（6）：71—81.

[9] 陆锋磊. 从《新亚学规》看书院教育的"人物中心"传统 [J]. 中小学管理，2014（7）：49—51.

[10] 陆玉芹. 钱穆的大学教育观 [J]. 历史教学问题，2008（5）：71—74.

[11] 陆玉芹. 钱穆论高等教育——以新亚书院为中心的考察 [J]. 晋阳学刊，2009（6）：125—126.

[12] 陆玉芹. 钱穆论新亚教育 [J]. 盐城师范学院学报：人文社会科学版，2008（5）：70—73.

[13] 罗智国. 钱穆的教育理念与新亚精神 [J]. 齐鲁学刊，2009（3）：54—57.

[14] 梅贻琦. 大学一解 [J]. 清华大学学报（自然科学版），1941（00）：1—12.

[15] 欧阳仕文. 钱穆教育思想新论——以《新亚遗铎》为中心的考察 [J]. 教育评论，2010（2）：156—159.

[16] 庞溟. 新亚书院：一种关于复兴的理想 [J]. 书城，2015（7）：11—19.

[17] 史春风. 近 80 年关于中国本位文化问题论战研究状况综述 [J]. 安徽史学, 2010（5）: 105—114.

[18] 孙培青. 感悟教育史 [J]. 华东师范大学学报（教育科学版）, 2013, 31（2）: 69—73.

[19] 谭徐锋. 钱穆人性化教育思想与实践 [J]. 人文杂志, 2002（6）: 156—160.

[20] 万俊人. 重说学统与知识谱系 [J]. 读书, 2012（7）: 42—54.

[21] 王颖. 论书院精神的现代传承——兼谈新亚书院的办学启示 [J]. 河南师范大学学报: 哲学社会科学版, 2007（5）: 212—215.

[22] 魏兆锋, 杜成宪. 钱穆论治学: 基于专门与博通的视角 [J]. 中国大学教学, 2012（8）: 13—15.

[23] 魏兆锋, 杜成宪. 做人·做中国人·做世界人——钱穆论中国教育目的 [J]. 广州大学学报（社会科学版）, 2012, 11（11）: 67—72.

[24] 魏兆锋. 钱穆告别杏坛时间考 [J]. 兰台世界, 2012（22）: 21—22.

[25] 魏兆锋. 钱穆关于中国大学教育之文化使命的论述与相关思想的比较 [J]. 教育评论, 2017（5）: 151—155.

[26] 魏兆锋. 钱穆论读书 [J]. 新世纪图书馆, 2014（10）: 68—71.

[27] 魏兆锋. 钱穆论中国传统为师之道 [J]. 当代教育科学, 2016（15）: 12—16+21.

[28] 魏兆锋. 钱穆论中国传统尊师之道 [J]. 教育观察（上半月）, 2016, 5（3）: 131—133.

[29] 魏兆锋. 钱穆论中国大学教育之目标 [J]. 华东师范大学学报（教育科学版）, 2014, 32（4）: 118—123.

[30] 魏兆锋. 钱穆论朱子读书法 [J]. 新世纪图书馆, 2015（9）: 90—93.

[31] 魏兆锋. 钱穆正式转赴私立江南大学任教时间考 [J]. 教育史研究, 2011（3）: 42—43+59.

[32] 严红. 钱穆与中国文化传承问题研究——新亚书院与新亚精神 [J].

沈阳教育学院学报，2011，13（4）：68—71.

[33] 杨永明，李玉芳. 唐君毅论新亚教育 [J]. 西南民族大学学报（人文社科版），2005（6）：19—23.

[34] 杨永明. 钱穆论新亚教育 [J]. 西南民族大学学报（人文社科版），2004（7）：338—341.

[35] 张斌贤，杜成宪，肖朗，周洪宇，陈露茜，周采. 教育史学科建设六人谈 [J]. 华东师范大学学报（教育科学版），2016，34（4）：1—14.

[36] 张洪兴. 百年国学研究中的四大误区 [J]. 学术探索，2017（4）：89—96.

[37] 张洪兴. 百年国学研究中的五大争议 [J]. 学术探索，2016（7）：109—118.

[38] 祖保泉. 潘重规年表 [J]. 安徽师范大学学报（人文社会科学版），2007（3）：354—356.

五、学位论文

[1] 陈保洋. 钱穆教育思想探析 [D]. 中国政法大学，2014.

[2] 戴晴. 钱穆与新亚书院研究 [D]. 江西师范大学，2009.

[3] 樊晶晶. 钱穆大学教育思想研究 [D]. 中南大学，2010.

[4] 高静. 中西高等教育融合 [D]. 河北大学，2014.

[5] 郭小涛. 论立足于传统文化之上的钱穆教育思想 [D]. 苏州大学，2013.

[6] 何方昱. 钱穆教育思想初探 [D]. 新疆大学，2003.

[7] 寒敏. 钱穆与新亚书院人文主义教育研究 [D]. 河北师范大学，2013.